Thematisches Wörterbuch

DEUTSCH — SCHWEDISCH

SCHWEDISCH — DEUTSCH

Love Strandberg

Michelle Hansen

Liv Beate Stechlicka

BASISWORTSCHATZ SCHWEDISCH

Konzept

Der Basiswortschatz Schwedisch ist in diesem Buch nach verschiedenen Themen gegliedert. Im Gegensatz zu herkömmlichen Wörterbüchern ist der Wortschatz somit nicht komplett alphabetisch, sondern nach entsprechenden Inhaltsschwerpunkten geordnet. Damit eignet sich das Buch hervorragend für das Vokabeltraining und den Einstieg in die Fremdsprache.
Besonders für Schüler, Studenten und für Personen die in Schweden Urlaub machen oder dort arbeiten bzw. studieren möchten, enthält das Buch den grundlegenden Wortschatz (stark erweiterter Grundwortschatz).

Der Verlag dankt den Autoren für die vertrauensvolle Zusammenarbeit. Jan Porthun, ONDEFO

Weitere Titel sowie zweisprachige Bücher zum Thema schwedische Sprache und Skandinavien
Siehe Seite 75.

Skandinavische Bücher
Skandinavische Bücher und Hörbücher können in Deutschland, Österreich und der Schweiz direkt via www.skandinaviat.de zu günstigen Konditionen bestellt werden. Neben aktuellen Titeln aus dem Norden sind auch gebrauchte und antiquarische Bücher im Angebot.

Deutsche Bücher und Hörbücher in Schweden
Deutschsprachige Bücher und Hörbücher können in Schweden über die Internetbuchhandlung unter www.tysk-bok.se zu sehr geringen Versandkosten bestellt werden.

Veröffentlichen via Ondefo
Möchtest du ein Buch veröffentlichen, wende dich bitte via E-Mail (mail@ondefo.de) direkt an den Verlag. Wir vom Ondefo-Verlag haben uns zum Ziel gesetzt, besonders Autoren von Fach- und Kinderbüchern sowie Autoren von Büchern zum Thema Sprachen, Skandinavien und Japan zu unterstützen.

Fotos auf dem Cover
Für die Fotos auf dem Buchcover bedanken wir uns hiermit ausdrücklich und recht herzlich bei den Fotografen und bei PIXELIO. Copyrightangaben zu den Fotos auf dem Cover:
Ein rotes Sommerhaus - Sommer in Südschweden © Stephanie Hofschlaeger / PIXELIO
Landesflagge Schweden © Stephanie Hofschlaeger / PIXELIO
Gamla Stan © Christine Andersson / PIXELIO
Elch © Stephanie Hofschlaeger / PIXELIO

ISBN: 978-3-93970306-8

www.ondefo.de

Kurze Einführung in die schwedische Grammatik

Über die Grammatik könnte man natürlich recht viel sagen. Sehr hilfreich ist es, wenn man die Grundform eines Wortes bestimmen kann. Für Personen, die Deutsch als ihre Muttersprache haben, ist es nicht besonders kompliziert.

Substantive können **n-Wörter** oder **t-Wörter** sein. Dies bedeutet, es gibt zwei Geschlechter. Die unbestimmten Geschlechtswörter (ein, eine) sind für n-Wörter **en** und für t-Wörter **ett**.

kvinna (Frau)	**en** kvinna (eine Frau)
bord (Tisch)	**ett** bord (ein Tisch)

Statt der bestimmten Geschlechtswörter (der, die, das) werden Wortendungen verwendet: **-en** oder **-n** für n-Wörter (**-na** im Plural) und **-et** oder nur **-t** für t-Wörter (**-en** im Plural). Wenn dem Substantiv ein Adjektiv vorangeht können vorangestellte Geschlechtswörter gebraucht werden. Für n-Wörter sind dies **den** und für t-Wörter **det** sowie **de** für den Plural.

kvinna**n** (die Frau)	**den** gamla kvinna**n** (die alte Frau)
kvinnor**na** (die Frauen)	**de** gamla kvinnor**na** (die alte Frauen)
bord**et** (der Tisch)	bord**en** (die Tische)
det gamla bord**et**	**de** gamla bord**en**

Plural

Auch für die Bildung des Plurals werden Wortendungen benutzt. Für n-Wörter normalerweise **o/a/e** und **-r**, oder nur **-r.** Oftmals entfällt dann der letzte Vokal. Für einige t-Wörter gebraucht man **-en** oder **-n**. Diese sind jedoch meist ohne Endung. Einige Wörter sind unregelmäßig und erhalten im Plural Umlaute mit oder ohne Endung.

en kvinna (eine Frau)	kvinn**or** (Frauen)	ett äpple (Apfel)	äpple**n** (Äpfel)
pojke (ein Junge)	pojk**ar** (Jungen)	ett bord (Tisch)	bord (Tische)
en fil (eine Datei)	fil**er** (Dateien)	en man (Mann)	m**ä**n (Männer)
en sko (ein Schuh)	sko**r** (Schuhe)	en bok (Buch)	b**ö**ck**er** (Bücher)

Akkusativ- und Dativformen gibt es kaum. Für den Genitiv findet die Endung **-s** Verwendung.

en kvinna**s** (einer Frau)	kvinnor**s** (der Frauen)
boken**s** (des Buches)	böckerna**s** (der Bücher)

Adjektive

Das Adjektiv passt sich immer an das Substantiv an (auch wenn sie nicht zusammen stehen). Hier im Buch sind die Adjektive als nähere Bestimmung eines n-Wortes angegeben. Für die nähere Bestimmung der t-Wörter, nehmen sie die Endung **-t** an. Im Plural und nach einem bestimmten Geschlechtswort fast immer die Endung **-a**. Manchmal entfällt der letzte Vokal des Wortes (**-al** wird zu **-l**). Es gibt auch unregelmäßige Adjektive.

kvinnan är gammal (die Frau ist alt)	den gaml**a** kvinnan (die alte Frau)
bordet är gamma**lt** (der Tisch ist alt)	gaml**a** bord (alte Tische)
bordet är lite**t** (der Tisch ist klein)	de **små** borden (die kleine Tische)

Fast alle Adjektive, die im Buch aufgeführt sind, können auch als Bestimmung eines Verbes (d.h. als Adverb) gebraucht werden und erhalten dann die Endung **-t**.

hon är vacker (sie ist schön)	hon sjunger vacker**t** (sie singt schön)

Steigerungsformen

Es gibt drei Steigerungsformen: Grundstufe (Positiv), Mehrstufe (Komparativ) und Meiststufe (Superlativ). Für den Komparativ (Mehrstufe) wird das Wort **mer** (mehr) oder die Endung **-are** verwendet. Für den Superlativ (Meiststufte) das Wort **mest** (meist) oder die Endung **-ast**. Es gibt auch unregelmäßige Adjektive, die Umlaut- oder Ersatzformen enthalten.

stark (stark)	stark**are** (stärker)	stark**ast** (am stärkesten)
främmande (fremd)	**mer** främmande (fremder)	**mest** främmande (am fremdesten)
ung (jung)	**yngre** (jünger)	**yngst** (am jüngsten)
gammal (alt)	**äldre** (älter)	**äldst** (am ältesten)

Verben

In diesem Buch sind die Verben als Infinitive angegeben und fast alle enden auf **-a**. Es gibt natürlich auch andere Formen wie: Präsens (Gegenwart), Präteritum, Supinum und Imperativ. Präsens endet in der Regel **-r**, Präteritum auf **-de** oder **-te** und Supinum auf **-t** oder **-it**. Supinum wird am häufigsten gebraucht um den Perfekt zusammen mit **har** (hat) oder Plusquamperfekt mit **hade** (hatte) zu bilden. Imperativ kann wie der Infinitiv aussehen, aber die Endung **-a** fällt oft weg. Starke Verben erhalten oft Ablaute und können anderen Endungen sowie Ersatzformen erhalten.

Infinitiv	**Präsens**	**Präteritum**	**Perfekt**	**Plusquamperfekt**	**Imperativ**
	-r	**-de** oder **-te**	**har** + **-(i)t**	**hade** + oder -**(i)t**	Endung **-a** fällt oft weg
köpa (kaufen)	köpe**r**	köp**te**	**har** köpt	**hade** köpt	köp!
springa (laufen)	springe**r**	spr**a**ng	**har** spr**u**ng**it**	**hade** sprung**it**	spring!
kunna (können)	kan	ku**nde**	**har** kunna**t**	**hade** kunnat	---
vara (sein)	**är**	**var**	har var**it**	hade varit	var!

Konjunktive gibt es fast nur in Phrasen, z.B. "han leve!" (er lebe!). Für das Passiv wird nur die Endung **-s** verwendet. Im Präsens entfällt die Endung **-r**. Es gibt auch einige Verben, die nicht Passive sind, aber trotzdem auf **-s** enden.

Infinitiv	**Präsens**	**Präteritum**	**Perfekt**	**Plusquamperfekt**	**Imperativ**
köpa**s** (gekauft werden)	köp**s**	köpte**s**	har köpt**s**	hade köpt**s**	---
anda**s** (atmen)	anda**s**	andade**s**	har andat**s**	hade andat**s**	anda**s**!

Partizipien werden mit einer der Endungen **-d**, **-t**, **-en**, **-ande** oder **-ende** gebildet und wie Adjektive verwendet. Die drei ersten davon passen sich auch an das Substantiv an, die zwei letzteren aber nicht.

räkningen är beta**ld** (die Rechnung ist bezahlt)
räkningarna är beta**lda** (die Rechnungen sind bezahlt)

boken är skriv**en** av honom (das Buch ist von ihm geschrieben)
verket är skriv**et** av honom (das Werk ist von ihm geschrieben)

skratt**ande** gick han vidare (lachend ging er weiter)
skratt**ande** gick de vidare (lachend gingen sie weiter)

Regeln zur Aussprache

Die Aussprache des Schwedischen ist im Vergleich zum Lesen, für Personen die Deutsch als ihre Muttersprache haben, nicht ganz so einfach zu beherrschen. Vor allem muss mann sich an der Sprachmelodie gewöhnen. Viele schwedischen Wörter werden, wie im Deutschen, mit nur einer Betonung ausgesprochen (Akut); andere aber mit zwei (Gravis). Man unterscheidet z.B. zwischen:

`tom`ten „der Weinachtsmann“ und `tomten „das Grundstück“

"`tom`ten" wird mit zwei Betonungen ausgesprochen. Die erste Betonung erfolgt etwas stärker und niedriger als die zweite Betonung. Die meisten Wortzusammensetzungen und Ableitungen werden auf diese Art gesprochen. So sagt man "ben`sinsta`tion (Tankstelle)" und nicht "ben`sinstation" und man sagt "`vän`lig (freundlich)", nicht "`vänlig".

Vokale *(Selbstlaute)*

Vokale können, wie im Deutschen, kurz oder lang sein: **e**, **i**, **ä** und **ö** werden so wie im Deutschen ausgesprochen. Die zwei letzteren jedoch etwas offener. Die anderen Vokale spricht man folgendermaßen:

A, a	kurz: *a* wie in hatte lang: *a* wie in Vater
O, o	kurz: *u* wie in um lang: *u* wie in du (bei Lehnwörtern oftmals aber auch wie *o* wie in Kohle)
U, u	zwischen *ü* und *u* (mit Rundung der Lippen)
Y, y	zwischen *i* und *ü* (mit starker Rundung der Lippen)
Å, å	wie das deutsche *o*

Diphtonge gibt es kaum und Vokalverbindungen werden wie die einzelnen Vokale gesprochen. In einigen Lehnwörtern wird **eu** wie **ew** ausgesprochen.

Konsonanten *(Mitlaute)*

Sehr oft ähnelt die Aussprache dem Deutschen. Es gibt jedoch einige Ausnahmen:

s, z	immer *ß* wie in Maß (! Aber z.B., das Wort „pizza“ wird wie im Deutschen gesprochen.)
v	immer *w* wie in Wetter
hj, dj, gj, lj	*j* wie in ja
sj, skj, stj	*sch* wie in schön
rs	*sch* wie in barsch
kj, tj	*ch* wie in ich
-sion, -tion	*schun*

Einige passen sich auch an den Vokal an:

Vor den Vokalen **e, i, y, ä, ö** spricht man:

c	*ß* wie in Straße	ansonsten wie *k* wie in Kellner
g	*j* wie in ja	ansonsten wie *g* wie in Garten
k	*ch* wie in ich	ansonsten wie *k* wie in Kellner
sk	*sch* wie in schön	ansonsten wie *sk* wie in Skala

Deutsch - Schwedisch

Schwedisch - Deutsch

Singular (Einzahl)		**Plural** (Mehrzahl)	
ich	jag	wir	vi
du	du	ihr	ni
er	han	sie	de
sie	hon		
es	den, det		
mir, mich	mig	uns	oss
dir, dich	dig	euch	er
ihm, ihn	honom	sie	dem
ihr, sie	henne		
es	den, det		

null	0	noll	zehn	10	tio
eins	1	ett	elf	11	elva
zwei	2	två	zwölf	12	tolv
drei	3	tre	dreizehn	13	tretton
vier	4	fyra	vierzehn	14	fjorton
fünf	5	fem	fünfzehn	15	femton
sechs	6	sex	sechzehn	16	sexton
sieben	7	sju	siebzehn	17	sjutton
acht	8	åtta	achtzehn	18	arton
neun	9	nio	neunzehn	19	nitton

Zahlen, Jahresangaben, Uhrzeit usw. siehe auch Seite 72.

1. Allgemeine Informationen
Allmänna upplysningar

1.1. Fragen, Antworten...
Frågor och svar

daher	*därför*
darum	*därför*
Gibt es ...?	*finns det ...?*
ja	*ja*
nein	*nej*
nicht	*inte*
vielleicht	*kanske*
Wann?	*när?*
Warum?	*varför?*
Was?	*vad?*
Welche/welcher/ welches?	*vilken?*
Welchem/welchen/ welcher?	*vilken?*
Welches?	*vilket?*
Wenn?	*när?*
Wer?	*vem?*
Weshalb?	*varför?*
Weswegen?	*varför?*
Wie?	*hur?; vad?*
Wie bitte?	*vad sa du?*
Wie groß?	*hur stor?*
Wie lange?	*hur länge?*
Wie viel?	*hur mycket?*
Wieso?	*varför det?*
Wie viele?	*hur många?*
Wo?	*var?*
Woher?	*varifrån?*
Wohin?	*vart?*
Wo ist ... ?	*var är ...?*
Womit?	*med vad?; vad ... med?*
Wonach?	*efter vad?*
Worauf?	*på vad?; vad ... på?*
Woraus?	*av vad?; ur vad?*
Worin?	*i vad?; vari?*
Worüber?	*över vad?; om vad?*
Wo sind ... ?	*var finns ...?; var är ...?*
Wovon?	*av vad?; från vad?; varifrån?*

1.2. Zeit und Richtung - Tid och riktning

▪ Wochentage	*Veckodagar*
Montag	*måndag*
Dienstag	*tisdag*
Mittwoch	*onsdag*
Donnerstag	*torsdag*
Freitag	*fredag*
Samstag	*lördag*
Sonntag	*söndag*
▪ Monate	*Månader*
Januar	*januari*
Februar	*februari*
März	*mars*
April	*april*
Mai	*maj*
Juni	*juni*
Juli	*juli*
August	*augusti*
September	*september*
Oktober	*oktober*
November	*november*
Dezember	*december*
▪ Jahreszeiten	*Årstider*
Frühling	*vår*
Sommer	*sommar*
Herbst	*höst*
Winter	*vinter*
▪ Tageszeiten	*Tidpunkter*
am Abend	*på kvällen*
am Anfang	*i början*
am Morgen	*på morgonen*
am Nachmittag	*på eftermiddagen*
am Tag	*på dagen*
am Vormittag	*på förmiddagen*
Ewigkeit, die	*evighet, en*
früh	*tidigt*
▪ zu früh	*för tidigt*
Gegenwart, die	*nutid, en; samtid, en*
gestern	*igår*
heute	*idag*
im Norden	*i norr*
im Osten	*i öster*
im Süden	*i söder*
im Westen	*i väster*
in der Nacht	*på natten*
Jahr, das	*år, ett*
▪ dieses Jahr	*i år*
▪ in den letzten Jahren	*under de senaste åren*
▪ nächstes Jahr	*nästa år*

▪ voriges Jahr	*förra året; i fjol*
Jahrestag, der	*årsdag, en*
Jahrhundert, das	*århundrade, ett; sekel, ett*
Jahrhundertwende, die	*sekelskifte, ett*
jährlich	*årlig; årligen*
Jahrtausend, das	*årtusende, ett*
Jahrzehnt, das	*decennium, ett*
Minute, die	*minut, en*
Mittag, der	*mitt på dagen*
Mitternacht, die	*midnatt, en*
Monat, der	*månad, en*
▪ dieses Monats	*den här månaden*
▪ Ende des Monats	*i slutet av månaden*
▪ in einem Monat	*om en månad*
monatelang	*månadslång; i flera månader*
monatlich	*månads-; månatlig*
Morgen, der	*morgon, en*
morgen	*i morgon*
morgen Abend	*i morgon kväll*
morgen Mittag	*i morgon mitt på dagen*
morgen früh	*tidigt i morgon*
Nacht, die	*natt, en*
▪ in der Nacht	*på natten*
Norden, der	*norr*
nördlich von ...	*norr om ...*
Nordosten, der	*nordöst*
Nordwesten, der	*nordväst*
östlich von ...	*öster om ...*
pünktlich	*punktlig*
seit Jahren	*i åratal*
Sekunde, die	*sekund, en*
spät	*sen*
▪ zu spät	*för sent*
Stunde, die	*timme, en*
▪ halbe Stunde	*halvtimme, en*
Süden, der	*söder; syd*
südlich von ...	*söder om ...*
Südosten, der	*sydost*
Südwesten, der	*sydväst*
Tag, der	*dag, en*
▪ mitten am Tag	*mitt på dagen*
▪ Tag für Tag	*dag efter dag*
▪ Tag und Nacht	*dygn, ett*
übermorgen	*i övermorgon*
um Mitternacht	*vid midnatt*
Vergangenheit, die	*det förflutna*
Viertel, das; Viertelstunde, die	*kvart, en*
▪ Viertel vor ...	*kvart i ...*
▪ Viertel nach ...	*kvart över ...*
vorgestern	*i förrgår*
Vormittag, der	*förmiddag, en*
▪ heute Vormittag	*i förmiddags; idag på förmiddagen*
westlich von ...	*väster om*
Woche, die	*vecka, en*
▪ diese Woche	*den här veckan*
▪ in einer Woche	*om en vecka*
▪ nächste Woche	*nästa vecka*
▪ vorige Woche	*förra veckan*
wöchentlich	*varje vecka; vecko-*

1.3. Farben - Färger

Farbe, die	*färg, en*
beige	*beige*
blau	*blå*
braun	*brun*
golden	*gyllene; guldfärgad*
grau	*grå*
grün	*grön*
lila	*lila*
orange	*orange*
rosa	*rosa*
rot	*röd*
rotbraun	*rödbrun*
schwarz	*svart*
silbern	*silverfärgad*
türkis	*turkos*
violett	*violett*
weiß	*vit*
hell...	*ljus...*
dunkel...	*mörk...*

2. Mensch und Gesellschaft Människa och samhälle

2.1. Familie - Familj

Braut, die	*brud, en*
Bräutigam, der	*brudgum, en*
Brautpaar, das	*brudpar, ett*
Bruder, der	*bror, en*
Cousin, der; Cousine, die	*kusin, en*
Ehe, die	*äktenskap, ett*
▪ wilde Ehe	*papperslöst äktenskap, ett*
▪ Mischehe	*blandäktenskap, ett*
Ehefrau, die	*hustru, en; maka, en*

ehelich	*äktenskaplig*
Ehemann, der	*make, en*
Ehepaar, das	*gift par, ett; äkta par, ett*
eingetragene Partnerschaft, die	*registrerat partnerskap, ett*
Eltern pl	*föräldrar pl*
Elternteil, der	*förälder, en*
Enkel, der	*barnbarn, ett*
▪ Sohn der Tochter	*dotterson, en*
▪ Sohn des Sohnes	*sonson, en*
Enkelin, die	*barnbarn, ett*
▪ Tochter der Tochter	*dotterdotter, en*
▪ Tochter des Sohnes	*dotterson, en*
Frau, die	*fru, en; hustru, en*
Gatte, der	*(äkta) make, en*
Gattin, die	*(äkta) maka, en*
Geschwister pl	*syskon, ett*
Großmutter, die	*farmor, en; mormor, en*
▪ Großmutter mütterlicherseits	*mormor, en*
▪ Großmutter väterlicherseits	*farmor*
Großvater, der	*farfar, en; morfar, en*
▪ Großvater mütterlicherseits	*morfar, en*
▪ Großvater väterlicherseits	*farfar, en*
Halbbruder, der	*halvbror, en*
Halbgeschwister pl	*halvsyskon, ett*
Halbschwester, die	*halvsyster, en*
Kind, das	*barn, ett*
Kusine, die	*kusin, en*
Lebensgefährte, der; Lebensgefährtin, die	*livskamrat, en; sambo, en*
Mama, die	*mamma, en*
Mann, der	*man, en*
Mutter, die	*mor, en*
Neffe, der	*brorson, en; systerson, en*
Nichte, die	*brorsdotter, en; systerdotter, en*
Oma, die	*farmor, en; mormor, en*
Onkel, der	*farbror, en; morbror, en*
▪ Mutters Bruder	*morbror, en*
▪ Vaters Bruder	*farbror, en*
Papa, der	*pappa, en*
Partner, der; Partnerin, die	*partner, en; sambo, en*
Schwager, der	*svåger, en*
Schwägerin, die	*svägerska, en*
Schwester, die	*syster, en*
Schwiegereltern pl	*svärföräldrar pl*
Schwiegermutter, die	*svärmor, en*
Schwiegersohn, der	*svärson, en*
Schwiegertochter, die	*svärdotter, en*
Schwiegervater, der	*svärfar, en*
Sohn, der	*son, en*
Stiefmutter, die	*styvmor, en*
Stiefvater, der	*styvfar, en*
Tante, die	*moster, en; faster, en*
▪ Schwester der Mutter	*moster, en*
▪ Schwester des Vaters	*faster, en*
Tochter, die	*dotter, en*
unehelich	*utomäktenskaplig*
Urenkel, der; Urenkelin, die	*barnbarnsbarn, ett*
Vater, der	*far, en*

2.2. Persönlichkeit und Charakter
Personlighet och karaktär

abstoßend	*frånstötande*
aggressiv	*aggressiv*
aktiv	*aktiv*
Altruist, der	*altruist, en*
altruistisch	*altruistisk*
Altruismus, der	*altruism, en*
amüsant	*kul; rolig*
angeboren	*medfödd*
anständig	*anständig; ordentlig*
antipathisch	*osympatisk*
apathisch	*apatisk*
arbeitsam	*arbetsam*
arrogant	*arrogant*
artig	*artig*
aufbrausend	*hetlevrad*
aufdringlich	*efterhängsen; närgången*
aufgeblasen	*högfärdig; mallig*
aufmerksam	*uppmärksam*
aufrichtig	*uppriktig*
Aufrichtigkeit, die	*uppriktighet*
barsch	*barsk; brysk; tvär*
barmherzig	*barmhärtig*
behaglich	*trevlig*
beherrscht	*behärskad*
Beherrschung, die	*behärskning, en*
(sich) beklagen	*beklaga (sig)*
Benehmen, das	*beteende, ett; uppförande, ett*
(sich) benehmen	*uppföra (sig)*
berechnend	*beräknande*
bescheiden	*blyg; blygsam*

Bescheidenheit, die	*blygsamhet, en*
betrübt	*bedrövad; dyster*
Charme, der	*charm, en*
charmant	*charmerande, charmig*
Choleriker, der	*koleriker, en*
cholerisch	*kolerisk*
dickköpfig	*tjurskallig*
diskret	*diskret*
Draufgänger, der	*våghals, en*
dreist	*fräck*
durchschnittlich	*genomsnittlig*
dynamisch	*dynamisk*
edel	*ädel*
Egoismus, der	*egoism, en*
Egoist, der	*egoist, en*
egoistisch	*egoistisk*
Ehre, die	*heder, en; ära, en*
ehrenhaft	*hederlig*
Ehrenhaftigkeit, die	*hederlighet, en; ärlighet, en*
Ehrgeiz, der	*ambition, en; äregirighet, en*
ehrgeizig	*ambitiös; äregirig*
ehrlich	*ärlig*
Ehrlichkeit, die	*ärlighet, en*
Eifer, der	*iver, en*
eifrig	*ivrig*
eingebildet	*arrogant; inbilsk*
Eigenschaft, die	*egenskap, en*
eindringlich	*enträgen*
Einstellung, die	*hållning, en; inställning, en*
eitel	*fåfäng*
emotional	*emotionell*
empfindlich	*känslig*
Empfindlichkeit, die	*känslighet, en*
energisch	*energisk*
enthusiastisch	*entusiastisk*
entschlossen	*beslutsam*
erben	*ärva*
erblich	*ärftlig*
erfinderisch	*uppfinningsrik; påhittig*
ergeben	*hängiven*
ernst; ernsthaft	*allvarlig*
Exzentriker, der	*excentriker, en*
exzentrisch	*excentrisk*
faul	*lat; slö*
Faulenzer, der	*latmask, en*
Faulheit, die	*lättja, en*
feige	*feg*
Feigheit, die	*feghet, en*
Feigling, der	*fegis, en*
feinfühlend	*finkänslig*
flatterhaft	*ombytlig*
Flegel, der	*drummel, en*
fleißig	*flitig*
frech	*fräck; uppkäftig*
freigebig	*frikostig; generös; givmild*
Freigebigkeit, die	*generositet, en; givmildhet, en*
fremd	*främmande*
freundlich	*vänlig*
freundschaftlich	*vänskaplig*
froh; fröhlich	*glad*
furchtlos	*orädd*
Geduld, die	*tålamod, ett*
geduldig	*tålmodig*
gefühllos	*känslolös; okänslig*
geistesabwesend	*tankspridd*
geistesgestört	*sinnesförvirrad*
Geizhals, der	*girigbuk, en; snåljåp, en*
geizig	*girig; snål*
gemein	*elak*
Gemüt, das	*läggning, en; sinnelag, ett*
genau	*noga; noggrann; petig*
geschickt	*skicklig*
Geschmack, der	*smak, en*
gesellig	*sällskaplig*
gesinnt	*sinnad*
gesprächig	*pratsam*
gewaltsam	*våldsam*
gewandt	*belevad*
gewissenhaft	*samvetsgrann*
Gewohnneit, die	*vana, en*
Gier, die	*begär, ett; girighet, en*
gierig	*girig; glupsk; lysten*
gleichgültig	*likgiltig*
Gnade, die	*nåd, en*
gnädig	*nådig*
grausam	*grym*
Grausamkeit, die	*grymhet*
grob	*grov; hårdhänt*
großherzig	*storsint*
Großtuer, der	*skrytmåns, en*
Güte, die	*godhet, en; snällhet, en*
gutherzig	*godhjärtad*
habgierig	*girig; hagalen*
hartnäckig	*envis; styvnackad*
heftig	*häftig; våldsam*
hemmungslos	*hämningslös; ohämmad*
herzlich	*hjärtlig*
heuchlerisch	*hycklande; skenhelig*

Hingabe, die	*hängivenhet, en*
hitzig	*hetsig*
höflich	*artig; hövlig*
Höflichkeit, die	*artighet, en*
hübsch	*snygg; söt; vacker*
Individualität, die	*individualitet, en*
individuell	*individuell*
infantil	*barnslig; infantil*
initiativreich	*initiativrik*
interessant	*intressant*
intrigant	*intrigant*
introvertiert	*introvert; inåtvänd*
irre	*galen*
jähzornig	*argsint; hetlevrad*
jammern	*gnälla; jämra (sig)*
kalt	*kall; kylig*
Kauz, der	*kuf, en*
kindisch	*barnslig; infantil*
Klatschweib, das	*skvallerkärring, en*
klagen	*klaga*
kleinlich	*småaktig*
Kleinlichkeit, die	*småaktighet, en*
klug	*klok*
Klugheit, die	*klokhet, en*
Knauser, der	*snåljåp, en*
knauserig	*gnidig; snål*
komisch	*konstig; lustig*
kompromisslos	*kompromisslös*
kritiklos	*okritisk*
kritisch	*kritisk*
Laune, die	*humör, ett*
langsam	*långsam*
langweilig	*(lång)tråkig*
lebenskräftig	*kraftfull; livlig; vital*
lebhaft	*livlig; pigg*
leichtsinnig	*lättsinnig*
Leidenschaft, die	*lidelse, en; passion, en*
leidenschaftlich	*lidelsefull; passionerad*
liebenswürdig	*älskvärd*
Liebenswürdigkeit, die	*älskvärdhet, en*
loyal	*lojal*
Loyalität, die	*lojalitet, en*
Lügner, der	*lögnare, en; lögnhals, en*
lügnerisch	*lögnaktig*
lustig	*kul; rolig*
meckern	*gnälla*
Melancholiker, der	*melankoliker, en*
melancholisch	*melankolisk*
merkwürdig; sonderbar	*konstig; märklig; märkvärdig; underlig*
misstrauisch	*misstrogen; misstänksam*
munter	*glad; munter*
mürrisch	*grinig; surmulen; trumpen*
Mut, der	*mod, ett*
mutig	*modig*
nachgiebig	*eftergiven; undfallande*
nachsichtig	*överseende*
Nachteil, der	*nackdel, en*
nachtragend	*långsint*
naseweis	*näsvis*
Natur, die	*natur, en*
natürlich	*naturlig*
nervös	*nervös*
Nervosität, die	*nervositet, en*
nett	*hygglig; snäll; trevlig*
Neugier, die	*nyfikenhet, en*
neugierig	*nyfiken*
niedlich	*gullig; näpen*
offen	*öppen*
offenherzig	*öppenhjärtig*
Optimist, der	*optimist, en*
optimistisch	*optimistisk*
Panikmacher, der	*panikspridare, en*
Person, die	*person, en*
persönlich	*personlig*
Persönlichkeit, die	*personlighet, en*
Pessimist, der	*pessimist, en*
pessimistisch	*pessimistisk*
Phlegmatiker, der	*flegmatiker, en*
phlegmatisch	*flegmatisk*
Pragmatiker, der	*pragmatiker, en*
pragmatisch	*pragmatisk*
Prahler, der	*skrytmåns, en*
prinzipiell	*principiell*
protzig	*skrytsam*
rachgierig	*hämndgirig*
rachsüchtig	*hämndlysten*
redlich	*hederlig; ärlig*
reizbar	*lättretlig; retlig*
rücksichtsvoll	*hänsynsfull*
ruhig	*lugn*
Ruhm, die	*berömmelse, en; ära, en*
sachlich	*saklig*
sanft	*mild*
sanguinisch	*sangvinisk*
Sanguiniker, der	*sangviniker, en*
sarkastisch	*sarkastisk*
Sarkasmus, der	*sarkasm, en*
Scharm, der	*charm, en*

scharmant *charmerande*
scheu *blyg; skygg*
Scherz, der *skämt, ett*
scherzen *skoja; skämta*
scherzhaft *skämtsam*
schlampig *ovårdad; slarvig*
Schlauberger, der *skojare, en*
Schlingel, der *busfrö, ett; slyngel, en*
schnippisch *näbbig*
schön *skön; snygg; vacker*
schüchtern *blyg; skygg*
Schurke, der *skurk, en*
schwach *svag*
Schwäche, die *svaghet, en*
Schwätzer, der *pratmakare; skvallerbytta, en*
schweigend *tyst*
selbstsüchtig *egenkär*
seltsam *konstig; märklig; underlig*
sentimental *sentimental*
Snob, der *snobb, en*
sonderbar *besynnerlig; underlig*
Sonderling, der *enstöring, en; särling, en*
sorgenfrei *sorglös*
sparsam *sparsam*
Spaßvogel, der *skojare, en; skämtare, en*
steif *stel*
still *lugn; stillsam*
Stolz, der *stolthet, en*
stolz *stolt*
streitbar *stridbar*
stumm *tyst*
stur *envis*
Sucht, die *begär, ett*
sympathisch *sympatisk*
taktvoll *taktfull*
talentiert; talentvoll *talangfull*
Temperament, das *temperament, ett*
temperamentlos *temperamentslös*
temperamentvoll *temperamentsfull*
tolerant *tolerant*
tollkühn *dumdristig; våghalsig*
Tollpatsch, der *dumhuvud, ett; tölp, en*
Tölpel, der *dumhuvud, ett; tölp, en*
Tratsche, die *skvallerbytta, en*
träumerisch *drömsk*
traurig *ledsen*
treu *trofast; trogen*
überdurchschnittlich *över genomsnittet*
übereilt *förhastad; överilad*
überempfindlich *lättstött; överkänslig*
unangenehm *otrevlig; osympatisk; ovänlig*
unbekümmert *obekymrad; sorglös*
undiszipliniert *odisciplinerad*
unehrlich *ohederlig; oärlig*
unempfindlich *okänslig*
unentschlossen *obeslutsam*
uneigennützig *oegennyttig; osjälvisk*
unermüdlich *ihärdig; outtröttlig*
ungeduldig *otålig*
ungehobelt *ohyfsad*
ungehorsam *olydig*
ungeschickt *klumpig; tafatt*
ungesellig *osällskaplig*
ungestüm *häftig; vild*
unnatürlich *onaturlig*
unredlich *ohederlig; oärlig*
unruhig *orolig*
unschlüssig *obeslutsam; tveksam*
unsicher *osäker*
unsozial *osocial*
unzuverlässig *opålitlig*
vergesslich *glömsk*
vernünftig *förnuftig*
verrückt (nach) *galen (i); tokig (i)*
verschwenderisch *slösaktig*
Vertrauen, das *förtroende, ett; tillit, en*
vertrauensvoll *förtroendefull*
verwöhnt *bortskämd*
vorherrschend *dominerande; förhärskande*
vorsichtig *försiktig*
Vorteil, der *fördel, en*
vorurteilsvoll *fördomsfull*
wahrhaftig *sannfärdig*
warmblütig *varmblodig*
widerstandsfähig *motståndskraftig*
widerwillig *motvillig*
wild *vild*
willig *beredvillig; villig*
Witz, der *humor, en; kvickhet, en*
Witzbold, der *lustigkurre, en; skämtare, en*
witzig *kvick; vitsig*
wohlwollend *välvillig*
wortbrüchig *som bryter sina löften*
würdig *värdig*
zäh *seg*
zärtlich *kärleksfull; öm*
Zärtlichkeit, die *ömhet, en*

zerstreut	*disträ; tankspridd*
zudringlich	*efterhängsen; påträngande*
zurückhaltend	*tillbakadragen*
zuverlässig	*pålitlig*

2.3. Gefühle und Emotionen - Känslor

Abneigung, die	*aversion, en; motvilja, en*
Achtung, die	*aktning, en; respekt, en*
aggressiv	*aggressiv*
amüsieren	*muntra upp; roa; undehålla*
anbeten	*dyrka; tillbe*
Anbetung, die	*dyrkan, en; tillbedjan, en*
angenehm	*angenäm; behaglig; trevlig*
Angst, die	*rädsla, en; ångest, en*
Antipathie, die	*antipati, en*
ärgern	*förarga; irritera*
(sich) ärgern	*bli arg på; bli irriterad (över), reta upp sig*
aufgebracht	*uppbragd; upprörd*
aufgeregt	*upphetsad; uppjagad; upprörd*
(sich) aufregen	*hetsa upp sig; jaga upp sig*
Aufregung, die	*upphetsning, en*
ausstehen	*uthärda; utstå*
▪ nicht ausstehen können	*inte kunna stå ut*
bedauern	*beklaga; ångra*
bedroht	*hotad*
befürchten	*frukta; vara rädd; befara*
Begehren, das	*begär, ett; önskan, en*
begehren	*begära*
begehrlich	*girig; lysten*
begeistern	*entusiasmera; hänföra; hänrycka*
begeistert	*begeistrad; entusiastisk; hänförd*
Begeisterung, die	*entusiasm, en; hänryckning, en*
Begierde, die	*begär, ett; åtrå, en*
Beischlaf, der	*samlag, ett*
bekümmern; Kummer machen	*bekymra (sig)*
belästigen	*besvära; genera*
beleidigen	*förolämpa; kränka*
beleidigt	*förolämpad; kränkt*
Beleidigung, die	*förolämpning, en; kränkning, en*
beneiden	*avundas; missunna*
beneidenswert	*avundsvärd*
bereuen	*ångra (sig)*
beruhigen	*lugna*
beschämen	*få ... att skämmas*
beschämt	*skamsen*
besorgen	*ordna; sköta om*
besorgt	*bekymrad; orolig*
betrauen	*anförtro; betro*
betrüben	*bedröva; göra ... ledsen*
Betrübnis, die	*bedrövelse, en; sorg, en*
betrübt	*bedrövad; ledsen*
Betrug, der	*bedrägeri, ett*
betrügen	*bedra; lura*
beunruhigen	*oroa*
beunruhigt	*bekymrad; orolig; ängslig*
Beunruhigung, die	*oro, en*
bewegen	*gripa; röra*
bewegt	*gripen; rörd*
beweinen	*begråta; gråta över*
Bewunderer, der	*beundrare, en*
Bewunderin, die	*beundrarinna, en*
bewundern	*beundra; dyrka*
Bewunderung, die (für)	*beundran, en (för)*
bezaubern	*bedåra; förtrolla*
bezaubernd	*bedårande; förtjusande; förtrollande*
Bitterkeit, die	*bitterhet, en*
böse	*arg; ond*
böse sein	*vara arg*
böse werden	*bli arg*
boshaft	*elak; ondskefull*
Bosheit, die	*elakhet, en; ondska, en*
dankbar	*tacksam*
Dankbarkeit, die	*tacksamhet, en*
Depression, die	*depression, en; nedstämdhet, en*
deprimiert	*deprimerad; nedstämd*
Diskussion, die	*diskussion, en*
drohen (mit)	*hota (med)*
Drohung, die	*hot, ett; hotelse, en*
dulden	*tolerera; tåla*
Eifersucht, die	*avundsjuka, en; svartsjuka, en*
eifersüchtig	*avundsjuk; svartsjuk*
Eindruck, der	*intryck, ett*

einsam	*ensam*
Einsamkeit, die	*ensamhet, en*
empfindlich	*känslig; ömtålig*
entmutigen	*göra ... modfälld*
entmutigend	*nedslående*
entmutigt	*modlös; nedslagen*
entsetzt	*förfärad; skräckslagen; vettskrämd*
enttäuschen	*göra ... besviken*
enttäuscht	*besviken*
Enttäuschung, die	*besvikelse, en*
erfahren	*erfara; uppleva*
erleben	*uppleva*
Erlebnis, das	*upplevelse, en*
erleichtern	*underlätta*
Erleichterung, die	*lindring, en; lättnad, en*
ermüden	*trötta ut*
erregt	*upphetsad; upprörd*
erröten	*rodna*
erschöpft	*sliten; utmattad*
(sich) erschrecken	*bli förskräckt; bli skrämd*
erschrocken	*förskräckt*
erschüttern	*göra ... uppskakad*
Erstaunen, das	*förvåning, en; häpnad, en*
erstaunen	*förvåna; överraska*
erstaunt	*förvånad; häpen*
erschüttern	*skaka*
erschüttert	*skakad*
erwidert	*besvarad; ömsesidig*
faszinieren	*fascinera*
faszinierend	*fascinerande*
Feindschaft, die	*fiendskap, en; ovänskap, en*
Flirt, der	*flört, en*
flirten	*flörta*
Freude, die	*glädje, en; nöje, ett*
(sich) freuen	*glädja (sig); vara glad*
Freund, der	*pojkvän, en; vän, en*
Freundin, die	*flickvän, en; väninna, en*
Freundschaft, die	*vänskap, en*
froh	*glad*
fröhlich machen	*muntra upp; göra ... glad*
Fröhlichkeit, die	*glädje, en; munterhet, en*
fühlen	*känna*
Furcht, die	*fruktan, en; rädsla, en*
fürchten	*frukta; vara rädd*
Geduld, die	*tålamod, ett*
geduldig	*tålmodig*
Gefahr, die	*fara, en*
gefährlich	*farlig*
Gefühl, das	*känsla, en*
gefühlvoll	*känslosam*
gelangweilt	*uttråkad*
Geliebte, der	*älskare, en*
Geliebte, die	*älskarinna, en*
gereizt	*irriterad; uppretad*
gering schätzen	*nonchalera; ringakta*
gerührt	*rörd*
Gewissensbisse pl	*samvetskval, ett*
glauben	*tro*
gleichgültig	*likgiltig*
Gleichgültigkeit, die	*likgiltighet, en*
Glück, das	*lycka, en*
glücklich	*lycklig*
Groll, der	*agg, ett*
Hass, der	*hat, ett*
hassen	*hata*
herrlich	*härlig*
heulen	*grina; gråta; tjuta*
Hochachtung, die	*högaktning, en*
Hoffnung, die	*hopp, ett*
hoffnungslos	*hopplös*
Huldigung, die	*hyllning, en; uppvaktning, en*
Humor, der	*humor, en*
ignorieren	*ignorera*
Irritation, die	*irritation, en*
irritieren	*irritera*
Junge, der	*kille, en; pojke, en*
kränken	*förolämpa; kränka*
Kummer, der	*bekymmer, ett; sorg, en*
Kuss, der	*kyss, en*
Lächeln, das	*leende, ett*
lächeln	*le*
Lachen, das	*skratt, ett*
lachen	*skratta*
Langeweile, die	*långtråkighet, en*
(sich) langweilen	*vara uttråkad*
langweilig	*(lång)tråkig*
Laune, die	*humör, ett*
Leiden, das	*lidande, ett*
leiden	*lida*
Leidenschaft, die	*lidelse, en; passion, en*
lieb haben	*gilla; tycka om*
Liebe, die	*kärlek, en*
lieben	*älska*
liebend	*kärleksfull*
Liebesverhältnis, das	*förhållande, ett; relation, en*

liebevoll	*kärleksfull; öm(sint)*
Liebste, der; Liebste, die	*älskling, en*
Lust, die; Wollust, die	*begär, ett; lust, en; vällust, en; åtrå, en*
lustig	*rolig; lustig*
Misstrauen, das	*misstro, en; misstänksamhet, en*
misstrauen	*misstänka; misstro*
Mitgefühl, das	*medkänsla, en*
Mitleid, das	*medlidande, ett*
▪ Mitleid haben mit	*ha medlidande med*
mögen	*gilla; tycka om*
▪ nicht mögen	*ogilla; tycka illa om*
müde	*trött*
munter	*glad; munter; pigg*
Munterkeit, die	*munterhet, en*
Mut, der	*mod, ett*
mutig	*modig*
Neid, der	*avund, en*
neidisch	*avundsjuk*
Neigung, die	*anlag, ett; böjelse, en*
nerven	*gå på nerverna; göra nervös*
(jemanden) nerven	*gå ... på nerverna*
nervös	*nervös*
niederdrücken	*göra ... nedstämd; trycka ned*
niedergeschlagen	*nedslagen; nedstämd*
Not, die	*nöd, en*
plagen; quälen	*plåga*
Polemik, die	*polemik, en*
Rache, die	*hämnd, en*
▪ Rache ist süß	*hämnden är ljuv*
(sich) rächen	*hämnas*
romantisch	*romantisk*
rot werden	*rodna*
ruhig	*lugn*
rühren	*röra*
Scham, die; Schande, die	*skam, en*
(sich) schämen	*skämmas*
schläfrig	*sömnig; trött*
Schluchzen, das	*snyftning, en*
schluchzen	*snyfta*
Schock, der	*chock, en*
schockieren	*chockera*
schockiert	*chockerad*
Schwäche, die	*svaghet, en*
Schwermut, die	*svårmod, ett; tungsinne, ett*
Sehnsucht, die	*längtan, en*

sentimental	*sentimental*
seufzen	*sucka*
Seufzer, der	*suck, en*
sicher	*säker; trygg*
Sicherheit, die	*säkerhet, en; trygghet, en*
Sorge, die	*bekymmer, ett; problem, ett; sorg, en*
(sich) Sorgen machen	*bekymra sig; bry sig om; ängslas*
Spannung, die	*spänning, en*
Stille, die	*lugn, ett; ro, en*
Stimmung, die	*humör, ett; sinnesstämning, en*
Stolz, der	*stolthet, en*
stolz	*stolt*
Streit, der	*bråk, ett; gräl, ett*
streiten	*bråka; gräla*
Trauer, die	*sorg, en*
trauern (um)	*sörja*
Traum, der	*dröm, en*
träumen (von)	*drömma (om)*
traurig	*ledsen*
traurig machen	*bedröva; göra ... ledsen*
Traurigkeit, die	*tungsinthet, en; vemod, ett*
treu	*trofast; trogen*
Treue, die	*trofasthet, en; trohet, en*
Ungeduld, die	*otålighet, en*
ungeduldig	*otålig*
▪ ungeduldig werden	*bli otålig*
ungeduldig sein	*vara otålig*
Unglück, das	*olycka, en; otur, en*
unglücklich	*olycklig; oturlig*
unruhig	*orolig*
untreu	*otrogen*
Untreue, die	*otrohet, en*
unzufrieden	*missbelåten; missnöjd; otillfredsställd*
Unzufriedenheit, die	*missnöje, ett; otillfredsställelse, en*
verachten	*förakta*
Verachtung, die	*förakt, ett*
verärgert	*irriterad; retad*
verblüffen	*förbluffa; göra ... häpen*
verblüfft	*förbluffad; häpen*
Verblüffung, die	*överraskning, en*
Verehrer, der	*beundrare, en*
Verehrerin, die	*beundrarinna, en*
verführen	*förföra*
Vergnügen, das	*glädje, en; nöje, ett*
▪ Viel Vergnügen!	*mycket nöje!*

vergnügen	*roa*
vergöttern	*avguda*
(sich) verheiraten	*gifta (sig)*
(sich) verlassen auf	*lita på*
verlegen	*förlägen; generad*
Verlegenheit, die	*förlägenhet, en*
(sich) verlieben	*förälska (sig)*
verliebt	*förälskad*
(sich) verloben	*förlova (sig)*
Verlobte, die	*fästmö, en*
Verlobter, der	*fästman, en*
Verlust, der	*förlust, en*
vermissen	*sakna*
verrückt sein nach	*vara galen i*
vertrauen	*lita på; ha förtroende för*
verwundern	*förundra; förvåna*
Verzicht, der	*avkall, ett; avstående, ett*
verzweifeln	*förtvivla*
Verzweiflung, die	*förtvivlan, en*
Vorliebe, die	*förkärlek, en*
Weinen, das	*gråt, en*
weinen	*gråta*
wiedergewinnen	*vinna tillbaka; återvinna*
willig	*ivrig; villig*
Wohlwollen, das	*välvilja, en*
wohlwollend	*välvillig*
wollüstig	*vällustig*
wunderbar	*härlig; underbar*
wunderschön	*härlig; underbar; vacker*
Wut, die	*ilska, en; raseri, ett; vrede, en*
(in) Wut/Zorn bringen	*göra förbannad*
wütend	*förbannad; rasande; ursinnig*
zärtlich	*kärleksfull; öm(sint)*
Zorn, der	*ilska, en; vrede, en*
zornig	*arg; ilsken*
zufrieden	*belåten; nöjd; tillfreds*
zufrieden stellen	*tillfredsställa*
Zufriedenheit, die	*belåtenhet, en; tillfredsställelse, en*

2.4. Aussehen - Utseende

abgemagert	*avmagrad*
abstehend	*utstående*
abstoßend	*frånstötande; motbjudande*
Adamsapfel, der	*adamsäpple, ett*
alt	*gammal*
Alter, das	*ålder, en*
Anmut, die	*behag, ett; charm, en*
antreiben	*egga upp; reta*
anziehend	*tilldragande*
Apparition, die	*utseende, ett; yttre, ett*
Athlet, der	*atlet, en*
athletisch	*atletisk*
attraktiv	*attraktiv*
Auge, das	*öga, ett*
Augenbraue, die	*ögonbryn, ett*
Augenwimper, die	*ögonfrans, en*
Aussehen, das	*utseende, ett*
aussehen	*se ut*
Äußere, das	*yttre, ett*
Backe, die	*kind, en*
Bart, der	*skägg, ett*
Bartwuchs, der	*skäggväxt, en*
bauchig; bäuchig	*knubbig; mullig*
blass	*blek*
Blatter, die	*finne, en; kvissla, en*
Blick, der	*blick, en*
blicken; sehen	*se; titta*
blond	*blond*
Blondine, die	*blondin, en*
breit	*bred; stor*
breitschultrig	*bredaxlad*
Brünette, die	*brunett, en*
Buckel, der	*puckel, en*
Büschel, der; Strähne, die	*hårslinga, en; hårtott, en*
buschig	*buskig; yvig*
Dauerwelle, die	*permanent, en*
dick	*fet; tjock*
dicklich; füllig	*knubbig; korpulent*
dünn	*tunn*
Eigenschaft, die	*egenskap, en*
elegant	*elegant; stilig*
energisch	*energisk*
eng	*trång*
erröten	*rodna*
Erscheinung, die	*utseende, ett*
Falte, die	*rynka, en*
faltig	*rynkig*
Fettleibigkeit, die	*fetma, en*
Figur, die	*figur, en*
fletschen	*flina; grina; hånflina*
füllig	*knubbig; korpulent; mullig*
gedrungen; stämmig	*bastant; kraftig*
gepflegt	*vårdad*
Gesicht, das	*ansikte, ett*

Gesichtszüge pl	*anletsdrag, ett; ansiktsdrag, ett*
Gestalt, die	*figur, en; hållning, en*
gesund	*frisk; kry; sund*
Gewicht, das	*vikt, en*
grauhaarig	*gråhårig*
Grimasse, die	*grimas, en*
groß	*lång; stor*
Größe, die	*längd, en; storlek, en*
gut aussehend	*snygg*
Haar, das	*hår, ett*
Haarscheitel, der	*mittbena, en; sidbena, en*
Haarschnitt, der	*frisyr, en*
Haarschopf, der	*kalufs, en*
Haarsträhne, die	*hårslinga, en*
Hautfarbe, die	*hudfärg, en*
hässlich	*ful*
hinken	*halta*
hübsch	*snygg; söt; vacker*
Ideal, das	*ideal, ett*
ideal	*ideal-, idealisk*
jugendlich	*ungdomlig*
jung	*ung*
kahl	*(flint)skallig*
Kahlheit, die	*skallighet, en*
Kinn, das	*haka, en*
klein	*liten*
knochig	*benig*
Kopf, der	*huvud, ett*
korpulent	*korpulent*
Koteletten pl	*polisong, en*
Körperbau, der	*kroppsbyggnad, en*
kräftig	*kraftig; stark*
krumm	*böjd; krokig*
kurz	*kort*
Lächeln, das	*leende, ett*
lächeln	*le*
lang	*lång*
langbeinig	*långbent*
Lebenskraft, die	*energi, en; kraft, en*
lebenskräftig	*energisk; kraftfull; levande*
lebhaft	*livlig*
Locke, die	*lock, en*
mollig	*knubbig; mullig*
muskulös	*muskulös*
Muttermal, das	*födelsemärke, ett*
Narbe, die	*ärr, ett*
niedrig; klein	*liten*
oval	*oval*
Pferdeschwanz, der	*hästsvans, en*
pflegen	*vårda; sköta om*
Pickel, der	*finne, en; kvissla, en*
provozieren	*egga upp; provocera*
provozierend	*provocerande; utmanande*
Reiz, der	*behag, ett; charm, en*
reizen	*egga upp; locka*
reizend	*eggande; utmanande*
riesig	*jättelång; jättestor*
rot werden	*rodna*
rote Wangen	*rodna*
rothaarig	*rödhårig*
rund	*knubbig; rund*
sauber; rein; adrett	*prydlig; vårdad*
schick	*elegant; stilig*
schief	*sned*
Schielen, das	*skelning, en; vindögdhet, en*
schielend	*skelögd; vindögd*
Schlamp, der; Schlamper, der	*sjaskig person, en; slusk, en*
schlampig	*ovårdad; sjaskig*
Schminke, die	*smink, ett*
▪ sich schminken	*sminka sig*
schlank	*slank; smal*
▪ schlank werden	*bli smal; gå ner i vikt*
schmal	*smal*
Schnurrbart, der	*mustasch, en*
schön	*vacker*
Schönheit, die	*skönhet, en*
Schuppen, die	*mjäll, ett*
schwach	*svag*
schwer	*tung*
Sehkraft, die	*syn, en; synförmåga, en*
Silhouette, die	*silhuett, en*
sinnlich	*sensuell; sinnlig*
Sommersprosse pl	*fräknar pl*
sommersprossig	*fräknig*
Sonnenbräune, die	*solbränna, en*
sonnengebräunt	*solbränd*
spitz	*spetsig*
stämmig	*bastant; kraftig*
stark	*stark*
Stil, der	*stil, en*
stilvoll	*smakfull; stilig*
Stirn, die	*panna, en*
Stirnlöckchen pl	*lugg, en*
Tätowierung, die	*tatuering, en*
Teint, der	*hudfärg, en*
Tick, der	*manér, ett; ovana, en*
(sich) verändern	*förändra (sig)*

vital — *vital*
Vitalität, die — *vitalitet, en*
vorstehend — *framträdande; utstående*
Wange, die — *kind, en*
wiegen — *väga*
winzig — *jätteliten; pytteliten*
wohlgeformt — *välbyggd; välformad*
wohlgepflegt — *välvårdad*
wohlgestaltet — *välformad; välskapad*
zerzaust — *rufsig*
Zopf, der — *fläta, en*
zunehmen — *gå upp (i vikt); lägga på sig*
zusammenziehen — *rynka*

2.5. Körper und Organe
Kroppen och kroppsdelar

absondern — *avsöndra; utsöndra*
Absonderung, die — *utsöndring, en*
Achsel, die; Schulter, die — *axel, en; skuldra, en*
Achselhöhle, die — *armhåla, en*
Amboss, der — *städ, ett*
Anatomie, die — *anatomi, en*
Anatomie des Menschen, die — *människans anatomi, en*
anatomisch — *anatomisk*
Anus, der — *anus, en*
Aorta, die — *aorta, en*
Arm, der — *arm, en*
Arterie, die; Pulsader, die — *artär, en*
Atem, der — *andetag, ett; andning, en*
Atemapparat, der — *andningssystem, ett*
atmen — *andas*
Atmen, das — *andetag, ett; andning, en*
Augapfel, der — *ögonglob, en*
Auge, das — *öga, ett*
Augenbraue, die — *ögonbryn, ett*
Augenlid, das; Lid, das — *ögonlock, ett*
Augenwimper, die — *ögonfrans, en*
Ausscheidung, die — *avsöndring, en; utsöndring, en*
Backe, die; Wange, die — *kind, en*
Balken, der — *hjärnbalk, en*
Bauch, der — *buk, en; mage, en*
Bauchhöhle, die — *bukhåla, en*
Bauchspeicheldrüse, die — *bukspottkörtel, en*
Becken, das — *bäcken, ett*
Bein, das — *ben, ett*
beißen — *bita*
berühren — *beröra; vidröra*
Berührung, die — *beröring, en*
Bindegewebe, das — *bindväv, en*
Blase, die — *blåsa, en; urinblåsa, en*
Blinddarm, der — *blindtarm, en*
Blinder Fleck, der — *blind fläck, en*
Blut, das — *blod, ett*
Blutdruck, der — *blodtryck, ett*
Blutfarbstoff, der; Hämoglobin, das — *hemoglobin, ett*
Blutkörperchen, das — *blodkropp, en*
- rotes Blutkörperchen — *röd blodkropp, en*
- weißes Blutkörperchen — *vit blodkropp, en*

Blutkreislauf, der — *blodomlopp, ett*
Blutplasma, das — *blodplasma, en*
Bronchie, die — *bronk, en; luftrör, ett*
Brust, die — *bröst, ett*
Brustbein, das — *bröstben, ett*
Brustkorb, der — *bröstkorg, en*
Darm, der — *tarm, en*
Darmbein, das — *tarmben, ett*
Daumen, der — *tumme, en*
dick — *tjock*
Dickdarm, der — *tjocktarm, en*
Drüse, die — *körtel, en*
Dünndarm, der — *tunntarm, en*
Eichel, die — *ollon, ett*
Eierstock, der — *äggstock, en*
Eileiter, der — *äggledare, en*
Eiweiß, das; Eiweißstoff, der — *protein, ett; äggviteämne, ett*
Eizelle, die — *äggcell, en*
Ell(en)bogen, der — *armbåge, en*
Ellbogengelenk, das — *armbågsled, en*
Exkrement, das — *avföring, en; exkrement, ett*
Faust, die — *näve, en*
Ferse, die — *häl, en*
Fett, das — *fett, ett*
Fettgewebe, das — *fettvävnad, en*
Finger, der — *finger, ett*
fortpflanzen (sich) — *fortplanta (sig)*
Fortpflanzung, die — *fortplantning, en*
Fuß, der — *fot, en*
Fußknöchel, der — *ankel, en*
Gallenblase, die — *gallblåsa, en*

Gaumen, der	*gom, en*
Gaumenbein, das	*gomben, ett*
Gebärmutter, die	*livmoder, en*
Gebärmutterhals, der	*livmoderhals, en*
Gehirn, das; Hirn, das	*hjärna, en*
Gehör, das	*hörsel, en*
Gehörgang, der	*hörselgång, en*
Gehörnerv, der	*hörselnerv, en*
Gelenk, das	*led, en*
Gelenkkapsel, das	*ledkapsel, en*
Genitalien pl; Geschlechtsteile pl	*genitalier pl; könsorgan, ett*
Geruch, der	*lukt, en*
Geschlecht, das	*kön, ett*
Geschmack, der	*smak, en*
Gesicht, das	*ansikte, ett*
Gewebe, das	*vävnad, en*
Glied, das	*lem, en*
Großhirnrinde, die	*hjärnbark, en*
Haar, das	*hår, ett*
Hals, der	*hals, en*
Halswirbel, der	*halskota, en*
Hand, die	*hand, en*
Handfläche, die	*handflata, en*
Handgelenk, das	*handled, en*
Handwurzelknochen, der	*handlovsben, ett*
Harn, der; Urin, der	*urin, en*
Harnblase, die	*urinblåsa, en*
Harnleiter, der	*urinledare, en*
Harnröhre, die	*urinrör, ett*
Haut, die	*hud, en*
Herz, das	*hjärta, ett*
Herzkammer, die	*hjärtkammare, en*
Hinterbacke, die	*skinka, en*
Hinterhauptbein, das	*nackben, ett*
Hoden, der	*testikel, en*
Hodensack, der	*pung, en*
Hormon, das	*hormon, ett*
hören	*höra*
Hornhaut, die	*hornhinna, en*
Hüfte, die	*höft, en*
Hüftgelenk, das	*höftled, en*
Hypophyse, die	*hypofys, en*
immun	*immun*
Immunität, die	*immunitet, en*
Instinkt, der	*instinkt, en*
Iris, die; Regenbogenhaut, die	*iris, en; regnbågshinna, en*
Jochbein, das	*kindben, ett*
Kehldeckel, der	*struplock, ett*
Kehlkopf, der	*struphuvud, ett*
Keilbein, das	*kilben, ett*
Kiefer, der	*käke, en*
Kind, das	*barn, ett*
Kinn, das	*haka, en*
Kitzler, der; Klitoris, die	*klitoris, en*
Kleinhirn, das	*lillhjärna, en*
Knie, das	*knä, ett*
Kniegelenk, das	*knäled, en*
Kniescheibe, die	*knäskål, en*
Knochen, der	*ben, ett*
Knochenmark, das	*benmärg, en*
knochig	*benig*
Knöchelchen, das	*knoge, en*
Kopf, der	*huvud, ett*
Kopfbein, das	*ta bort -*
Körper, der	*kropp, en*
körperlich	*kroppslig*
Labyrinth, das	*labyrint, en*
Leber, die	*lever, en*
Lederhaut, die	*läderhud, en*
Leukozyt, der	*leukocyt, en; vit blod-kropp, en*
Linse, die	*lins, en*
Lippe, die	*läpp, en*
Luftröhre, die	*luftstrupe, ett*
Lunge, die	*lunga, en*
lymphatisch	*lymfatisk*
Lymphe, die	*lymfa, en*
Lymphozyt, der	*lymfocyt, en*
mager; dünn	*mager*
Mandel, die	*(hals)mandel, en; ton-sill, en*
männlich	*manlig*
Mastdarm, der; Rektum, das	*ändtarm, en*
Maxilla, die; Oberkieferbein, das	*överkäksben, ett*
Mensch, der	*människa, en*
menschlich	*mänsklig*
Milchzahn, der	*mjölktand, en*
Milz, die	*mjälte, en*
Mittelohr, das	*mellanöra, ett*
Mund, der	*mun, en*
Mundhöhle, die	*munhåla, en*
Muskel, der	*muskel, en*
Muskelgewebe, das	*muskelvävnad, en*
Muskulatur, die	*muskulatur, en*
Nabel, der	*navel, en*
Nabelschnur, die	*navelsträng, en*
Nagel, der	*nagel, en*
Nase, die	*näsa, en*
Nasenbein, das	*näsben, ett*

Nasenhöhle, die *näshåla, en*
Nasenloch, das *näsborre, en*
Nasenmuschel, die *näsmussla, en*
Nasennebenhöhle, die *bihåla, en*
Nerv, der *nerv, en*
Nervengewebe, das *nervvävnad, en*
Nervensystem, das *nervsystem, ett*
Netzhaut, die *näthinna, en*
Neugeborene, das *nyfödd, en; nyfött barn, ett*
Niere, die *njure, en*
Oberarmbein, das *överarmsben, ett*
Oberkiefer, der *överkäke, en*
Oberkieferbein, das; Maxilla, die *överkäksben, ett*
Oberschenkel, der *lår, ett*
Ohr, das *öra, ett*
Ohrläppchen, der *örsnibb, en*
Ohrmuschel, die *ytteröra, ett*
Ohrtrompete, die *örontrumpet, en*
Organ, das *organ, ett*
Organismus, der *organism, en*
Penis, der *penis, en*
Pflugscharbein, das *nässkiljevägg, en; plogben, ett*
Pons, der *hjärnbrygga, en*
Puls, der *puls, en*
Pulsader, die; Arterie, die *pulsåder, en; artär, en*
Radius, der *strålben, ett*
Regenbogenhaut, die; Iris, die *iris, en; regnbågshinna, en*
Reiz, der *stimulus, ett*
Rücken, der *rygg, en*
Rückenmark, das *ryggmärg, en*
Samenleiter, der *sädesledare, en*
Säugling, der *spädbarn, ett*
Schädel, der *kranium, ett; skalle, en*
Scheide, die *slida, en; vagina, en*
Scheitelbein, das *hjässben, ett*
Schienbein, das *skenben, ett; smalben, ett*
Schilddrüse, die *sköldkörtel, en*
Schläfe, die *tinning, en*
Schläfenbein, das *tinningben, ett*
Schlüsselbein, das *nyckelben, ett*
schmecken *smaka*
Schoß, der *sköte, ett*
Schulterblatt, das *skulderblad, ett*
Schultergelenk, das *axelled, en*
Schweiß, der *svett, en*
Sehkraft, die *syn, en; synförmåga, en*
Sehne, die *sena, en*
Siebbein, das *silben, ett*
Skelett, das *skelett, ett*
Speichel, der *saliv, en; spott, ett*
Speiseröhre, die *matstrupe, en*
Sprunggelenk, das *vrist, en*
Steißbein, das *svansben, ett*
Stimmband, das *stämband, ett*
Stirn, die *panna, en*
Stirnbein, das *pannben, ett*
Stirnhöhle, die *bihåla, en*
System, das *system, ett*
Tarsus, der *vrist, en*
Telencephalon, das *storhjärna, en*
Thrombozyt, der *trombocyt, en*
Tränenbein, das *tårben, ett*
Trieb, der *drift, en; instinkt, en*
Trommelfell, das *trumhinna, en*
Ulna, die *armbågsben, ett*
Unterkiefer, der *underkäke, en*
Unterschenkel, der *underben, ett*
Vagina, die *vagina, en*
Verdauungsapparat, der; Verdauungstrakt, der *matsmältningssystem, ett*
Verlängerte Rückenmark, das *förlängda märgen*
vermehren (sich) *föröka (sig)*
Vorderzahn, der *framtand, en*
Vorhaut, die *förhud, en*
Vorhof, der *förmak, ett*
Vulva, die *vulva, en*
wachsen *växa*
Wade, die *vad, en*
Wadenbein, das *vadben, ett*
Wange, die; Backe, die *kind, en*
weiblich *kvinnlig*
Weisheitszahn, der *visdomstand, en*
Wirbelsäule, die *ryggrad, en*
Zahn, der *tand, en*
▪ Backenzahn, der *kindtand, en; oxeltand, en*
▪ Eckzahn, der *hörntand, en*
▪ Schneidezahn, der *framtand, en*
Zahnfleisch, das *tandkött, ett*
Zeh, der *tå, en*
Zelle, die *cell, en*
Zwerchfell, das *mellangärde, ett*
Zunge, die *tunga, en*
Zungenbein, das *tungben, ett*

2.6. Krankheit und Gesundheit
Sjukdom och hälsa

Abführung, die	*avföring, en*
Abhorchen, das	*auskultation, en*
abhorchen	*auskultera; lyssna (på)*
abhören	*lyssna (på)*
Abszess, der	*varböld, en*
Abtreibung, die	*abort, en*
Aids, das	*AIDS, en; aids, en*
Akupunktur, die	*akupunktur, en*
Allergie, die	*allergi, en*
Allergiker, der	*allergiker, en*
allergisch (gegen)	*allergisk (mot)*
Allergologe, der	*allergolog, en*
Alkoholiker, der	*alkoholist, en*
Alkoholismus, der	*alkoholism, en*
Ambulatorium, das	*vårdcentral, en; öppenvårdsmottagning, en*
Amputation, die	*amputation, en*
amputieren	*amputera*
Anämie, die	*anemi, en; blodbrist, en*
Anästhesie, die	*anestesi, en*
Anästhesist, der	*narkosläkare, en*
Anfall, der	*anfall, ett*
angeschwollen	*svullen*
angesteckt	*infekterad; smittad*
Angina, die; Tonsillitis, die	*halsfluss, en*
Anmeldung, die	*reception, en*
▪ sich einen Arzttermin holen	*få en tid hos läkaren*
Anorexie, die	*anorexia, en*
anschwellen	*svullna*
Anschwellung, die	*svullnad, en*
anstecken	*smitta*
ansteckend	*smittsam*
Antibiotikum, das	*antibiotikum, ett*
Antihistaminikum, das	*antihistamin, ett*
Apotheke, die	*apotek, ett*
Apotheker, der	*apotekare, en*
Armschlinge, die	*mitella, en*
Arzneimittel, das	*läkemedel, ett*
Arzt, der	*doktor, en; läkare, en*
Arztzimmer, das	*mottagningsrum, ett*
Aspirin, das	*aspirin, en*
Assistent, der	*assistent, en*
Asthma, das	*astma, en*
Asthmatiker, der	*astmatiker, en*
asthmatisch	*astmatisk*
Atem, der	*andning, en*
atmen	*andas*
Augenarzt, der	*oftalmolog, en; ögonläkare, en*
Augenheilkunde, die	*oftalmologi, en*
ausatmen	*andas ut*
(sich) ausbreiten; (sich) verbreiten	*breda ut (sig); sprida (sig)*
Ausschlag, der	*utslag, ett*
Autismus, der	*autism, en*
Bakterie, die	*bakterie, en*
bakteriell	*bakteriell*
Bandage, die	*bandage, ett; förband, ett*
bandagieren; verbinden	*förbinda; lägga bandage*
Bauchkneifen, das	*magknip, en*
Bazillus, der	*bacill, en*
Befinden, das; Verfassung, die	*hälsotillstånd, ett*
Behandlung, die	*behandling, en*
behindert	*funktionshindrad; handikappad*
Behinderung, die	*funktionshinder, ett; handikapp, ett*
Beratung, die	*konsultation, en; rådgivning, en*
Beschwerde, die	*besvär, ett; åkomma, en*
Besserung, die; Verbesserung, die	*förbättring, en*
▪ sich verbessern	*bli bättre; vara på bättringsvägen*
bestrahlen	*stråla; strålbehandla*
Bestrahlung, die	*strålbehandling, en*
betäuben	*bedöva*
Betäubung, die	*bedövning, en; narkos, en*
Betäubungsmittel, das	*bedövningsmedel, ett*
bewusst	*medveten; vid medvetande*
Bewusstheit, die; Bewusstsein, die	*medvetande, ett*
bewusstlos	*medvetslös*
blass werden	*blekna*
blauer Fleck	*blåmärke, ett*
blind	*blind*
Blindheit, die	*blindhet, en*
Blut, das	*blod, ett*
bluten	*blöda*
blutig	*blodig*
Blutung, die	*blödning, en*
Brandwunde, die	*brännskada, en; brännsår, ett*

Bronchitis, die	*bronkit, en*
Bulimie, die	*bulimi, en*
Chirurg, der	*kirurg, en*
Chirurgie, die	*kirurgi, en*
chirurgisch	*kirurgisk*
Cholera, die	*kolera, en*
Dermatologe, der	*dermatolog, en; hudläkare, en*
Dermatologie, die	*dermatologi, en*
Desinfektion, die	*desinfektion, en*
desinfizieren	*desinficera*
Diabetes, der	*diabetes, en*
Diabetiker, der	*diabetiker, en*
Diagnose, die	*diagnos, en*
▪ Diagnose stellen	*ställa diagnos*
diagnostisch	*diagnostisk*
diagnostizieren	*diagnostisera*
Dialyse, die	*dialys, en*
dialysieren	*dialysera*
Diät, die	*diet, en*
Diätetik, die	*dietik, en*
diätetisch	*dietetisk; dietär*
Dienst, der	*jour, en*
Diphtherie, die	*difteri, en*
Doktor, der	*doktor, en; läkare, en*
Dosis, die	*dos, en*
dozieren	*dosera*
Dragee, das; Dragée, das	*dragé, en*
Durchfall, der	*diarré, en*
einatmen	*andas in*
Eingriff, der	*(kirurgiskt) ingrepp, ett; operation, en*
Eiter, der	*var, ett*
eitern	*vara (sig)*
entwicklungsgestört	*utvecklingsstörd*
Entzug, der	*avvänjning, en*
▪ auf Entzug sein	*gå på avvänjning*
Entzündung, die	*inflammation, en*
▪ Halsentzündung, die	*strupkatarr, en*
▪ Mandelentzündung, die	*halsfluss, en*
▪ Lungenentzündung, die	*lunginflammation, en*
Epidemie, die	*epidemi, en*
Epilepsie, die	*epilepsi, en*
erblassen	*blekna*
erblinden	*bli blind*
Erbrechen, das	*kräkning, en; uppkastning, en*
(sich) erbrechen; (sich) übergeben	*kasta upp; kräkas; spy*
erhöhter Blutdruck	*förhöjt blodtryck, ett; hypertoni, en*
Erkältung, die	*förkylning, en*
▪ sich erkälten	*bli förkyld; förkyla sig*
fiebernd	*febrig*
Fettleibigkeit, die	*fetma, en*
Fieber, das	*feber, en*
fieberhaft	*feberaktig; febril*
Fraktur, die	*brott, ett; fraktur, en*
Frauenarzt, der	*gynekolog, en*
füllen	*fylla; plombera*
Fußpilz, der	*fotsvamp, en*
gebären	*föda*
gebrochen	*bruten*
Geburt, die	*födelse, en*
geheilt	*botad; läkt*
Gelbsucht, die	*gulsot, en*
gereizt	*irriterad*
Geriater, der	*geriatriker, en*
Geriatrie, die	*geriatri(k), en*
geriatrisch	*geriatrisk*
Geschwulst, die	*svulst, en*
Geschwür, das	*(var)böld, en; sår, ett*
▪ Magengeschwür, das	*magsår, ett*
gesund	*frisk; hälsosam; kry*
Gesundheit, die	*hälsa, en*
Gips, der	*gips, ett*
Gipsverband, der	*gipsbandage, ett; gipsförband, ett*
Glaukom, das	*glaukom, en; grön starr, en*
Grippe, die	*influensa, en*
Gynäkologe, der	*gynekolog, en*
Gynäkologie, die	*gynekologi, en*
gynäkologisch	*gynekologisk*
Hämophilie, die	*blödarsjuka, en*
Hämatom, das	*hematom, en*
Hautabschürfung, die	*skrubbsår, ett*
Hebamme, die	*barnmorska, en*
heftig	*häftig; stark*
heilen	*bota; läka*
Herzinfarkt, der	*hjärtinfarkt, en*
Heuschnupfen, der	*hösnuva, en*
HIV, das	*HIV, en*
HNO-Arzt, der; Hans-Nase-Ohren-Arzt, der	*öron-näsa-halsläkare, en*
hospitalisieren	*lägga in på sjukhus*
Hospiz, das	*hospis, ett*
Husten, der	*hosta, en*
husten	*hosta*
Hypochonder, der	*hypokondriker, en*
Hypochondrie, die	*hypokondri, en*

immun	*immun*
immunisieren (gegen)	*immunisera; vaccinera (mot)*
Immunität, die	*immunitet, en*
impfen	*vaccinera*
Impfstoff, der	*vaccin, ett*
▪ Impfstoff gegen Masern, Mumps und Röteln	*MPR-vaccin, ett*
Impfung, die	*vaccination, en*
Infarkt, der	*infarkt, en*
▪ Herzinfarkt, der	*hjärtinfarkt, en*
Infektionskrankheit, die	*infektion, en; infektions-sjukdom, en*
infektiös	*infektions-; infektiös; smittsam*
infizieren	*infektera; smitta*
infiziert	*infekterad; smittad*
Infusion, die	*dropp, ett; infusion, en*
Inhalation, die	*inhalation, en*
Inhalator, der	*inhalator, en*
inhalieren	*inhalera*
Injektion, die	*injektion, en; spruta, en*
innere Blutung, die	*inre blödning, en*
Invalide, der	*invalid, en*
Invalidität, die	*invaliditet, en*
Jucken, das	*klåda, en*
jucken	*klia*
Kapsel, die	*kapsel, en*
Kardiologe, der	*kardiolog, en*
Kardiologie, die	*kardiologi, en*
karzinogen	*cancerframkallande; carcinogen*
Katarakt, der	*grå starr, en*
Keuchhusten, der	*kikhosta, en*
Klinik, die	*klinik, en*
klinisch	*klinisk*
Knochenbruch, der	*benbrott, ett; fraktur, en*
Kollaps, der	*kollaps, en*
Koma, das	*koma, en*
Komplikation, die	*komplikation, en*
krank	*sjuk*
krank werden	*bli sjuk*
Krankenhaus, das	*sjukhus, ett*
Krankenpfleger, der	*sjuksköterska, en*
Krankenschwester, die	*sjuksköterska, en*
krankhaft	*sjuklig*
Krankheit, die	*sjukdom, en*
▪ Erbkrankheit, die	*ärftlig sjukdom, en*
▪ Geisteskrankheit, die	*sinnessjukdom, en*
▪ Herzkrankheit, die	*hjärtsjukdom, en*
▪ Infektionskrankheit, die	*infektionssjukdom, en*
▪ Krebserkrankung, die	*cancer, en*
▪ Reisekrankheit, die	*åksjuka, en*
▪ Seekrankheit, die	*sjösjuka, en*
▪ unheilbare Krankheit, die	*obotlig sjukdom, en*
krankheitserregend	*sjukdomsframkallande*
Krankheitsverlauf, der	*sjukdomsförlopp, ett*
kränklich	*sjuklig*
Krebs, der	*cancer, en*
Krise, die	*kris, en*
chronisch	*kronisk*
Krücke, die	*krycka, en*
Krüppel, der	*krympling, en*
Kur, die	*kur, en*
kurieren	*kurera*
Labor, das	*lab, ett; laboratorium, ett*
Laborant, der; Laborantin, die	*laborant, en*
Laboratorium, das	*labb, ett; laboratorium, ett*
Laborbefund, der	*provsvar, ett*
Lähmung, die	*förlamning, en; pares, en*
Leiden, das	*sjukdom, en; åkomma, en*
leiden (an)	*lida (av)*
Leukämie, die	*leukemi, en*
lindern	*lindra*
Linderung, die	*lindring, en*
Magen-Darm-Grippe, die	*mag-tarmkatarr, en; magsjuka, en*
Magersucht, die	*anorexia, en*
Mandel, die	*halsmandel, en; tonsill, en*
Masern pl	*mässling, en*
Massage, die	*massage, en*
Masseur, der	*massör, en*
massieren	*massera*
Medikament, das	*läkemedel, ett*
Medizin, die	*medicin, en*
medizinisch	*medicinsk*
Meningitis, die	*hjärnhinneinflamma-tion, en*
Mittel, das	*medel, ett*
Mumps, der	*påssjuka, en*
Mykose, die	*svampinfektion, en*
Nadel, die	*nål, en*
Naht, die	*söm, en*
Nasenblutung, die	*näsblod, ett*

Nasentropfen pl	*näsdroppar pl*
Nebenwirkung, die	*biverkning, en*
Neurologe, der	*neurolog, en*
Neurologie, die	*neurologi, en*
nicht gut hören	*höra dåligt; vara lomhörd*
niesen	*nysa*
Notfallverhütung, die	*akut-p-piller, ett*
Oberarzt, der	*överläkare, en*
Odontologie, die	*odontologi, en*
Ohnmacht, die	*medvetslöshet, en; svimning, en*
▪ in Ohnmacht fallen	*svimma*
ohnmächtig	*avsvimmad; medvetslös*
ohnmächtig werden	*förlora medvetandet; svimma*
Onkologe, der	*onkolog, en*
Onkologie, die	*onkologi, en*
Operation, die	*operation, en*
Operationssaal, der	*operationssal, en*
Operationstisch, der	*operationsbord, ett*
operieren	*operera*
Opfer, das	*offer, ett; skadad, en*
Ophtalmologie, die	*oftalmologi, en*
Pädiater, der	*pediatriker, en*
Pädiatrie, die	*pediatrik, en*
pathogen	*patogen*
Pathologe, der	*patolog, en*
Pathologie, die	*patologi, en*
Patient, der; Patientin, die	*patient, en*
Pest, die	*pest, en*
Pflaster, das	*plåster, ett*
Pflege, die	*vård, en*
pflegen	*vårda*
Pharmazeut, der; Pharmazeutin, die	*farmaceut, en*
Pharmazie, die	*farmaci, en*
Pickel, der	*finne, en; kvissla, en*
Pille, die	*piller, ett*
▪ Antibabypille, die	*p-piller, ett*
▪ Pille danach	*akut-p-piller, ett; dagen-efter-piller, ett*
Plombe, die	*plomb, en*
Poliklinik, die	*poliklinik, en*
Portion, die	*portion, en*
Praxis, die	*mottagning, en; praktik, en*
Probe, die	*prov, ett; test, ett*
prophylaktisch	*profylaktisk*
Prophylaxe, die	*profylax, en*
Prothese, die	*protes, en*
Psyche, die	*psyke, ett*
Psychiater, der	*psykiater, en*
Psychiatrie, die	*psykiatri, en*
psychisch	*psykisk*
Puls, der	*puls, en*
Rat, der	*råd, ett*
reiben	*gnida*
Reißen, das	*värk, en*
reißend; stechend	*stickande*
reizen	*irritera*
Reizhusten, der	*rethosta, en*
Rekonvaleszenz, die	*konvalecens, en*
Respirator, der	*respirator, en*
retten	*rädda*
Rettung, die	*räddning, en; undsättning, en*
Rettungswagen, der	*ambulans, en; utryckningsfordon, ett*
Rezept, das	*recept, ett*
Rheumatiker, der	*reumatiker, en*
Rheumatismus, der	*reumatism, en*
röntgen	*röntga*
Röteln pl	*röda hund*
Salbe, die	*salva, en*
Sanatorium, das	*sanatorium, ett*
Schaden, der	*skada, en*
schaden	*skada*
schädlich	*skadlig*
Scharlachfieber, das	*scharlakansfeber, en*
Schauder, der; Schauer, der	*rysning, en*
schlaflos	*sömnlös*
Schlaflosigkeit, die	*sömnlöshet, en*
Schlag, der	*slag, ett*
Schlaganfall, der	*slaganfall, ett; stroke, en*
Schlinge, die	*mitella, en*
Schluckauf, der	*hicka, en*
schlucken	*sluka; svälja*
Schmerz, der	*smärta, en; värk, en*
▪ Bauchschmerzen	*magknip, ett; magont, ett*
▪ Halsschmerzen	*halsont*
▪ Halsweh haben	*ha ont i halsen*
▪ Kopfschmerzen pl	*huvudvärk, en*
▪ Magenschmerzen	*magknip, ett; magont, ett*
▪ Ohrenschmerzen	*öronvärk, en*
▪ Zahnschmerzen pl	*tandvärk, en*
schmerzen	*värka; göra ont*

schmerzend; schmerzhaft	*plågsam; smärtsam*
schmerzlich	*smärtsam*
Schnitt, der	*skärsår, ett; snitt, ett*
Schnittwunde, die	*skärsår, ett*
Schnupfen, der	*snuva, en*
Schwäche, die; Schwächung, die	*svaghet, en*
schwächen	*försvaga*
schwellen	*svullna (upp)*
Schwellung, die	*svullnad, en*
schwerhörig	*lomhörd*
schwerhörig sein	*vara lomhörd*
Seuche, die	*epidemi, en*
Simulant, der	*simulant, en*
simulieren	*simulera*
Sirup, der	*sirap, en*
Skalpell, das	*skalpell, en*
Sodbrennen, das	*halsbränna, en*
Spezialist, der	*specialist, en*
Spital, der	*sjukhus, ett*
Sprechstundenhilfe, die	*mottagningssköterska, en*
Spritze, die	*spruta, en*
stechend; reißend	*stickande*
sterben	*dö*
steril	*steril*
sterilisieren	*sterilisera*
Stethoskop, das	*stetoskop, ett*
Stich, der	*bett, ett; stick, ett; sting, ett*
Stimulans, das	*stimulans, en*
stimulieren	*stimulera*
stumm	*stum*
Stummheit, die	*stumhet, en*
subfebril	*subfebril*
Symptom, das	*symptom, ett*
Tablette, die	*tablett, en*
taub	*döv*
Taubheit, die	*dövhet, en*
Temperatur, die	*temperatur, en*
Therapeut, der	*terapeut, en*
therapeutisch	*terapeutisk*
Therapie, die	*terapi, en*
Thermometer, das	*termometer, en*
Tod, der	*död, en*
Tollwut, die	*rabies, en*
tödlich	*dödlig*
Tragbahre, die; Trage, die	*bår, en*
Träger, der	*bärare, en*
Transfusion, die	*transfusion, en*
Tropfen pl	*droppar pl*
Tuberkulose, die	*tuberkolos, en*
Tumor, der	*tumör, en*
Typhus, der	*tyfus, en*
Übelkeit, die	*illamående, ett*
(sich) übergeben; (sich) erbrechen	*kasta upp; kräkas; spy*
Übergewicht, das	*övervikt, en*
umkommen	*omkomma*
ungesund	*ohälsosam*
Untergewicht, das	*undervikt, en*
untersuchen	*undersöka*
Untersuchung, die	*undersökning, en*
Ursache, die	*orsak, en*
Verbandskasten, der	*första hjälpen-låda, en*
(sich) verbreiten; (sich) ausbreiten	*sprida sig*
verbrennen	*bränna*
▪ sich verbrennen	*bränna sig*
Verbrennung, die	*brännskada, en*
Verfassung, die; Befinden, das	*kondition, en; tillstånd, ett*
Vergiftung, die	*förgiftning, en*
Verhütung, die	*prevention, en*
verkrüppelt	*missbildad; obrukbar*
verletzbar	*sårbar*
verletzen	*skada; såra*
▪ sich verletzen	*skada sig*
verletzt	*skadad*
Verletzung, die	*sår, ett*
verrenken	*vricka*
Verschlimmerung, die	*försämring, en*
▪ sich verschlimmern	*bli sämre; försämras*
verschlucken	*svälja*
verschreiben	*ordinera; skriva ut*
verstauchen; vertreten	*stuka; vricka*
verstaucht; vertreten	*stukad; vrickad*
Verstauchung, die	*stukning, en; vrickning, en*
verstümmeln	*lemlästa; stympa*
verwundbar	*sårbar*
verwunden	*såra*
verwundet	*sårad*
Virus, der	*virus, ett*
Vitamin, das	*vitamin, ett*
vorbeugend	*förebyggande*
Wartezimmer, das	*väntrum, ett*
Wasserpocken, die	*vattkoppor pl*
weh tun	*göra ont*
Wunde, die	*sår, ett*
▪ Wunde reinigen	*rengöra såret*

- Wunde verbinden *förbinda såret; lägga om såret*

Zahnarzt, der *tandläkare, en*
Zahnarztassistent, der *tandläkarassistent, en*
Zahnarzthelferin, die *tandsköterska, en*
zahnärztlich *dental-; tandläkar-*
Zahnfüllung, die *tandfyllning, en*
Zäpfchen, das *stolpiller, ett*
Zuckerkrankheit, die *diabetes, en; sockersjuka, en*
zusammenbrechen *bryta ihop; kollapsa*
Zusammenbruch, der *sammanbrott, ett*

2.7. Tägliche Leben - Vardagsliv

2.7.1. Einkauf - Inköp

Abteilung, die *avdelning, en*
anbieten *erbjuda*
Angebot, das *erbjudande, ett*
Ankleidekabine, die *provrum, ett*
anprobieren *prova*
Anzahl, die *antal, ett*
Artikel, der *artikel, en; vara, en*
Ausgang, der *utgång, en*
ausstatten *utrusta*
Austausch, der *utbyte, ett*
austauschen *byta ut*
Ausverkauf, der *rea, en; utförsäljning, en*
ausverkauft *slutsålt*
Auswahl, die *urval, ett*
auswählen *välja ut*
Bargeld, das *kontanter pl*
Basar, der *basar, en*
bedienen *betjäna*
Bedienung, die *betjäning, en*
Beschwerde, die *klagomål, ett; reklamation, en*
(sich) beschweren *klaga; reklamera*
billig *billig*
Blumengeschäft, das *blomsterhandel, en*
Boutique, die *boutique, en; modebutik, en*
Buchhandlung, die *bokhandel, en*
Delikatessen, die *delikatess, en; delikatessaffär, en*
Detailhandel, der *detaljhandel, en*
Eingang, der *ingång, en*
Einkauf, der *inköp, ett*
einkaufen *köpa; handla*
Einkaufswagen, der *kundvagn, en*
einpacken *packa ner; slå in*
erhöhen *höja; öka*
Erhöhung, die *höjning; ökning*
Etikett, das *etikett, en*
Faktur(a), die *faktura, en*
Farbe, die *färg, en*
feilschen *köpslå; pruta*
Garantie, die *garanti, en*
Geld, das *pengar pl*
Geschäft, das *affär, en; butik, en*
Gewicht, das *vikt, en*
gratis *gratis*
Großhandel, der *grosshandel, en*
Großhandlung, die *grossisthandel, en*
Größe, die *storlek, en*
Handel, der *handel, en*
handeln *handla*
herabsetzen *sänka; sätta ner*
importieren *importera*
importiert *importerad*
inländisch *inhemsk*
Karton, der *kartong, en*
Kasse, die *kassa, en*
Kassenbon, der *kvitto, ett*
Kassenzettel, der *kvitto, ett*
Kassierer, der *kassör, en*
Katalog, der *katalog, en*
kaufen *köpa*
Käufer, der *köpare, en*
Kaufhaus, das *varuhus, ett*
klagen *klaga*
Klient, der *klient, en*
Kosten pl *kostnad, en; omkostnad, en*
kosten *kosta*
kostenlos *gratis*
Kunde, der *kund, en*
Kundenabteilung, die *kundtjänst, en*
Laden, der *affär, en; butik, en*
Ladentisch, der *disk, en*
Leiter, der *föreståndare, en; ledare, en*
liefern *leverera*
Lieferung, die *leverans, en*
Mangel, der *defekt, en; fel, ett*
mangelhaft *bristfällig; defekt*
Marke, die *märke, ett*
Markt, der *marknad, en*
Marktplatz, der *marknadsplats, en; torg, ett*
Muster, das *mönster, ett*

Nachfrage, die	*efterfrågan, en*
Preis, der	*pris, ett*
▪ den Preis reduzieren	*sätta ner priset*
▪ mit dem Preis runtergehen	*gå ner i pris*
Preisnachlass, der	*rabatt, en*
Produkt, das	*produkt, en*
Provision, die	*provision, en*
Qualität, die	*kvalitet, en*
Quittung, die	*kvittens, en*
Rabatt, der	*rabatt, en*
Rate, die	*avbetalning, en*
Rechnung, die	*räkning, en*
reduzieren	*minska; sänka*
reduziert	*reducerad; sänkt*
Reklamation, die	*reklamation, en*
Schaufenster, das	*skyltfönster, ett*
Scheck, der	*check, en*
Schlange, die	*kö, en*
Schnäppchen, das	*fynd, ett; kap, ett*
Selbstbedienung, die	*självbetjäning, en*
senken	*sänka; sätta ner*
Senkung, die	*nedsättning, en; sänkning, en*
Sorte, die	*modell, en; sort, en*
Sortiment, das	*sortiment, ett*
sparsam	*sparsam*
Steuer, die	*skatt, en*
Supermarkt, der	*stormarknad, en*
teuer	*dyr*
Umkleidekabine, die	*provrum, ett*
Umkosten, die	*kostnad, en*
verfügbar	*tillgänglig*
Verkauf, der	*försäljning, en*
verkaufen	*sälja*
Verkäufer, der; Verkäuferin, die	*expedit, en; försäljare, en*
verpacken	*förpacka; packa ner*
Verpackung, die	*förpackning, en*
Vorschuss, der	*förskott, ett*
Ware, die	*vara, en*
Warenhaus, das	*varuhus, ett*
Wechselgeld, das	*växel pl*
Wert, der	*värde, ett*
zusammenzählen	*räkna ihop*

2.7.2. Lebensmittel und Getränke
Livsmedel och drycker

2.7.2.1. Essen - Mat

Abendbrot, das	*kvällsmat, en*
Abendessen, das *(entspricht oft dem deutschen Mittag)*	*kvällsmat, en; middag, en*
anbraten	*bryna*
Appetit, der	*aptit, en*
appetitlich	*aptitlig*
aufgehen	*jäsa*
aufgetaut	*upptinad*
auftauen	*tina (upp)*
aufwärmen	*värma upp*
Backen, das	*bak, ett; bakning, en*
backen	*baka*
Baguette, die	*baguette, en*
Beefsteak, das	*biff, en*
belegte Butterbrot, das	*smörgås, en*
Braten, der	*stek, en*
braten	*steka*
Brei, der	*gröt, en*
Brot, das	*bröd, ett*
Brotkruste, die	*brödskorpa, en*
Brotlaib, der	*bröd, ett; limpa, en*
Brötchen, das	*fralla, en; småfranska, en*
Brotrinde, die	*brödskorpa, en*
Brotscheibe, die	*brödskiva, en*
Brotwecken, der	*ljust bröd, ett*
Brühe, die	*buljong, en*
Butter, die	*smör, ett*
dämpfen	*ångkoka*
Dessert, das	*dessert, en; efterrätt, en*
diätetisch	*dietisk; dietär*
dickflüssig	*tjockflytande*
dünsten	*ångkoka*
Durchschlag, der	*durkslag, ett; sil, en*
Ei, das	*ägg, ett*
Eingemachte, das	*sylt, en*
Erbsensuppe, die	*ärtsoppa, en*
Essen, das	*mat, en*
essen	*äta*
Fett, das	*fett, ett*
fettarm	*fettsnål; lätt-*
feuerfest	*eldfast*
Fleischklößchen, das	*köttbulle, en*
Frühstück, das	*frukost, en*
füllen	*fylla*
Füllung, die	*fyllning, en*

Gang, der	*rätt, en*
gären	*jäsa*
Gebäck, das	*bakverk, ett*
gedünstet	*ångkokt*
Gefriergemüse, das	*frysta grönsaker pl*
Gelee das/der	*gelé, en*
geschmacklos	*smaklös*
gewürzt	*kryddad*
Grill, der	*grill, en*
Gulasch, das/der	*gulasch, en*
Hackbraten, der	*köttfärs, en*
hacken	*hacka*
Haferbrei, der	*havregrynsgröt, en*
Hefe, die	*jäst, en*
heiß	*het; varm*
hobeln	*hyvla*
kalt	*kall*
Kartoffelkloß, der	*kroppkaka, en*
Käse, der	*ost, en*
Keks, der	*kex, ett*
Ketchup, der	*ketchup, en*
Knäckebrot, das	*knäckebröd, ett*
kneten	*knåda*
Koch, der	*kock, en*
kochen	*koka*
Kochkunst, die	*kokkonst, en*
Konfitüre, die	*marmelad, en*
konservieren	*konservera*
konsumieren	*konsumera*
Kotelett, das	*kotlett, en*
Kuchen, der	*kaka, en*
kühl	*sval*
kühlen	*kyla*
Kümmelkäse, der	*kryddost, en*
lecker	*läcker*
Lunch, der	*lunch, en*
Mahlzeit, die	*måltid, en*
Makkaroni, der	*makaron, en*
Margarine, die	*margarin, ett*
Marmelade, die	*marmelad, en*
Mehl, das	*mjöl, ett*
Mehlkloß, der	*klimp, en*
Milch, die	*mjölk, en*
Milchprodukte pl	*mejeriprodukter pl*
mischen	*blanda; mixa*
Mittagessen, das	*lunch, en*
mixen	*mixa*
Mixer, der	*mixer, en*
Nachschlag, der	*backning, en; påfyllning, en; påtår, en*
Nachspeise, die	*dessert, en; efterrätt, en*
Nachtisch, der	*dessert, en; efterrätt, en*
Olivenöl, das	*olivolja, en*
Öl, das	*olja, en*
Omelett, das	*omelett, en*
Pasta, die	*pasta, en*
Pfannkuchen, der	*pannkaka, en*
pfeffern	*peppra*
pikant	*pikant*
Pilz, der	*svamp, en*
Pommes frittes pl	*pommes frites pl*
Prise Salz, die	*en nypa salt*
Pudding, der	*pudding, en*
Pumpernickel, der	*pumpernickel, en*
Püree, das	*puré, en*
Quark, der	*kvarg, en*
Rahm, der	*grädde, en*
räuchern	*röka*
Reis, der	*ris, ett*
Roggenbrot, das	*rågbröd, ett*
Roggenmehl, das	*rågmjöl, ett*
roh	*rå*
Roten-Rüben-Suppe, die	*rödbetssoppa, en*
Rührei, das	*äggröra, en*
Sahne, die	*grädde, en*
Sahnetorte, die	*gräddtårta, en*
salzen	*salta*
salzig	*salt*
sauer	*sur*
sauer werden	*surna*
saure Rahm, der	*gräddfil, en*
scharf	*skarp; stark*
schälen	*skala*
Schlagsahne, die	*vispgrädde, en*
Schmalz, das	*flott, ett; ister, ett*
schmecken	*smaka*
schmelzen	*smälta*
schmieren	*smöra*
schneiden	*skära*
Schwarzbrot, das	*rågbröd, ett*
Spaghetti pl	*spaghetti pl*
Speise, die	*mat, en*
Stangenbrot, das	*baguette, en*
streuen	*strö*
Suppe, die	*soppa, en*
süß	*söt*
süßen	*söta*
Süßigkeiten pl	*godis, ett; sötsak, en*
Teig, der	*deg, en*
tiefkühlen	*djupfrysa*
tiefgefroren	*djupfryst*
Toast, der	*rostat bröd, ett; toast, en*

Topfen, der — *keso, en*
Topfkuchen, der — *sockerkaka, en*
Torte, die — *tårta, en*
trinken — *dricka*
tunken — *doppa*
umrühren — *röra om*
ungekocht — *okokt*
vegetarisch — *vegetarisk*
verzehren — *förtära*
Vollkornbrot, das — *fullkornsbröd, ett; grovt bröd, ett*
Vorspeise, die — *förrätt, en*
warm — *varm*
warme Mahlzeit, die — *lagat mål mat, ett*
Weckerl, das — *fralla, en; småfranska, en*
Wecken, der — *bulle, en*
weich — *mjuk*
Weißbrot, das — *vitt bröd, ett*
Weizenbrot, das — *vitt bröd, ett*
Weizenmehl, das — *vetemjöl, ett*
Wurst, die — *korv, en*
würzig — *kryddig*
zerkneten — *blanda; knåda ihop*
Zucker, der — *socker, ett*
Zwieback, der — *skorpa, en*

2.7.2.2. Getränke - Drycker

alkoholfreies Getränk — *alkholfri dryck*
alkoholisches Getränk — *alkoholhaltig dryck*
Ananassaft, der — *ananasjuice, en*
Apfelsaft, der — *äppeljuice, en*
Bier, das — *öl, ett*
Bier vom Fass — *fatöl*
Brause, die — *läsk, en*
Caffè Latte, der — *kaffe latte, en; latte, en*
Cappuccino, der — *cappucino, en*
Champagner, der — *champagne, en*
Eiskaffee, der — *iskaffe, en*
Espresso, der — *espresso, en*
Getränk, das — *dryck, en*
grüner Tee — *grönt te, ett*
heiße Schokolade, die — *drickchoklad, en; varm choklad, en*
helle Bier, das — *ljust öl, ett; pilsner, en*
Jog(h)urt der/die/das — *yoghurt, en*
Kaffee, der — *kaffe, ett*
- koffeinfreier Kaffee — *koffeinfritt kaffe*
- schwarzer Kaffee — *svart kaffe*

Kaffeetrinken, das — *fika, en*
Kakao, der — *choklad, en*
Limonade, die — *lemonad, en; saft, en*
Milch, die — *mjölk, en*
Milchkaffee, der — *kaffe med mjölk*
Milchshake, das/der — *milkshake, en*
Mineralwasser, das — *mineralvatten, ett*
- Mineralwasser mit Kohlensäure — *kolsyrat mineralvatten*
- Mineralwasser ohne Kohlensäure — *mineralvatten utan kolsyra*

Orangensaft, der — *apelsinjuice, en*
Rum, der — *rom, en*
Saft, der — *juice, en; saft, en*
Schwarztee, der — *svart te, ett*
Sekt, der — *sekt, en*
Sodawasser, das — *sodavatten, ett*
Sprudelwasser, das — *kolsyrat mineralvatten, ett*
Süßmost, der — *must, en*
Tee, der — *te, ett*
- mit Zucker — *med socker*
- ohne Zucker — *utan socker*

Tomatensaft, der — *tomatjuice, en*
trinken — *dricka*
Wasser, das — *vatten, ett*
weißer Tee — *vitt te, ett*
Wein, der — *vin, ett*
- Glühwein — *glögg, en*
- halbtrockener Wein — *halvtorrt vin*
- Rotwein — *rödvin*
- Schaumwein — *mousserande vin*
- Süßwein — *dessertvin*
- trockener Wein — *torrt vin*
- Weißwein — *vitt vin*

Whisky, der — *whisky, en*
Wodka, der — *vodka, en*
Zitronentee, der — *citrontee, ett*

2.7.2.3. Früchte - Frukt

Ananas, die — *ananas, en*
Apfel, der — *äpple, ett*
Apfelsine, die — *apelsin, en*
Aprikose, die — *aprikos, en*
Avocado, die — *avokado, en*
Beere, die — *bär, ett*
Bickbeere, die — *blåbär, ett*
Birne, die — *päron, ett*
Blaubeere, die — *blåbär, ett*
Brombeere, die — *björnbär, ett*
Clementine, die — *clementin, en*

Dattel, die	*dadel, en*
Erdbeere, die	*jordgubbe, en*
Feige, die	*fikon, ett*
frisch	*färsk*
Frucht, die	*frukt, en*
Fruchtfleisch, das	*fruktkött, ett*
Grapefruit, die	*grapefrukt, en*
Heidelbeere, die	*blåbär, ett*
Himbeere, die	*hallon, ett*
Johannisbeere, die	*vinbär, ett*
Kapstachelbeere, die	*kapkrusbär, ett; physalis, en*
Kern, der	*kärna, en*
Kirsche, die	*körsbär, ett*
Kiwi, die	*kiwi, en*
Klementine, die	*clementin, en*
Knorpelkirsche, die	*bigarrå, en; sötkörsbär, ett*
Kumquat, die	*kumquat, en*
Limette, die	*lime, en*
Litchi, die; Litschi, die	*litchie, en*
Mandarine, die	*mandarin, en*
Mango, die	*mango, en*
Maracuja, die	*passionsfrukt, en*
Melone, die	*melon, en*
Multbeere, die	*hjortron, ett*
Nektarine, die	*nektarin, en*
Nuss, die	*nöt, en*
▪ Erdnuss, die	*jordnöt, en*
▪ Haselnuss, die	*hasselnöt, en*
▪ Kokosnuss, die	*kokosnöt, en*
▪ Walnuss, die	*valnöt, en*
Obst, das	*frukt, en*
Olive, die	*oliv, en*
Orange, die	*apelsin, en*
Pampelmuse, die	*pomelo, en*
Papaya, die	*papaya, en*
Pfirsich, der	*persika, en*
Pflaume, die	*plommon, ett*
Preiselbeere, die	*lingon, ett*
reif	*mogen*
Schale, die	*skal, ett*
schwarze Johannisbeere, die	*svart vinbär, ett*
Stein, der	*kärna, en*
Süßkirsche, die	*bigarrå, en; sötkörsbär, ett*
Traube, die	*druva, en*
unreif	*omogen*
Wassermelone, die	*vattenmelon, en*
Weintraube, die	*vindruva, en*
Zitrone, die	*citron, en*

2.7.2.4. Gemüse - Grönsaker

Artischocke, die	*kronärtskocka, en*
Aubergine, die	*aubergine, en; äggplanta, en*
Bete, die	*beta, en*
Bittergurke, die	*bittergurka, en*
Blumenkohl, der	*blomkål, en*
Bohne, die	*böna, en*
Brokkoli, der	*broccoli, en*
Champignon, der	*champignon, en*
Chinakohl, der	*kinakål, en*
eingelegte Gurke, die	*inlagd gurka, en*
Eissalat, der	*isbergssallat, en*
Endivie, die	*endiv, en*
Erbse, die	*ärta, en*
Frühlingszwiebel, die	*salladslök, en*
Grünkohl, der	*grönkål, en*
Gurke, die	*gurka, en*
Jamswurzel, die	*jams, en*
Johannisbrot, das	*johannesbröd, ett*
Karfiol, der	*blomkål, en*
Karotte, die	*morot, en*
Kartoffel, die	*potatis, en*
Knoblauch, der	*vitlök, en*
Kohl, der	*kål, en*
Kohlrübe, die	*kålrot, en*
Kopfsalat, der	*huvudsallat, en*
Kürbis, der	*pumpa, en*
Mais, der	*majs, en*
Mangold, der	*mangold, en*
Meerrettich, der	*pepparrot, en*
Mohrrübe, die	*morot, en*
Paprika, der	*paprika, en*
Pastinake, die	*palsternacka, en*
Petersilie, die	*persilja, en*
Pfifferling, der	*kantarell, en*
Pilz, der	*svamp, en*
Porree, der	*purjolök, en*
Rettich, der	*rättika, en*
Rhabarber, der	*rabarber, en*
Rosenkohl, der	*rosenkål, en*
rote Rübe, die	*rödbeta, en*
rote Zwiebel, die	*rödlök, en*
Rotkohl, der	*rödkål, en*
Salat, der	*sallat, en*
Schalotte, die	*schalottenlök, en*
Sellerie der/die	*selleri, en*
Spargel, der	*sparris, en*
Spinat, der	*spenat, en*
Steckrübe, die	*kålrot, en*

Steinpilz, der	*karljohan(ssvamp), en; stensopp, en*
Süßkartoffel, die	*sötpotatis, en*
Tomate, die	*tomat, en*
Trüffel, die	*tryffel, en*
weiße Rübe, die	*majrova, en*
Weißkohl, der	*vitkål, en*
Wirsing, der; Wirsingkohl, der	*savoykål, en*
Zichorie, die	*cikoria, en*
Zucchini, der	*squash, en; zucchini, en*
Zwiebel, die	*(gul) lök, en*

2.7.2.5. Kräuter und Gewürze Örter och kryddor

Anis, der	*anis, en*
Basilikum, das	*basilika, en*
Cayennepfeffer, der	*cayennepeppar, en; kajennpeppar, en*
Chili, der	*chili, en*
Chutney, das	*chutney, en*
Curry das/der	*curry, en*
Dill, der	*dill, en*
Echte Sterneanis, der	*stjärnanis, en*
Essig, der	*ättika, en*
Estragon, der	*dragon, en*
Gewürznelke, die	*kryddnejlika, en*
Ingwer, der	*ingefära, en*
Kakao, der	*kakao, en*
Kaper, die	*kapris, en*
Kardamom das/der	*kardemumma, en*
Knoblauch, der	*vitlök, en*
Koriander, der	*koriander, en*
Kümmel, der	*kummin, en*
Kurkuma, die	*gurkmeja, en*
Liebstöckel, der	*libbsticka, en*
Lorbeerblatt, das	*lagerblad, ett*
Majoran, der	*mejram, en*
Meerrettich, der	*pepparrot, en*
Minze, die	*mynta, en*
Muskatnuss, die	*muskotnöt, en*
Nelkenpfeffer, der	*kryddpeppar, en*
Oregano, der	*oregano, en*
Petersilie, die	*persilja, en*
Pfeffer, der	*peppar, en*
Piment das/der	*kryddpeppar, en*
Rosmarin, der	*rosmarin, en*
Salbei, der/die	*salvia, en*
Salz, das	*salt, en*
Safran, der	*saffran, en*
Sauerampfer, der	*ängssyra, en*
Senf, der	*senap, en*
Schnittlauch, der	*gräslök, en*
Schwarze Pfeffer, der	*svartpeppar, en*
Thymian, der	*timjan, en*
Vanille, die	*vanilj, en*
Wacholder, der	*enbär, ett*
Weinessig, der	*vinäger, en*
Zimt, der	*kanel, en*
Zitronengras, das	*citrongräs, ett*
Zucker, der	*socker, ett*

2.7.2.6. Fleisch - Kött

Bacon, der	*bacon, ett*
Beefsteak, das	*biff, ett*
Ente, die	*anka, en*
Gans, die	*gås, en*
Geflügel, das	*fågel, en*
Gehackte, das	*köttfärs, en*
Hackfleisch, das	*köttfärs, en*
Hammelfleisch, das	*fårkött, ett*
Huhn, das	*höna, en*
Huhnfleisch, das	*hönskött, ett*
Hühnchen, das	*kyckling, en*
Kalbfleisch, das	*kalvkött, ett*
Kotelett, das	*kotlett, en*
Lammfleisch, das	*lammkött, ett*
Pferdefleisch, das	*hästkött, ett*
Rindfleisch, das	*nötkött, ett*
Rippenfleisch, das	*revbensspjäll, ett*
Salami, die	*salami, en*
Schinken, der	*skinka, en*
Schweinekamm, der	*fläskkarré, en*
Schweinefleisch, das	*fläskkött, ett*
Speck, der	*fläsk, ett*
Truthahn, der	*kalkon, en*
Truthahnfleisch, das	*kalkonkött, ett*
Wild, das	*vilt, ett; viltkött, ett*
Wurst, die	*korv, en*
Würstchen, das	*liten korv, en*

2.7.2.7. Fische und Meeresfrüchte Fisk och skaldjur

Aal, der	*ål, en*
Auster, die	*ostron, ett*
Barsch, der	*abborre, en*
Brachse, die	*braxen, en*
Bückling, der	*böckling, en*

Dorsch, der *torsk, en*
Felchen, der *sik, en*
Fisch, der *fisk, en*
Flunder, die *flundra, en*
Forelle, die *forell, en*
Garnele, die *räka, en*
Hecht, der *gädda, en*
Heilbutt, der *hälleflundra, en*
Hering, der *sill, en*
Hummer, der *hummer, en*
Karausche, die *ruda, en*
Karpfen, der *karp, en*
Krabbe, die *krabba, en*
Krebs, der *kräfta, en*
Lachs, der *lax, en*
Languste, die *langust, en*
Makrele, die *makrill, en*
Miesmuschel, die *blåmussla, en*
Muschel, die *mussla, en*
Pfeilkalmar, der *bläckfisk, en*
Quappe, die *lake, en*
Rapfen, der *asp, en*
Rotauge, das *mört, en*
Sardine, die *sardin, en*
Schleie, die *sutare, en*
Schnecke, die *snigel, en*
Scholle, die *flundra, en*
Seelachs, der *sej, en*
Sprotte, die *skarpsill, en*
Strömling, der; Ostseehering, der *strömming, en*
Thunfisch, der *tonfisk, en*
Tintenfisch, der *bläckfisk, en*
Ukelei, der *löja, en*
Zander, der *gös, en*

2.7.3. Persönliche Hygiene
Personlig hygien

Bad, das *bad, ett*
(sich) baden *bada*
Badewanne, die *badkar, ett*
Balsam, der *balsam, ett*
Binde, die *binda, en*
Bodylotion, die *bodylotion, en; hudkräm, en*
Brillantine, die *briljantin, en*
Bürste, die *borste, en*
bürsten *borsta*
Creme, die *kräm, en*
Deodorant, das *deo, en; deodorant, en*
Deoroller, der *roll-on deodorant, en*
Deospray, das *sprejdeodorant, en*
Deostift, der *deo, en; deodorant, en*
Depilator, der *depilator, en*
Desinfektion, die *desinfektion, en*
desinfizieren *desinficera*
Duft, der *doft, en*
duften *dofta*
Dusche, die *dusch, en*
duschen *duscha*
Duschgel, das *duschkräm, en*
enthaaren *ta bort hår*
Eyeliner, der *eyeliner, en*
Falte, die *rynka, en*
färben *färga*
Farbshampoo, das *färgschampo, ett*
Färbung, die *färgning, en*
feuchten *fukta*
feuchtigkeitsspendend *fuktighetsgivande*
Frisur, die *frisyr, en*
Fußcreme, die *fotkräm, en*
gepflegt *vårdad*
Gesichtsmaske, die *ansiktsmask, en*
Grundierung, die *foundation, en*
Haar, das *hår, ett*
Haarbürste, die *hårborste, en*
(die) Haare kämmen *kamma håret*
Haarfarbe, die *hårfärg, en*
Haargel, das *hårgelé, en*
Haarschnitt, der *frisyr, en*
Haarspray, das *hårspray, en*
Haarsträhne, die *lock, en*
Handcreme, die *handkräm, en*
Handtuch, das *handduk, en*
Henna, die *henna, en*
Hygiene, die *hygien, en*
hygienisch *hygienisk*
Kamm, der *kam, en*
kämmen *kamma*
(sich) kämmen *kamma sig*
Kosmetika pl *kosmetika pl*
Kosmetikerin, die *kosmetolog, en*
Kosmetiktasche, die *sminkväska, en*
Kosmetikum, das *kosmetikum, ett*
kosmetisch *kosmetisk*
Lack, der *lack, ett*
Lidschatten, der *ögonskugga, en*
Lipliner, der *lipliner, en*
Lippenstift, der *läppstift, ett*
Lockenwickler, der *papiljott, en*
Make-up, das *make-up, en*

Make-up-Entferner, der	*make-up remover, en; sminkborttagningsmedel, ett*
Maniküre, die	*manikyr, en*
Mascara, die	*maskara, en*
Massage, die	*massage, en*
Masseur, der	*massör, en*
massieren	*massera*
Milch, die	*mjölk, en*
müde	*trött*
Mundpflege, die	*munhygien, en; munvård, en*
Nachtcreme, die	*nattkräm, en*
Nagelbürste, die	*nagelborste, en*
Nagelfeile, die	*nagelfil, en*
Nagellack, der	*nagellack, ett*
Nagellackentferner, der	*nagellacksborttagning, en*
Öl, das	*olja, en*
Ondulation, die	*ondulering, en*
Parfüm, das	*parfym, en*
Parfümerie, die	*parfymeri, ett*
parfümieren	*parfymera*
Pediküre, die	*pedikyr*
Peeling, das	*peeling, en*
Pflege, die	*vård, en*
pflegen	*vårda*
Pflegespülung, die	*(hår)balsam, ett*
Pinzette, die	*pincett, en*
Puder, der	*puder, ett*
Puderdose, die	*puderdosa, en*
Rasierapparat, der	*rakapparat, en*
Rasieren, das	*rakning, en*
(sich) rasieren	*raka sig*
Rasierklinge, die	*rakblad, ett*
Rasierschaum, der	*raklödder, ett*
Rasierwasser, das	*rakvatten, ett*
rein	*ren*
Reinheit, die	*renhet, en*
reinigen	*rengöra; rensa*
Reinigungspeeling, das	*rengöringspeeling, en*
Rouge, das	*rouge, en*
Sauna, die	*bastu, en*
Shampoo, das	*schampoo, ett*
Schaumbad, das	*skumbad, ett*
Schere, die	*sax, en*
(sich) schminken	*sminka sig*
Schmutz, der	*smuts, en*
schmutzig	*smutsig*
schneiden	*klippa*
Schuppen pl	*mjäll, ett*
Schwamm, der	*tvättsvamp, en*
Seife, die	*tvål, en*
(sich) sonnen	*sola sig*
Sonnenbräune, die	*solbränna, en*
Spiegel, der	*spegel, en*
spülen	*skölja; spola*
Tagescreme, die	*dagkräm, en*
Talk, der	*talk, en*
Tampon, der	*tampong, en*
Taschentuch, das	*näsduk, en*
Teint, der	*hy, en*
Wachs, das	*vax, ett*
Wäsche, die	*tvätt, en*
(sich) waschen	*tvätta sig*
Waschwasser, das	*tvättvatten, ett*
Watte, die	*vadd, en*
Wimperntusche, die	*mascara, en*
wohlgepflegt	*vårdad*
Zahnbürste, die	*tandborste, en*
Zahnpaste, die	*tandkräm, en*
Zahnseide, die	*tandtråd, en*

2.7.4. Kleidung - Kläder

Absatz, der	*klack, en*
Anzug, der	*kostym, en*
Ärmel, der	*ärm, en*
Badehose, die	*badbyxor pl*
Baskenmütze, die	*basker, en*
BH, der	*BH, en*
Bikini, die	*bikini, en*
Bluse, die	*blus, en*
Boxershorts, die	*boxershorts pl*
Büstenhalter, der	*bysthållare, en*
Fliege, die	*fluga, en*
Gummischuh, der	*galosch, en*
Gürtel, der	*bälte, ett; skärp, ett*
Halstuch, das	*halsduk, en; skarf, en*
Handschuh, der	*handske, en*
Hemd, das	*skjorta, en*
Hose, die	*byxa, en*
Hosenbein, das	*byxben, ett*
Hosenschlitz, der	*gylf, en*
Hut, der	*hatt, en*
Jacke, die	*jacka, en; kavaj, en*
Jeans pl	*jeans pl*
Kapuze, die	*kapuschong, en*
Kleid, das	*klänning, en*
Kleider pl	*kläder pl*
Kleidung, die	*klädsel, en; kläder pl*
Knopf, der	*knapp, en*
Korsett, das	*korsett, en*

Kostüm, das	*dräkt, en*
Kragen, der	*krage, en*
Krawatte, die; Schlips, der	*slips, en*
Mantel, der	*kappa, en; rock, en*
Minirock, der	*minikjol, en*
Mode, die	*mode, ett*
modern	*modern*
Mütze, die	*mössa, en*
Overall, der	*overall, en*
Pyjama, der	*pyjamas, en*
Pelz, der	*päls, en*
Pullover, der	*pullover, en*
Regenschirm, der	*paraply, ett*
Reißverschluss, der	*blixtlås, ett*
Rock, der	*kjol, en*
Rollkragen, der	*polokrage, en*
Sakko, der	*blazer, en; kavaj, en*
Sandale, die	*sandal, en*
Schal, der	*schal, en; sjal, en*
Schlafrock, der	*morgonrock, en*
Schnürsenkel, der	*skosnöre, ett*
Schuh, der	*sko, en*
Schuhwerk, das	*skodon, ett*
Shorts, die	*shorts pl*
Slip, der	*trosa, en*
Socke, die	*socka, en*
Sportanzug, der	*träningsoverall, en*
Stiefel, der	*stövel, en*
Strumpf, der	*strumpa, en*
Strumpfhose, die	*strumpbyxa, en*
Tasche, die	*ficka, en; väska, en*
T-Shirt, das	*t-shirt, en*
Umschlag, der	*slag, ett*
Uniform, die	*uniform, en*
Unterfutter, das	*foder, ett*
Unterhemd, das	*undertröja, en*
Unterhose, die	*kalsong, en*
Unterrock, der	*underkjol, en*
Unterwäsche, die	*underkläder pl*
Verkleidung, die	*förklädnad, en*
Weste, die	*väst, en*

2.8. Ausbildung und Arbeit
Utbildning och arbeite

Abiturient, der/ Abiturientin, die	*student, en; person som gått ut gymnasiet*
abspicken	*fuska; skriva av*
abstrahieren	*abstrahera*
Abwesenheit, die	*frånvaro, en*
Administration, die	*administration, en*
Akademie, die	*akademi, en*
Analyse, die	*analys, en*
analysieren	*analysera*
Analytik, die	*analys, en*
Analytiker, der	*analytiker, en*
analytisch	*analytisk*
Annahme, die	*antagande, ett; antagning, en*
annehmen	*anta*
Anstrengung, die	*ansträngning, en*
Antwort, die	*svar, ett*
antworten	*svara*
▪ mit ja antworten	*bekräfta; svara ja; svara jakande*
▪ mit nein antworten	*neka; svara nej; svara nekande*
Anwesenheit, die	*närvaro, en*
Arbeit, die	*arbete, ett*
arbeiten	*arbeta*
Arbeitgeber, der	*arbetsgivare, en*
arbeitsam	*arbetsam; flitig*
arbeitslos	*arbetslös*
Arbeitslosigkeit, die	*arbetslöshet, en*
Argument, das	*argument, ett*
Argumentation, die	*argumentation, en*
argumentieren	*argumentera*
Atlas, der	*atlas, en; kartbok, en*
auflösen	*lösa upp*
Auflösung, die	*lösning, en*
Aula, die	*aula, en*
Ausbildung, die	*utbildning, en*
Ausnahme, die	*undantag, ett*
Auszeichnung, die	*utmärkelse, en*
Autorität, die	*auktoritet, en*
Befähigung, die	*begåvning, en; kvalifikation, en*
befördern	*befordra*
Beförderung, die	*befordran, en*
Begreifen, das	*förståelse, en*
begreifen	*begripa; förstå*
Begriff, der	*begrepp, ett*
beobachten	*iaktta; observera*
Beobachtung, die	*iakttagelse, en; observation, en*
Bericht, der	*rapport, en; redogörelse, en*
beschreiben	*beskriva*
Beschreibung, die	*beskrivning, en*
besprechen	*tala om; diskutera*
Besprechung, die	*diskussion, en*
bestätigen	*bekräfta*

Bestätigung, die	*bekräftelse*
beurteilen	*bedöma; värdera*
Beurteilung, die	*bedömning, en; värdering, en*
Beweis, der	*bevis, ett*
beweisen	*bevisa*
Bewerber, der	*kandidat, en; sökande, en*
Bewerbung, die	*ansökan, en; ansökning, en*
Bewerbungsgespräch, das	*jobbintervju, en*
bewerten	*värdera*
Bibliothek, die	*bibliotek, ett*
Bibliothekar, der/ Bibliothekarin, die	*bibliotekarie, en*
Bleistift, der	*blyertspenna, en*
Bücherei, die	*bibliotek, ett*
Chef, der	*chef, en*
Debatte, die	*debatt, en*
definieren	*definiera*
Definition, die	*definition, en*
debattieren	*debattera*
Dekan, der	*dekan, en*
denken (an)	*tänka (på)*
Denker, der	*tänkare, en*
Didaktik, die	*didaktik, en*
Didaktiker, der	*didaktiker, en*
didaktisch	*didaktisk*
Diktat, das	*diktamen, en*
Diplom, das	*diplom, ett*
Diskussion, die	*diskussion, en*
diskutieren	*diskutera*
Doktor, der	*doktor, en*
Doktorgrad, der	*doktorsgrad, en*
Durchbruch, der	*genombrott, ett*
Effekt, der	*effekt, en*
einstellen	*ställa in*
Einstellung, die	*inställning, en*
entdecken	*upptäcka*
Entdecker, der	*upptäckare, en*
Entdeckung, die	*upptäckt, en*
erfahren	*erfara; få reda på*
Erfahrung, die	*erfarenhet, en*
erfinden	*uppfinna*
Erfinder, der	*uppfinnare, en*
Erfindung, die	*uppfinning, en*
Erfolg, der	*framgång, en*
erforschen	*utforska*
Ergebnis, das	*resultat, ett*
erklären	*förklara*
Erklärung, die	*förklaring, en*
Evolution, die	*evolution, en*
Expedition, die	*expedition, en*
Experiment, das	*experiment, ett*
experimentieren	*experimentera*
Fachmann, der	*fackman, en; specialist, en*
Faktum, das	*faktum, ett*
Fakultät, die	*fakultet, en*
falsch	*falsk; felaktig*
Falschheit, die	*falskhet, en*
Federmappe, die	*pennskrin, ett*
Fehler, der	*fel, ett*
fehlerfrei	*felfri*
Ferien pl	*lov, ett; semester, en*
feststellen	*fastslå; konstatera*
Feststellung, die	*fastställande, ett; konstaterande, ett; uttalande, ett*
fleißig	*flitig*
Folge, die	*följd, en; konsekvens, en*
forschen (nach)	*forska (efter)*
forschend	*forskande; granskande*
Forscher, der	*forskare, en*
Forschung, die	*forskning, en*
fortgeschritten	*avancerad; utvecklad*
Fortschritt, der	*framsteg, ett*
Frage, die	*fråga, en*
Fundament, das	*fundament, ett; grund, en*
fundamental	*fundamental; grundläggande*
Gedanke, der	*tanke, en*
Gegensatz, der	*motsättning, en*
Gehalt, der	*arvode, ett; lön, en*
Gehaltserhöhung, die	*löneförhöjning, en*
Grundforschung, die	*grundforskning, en*
Grundlage, die	*grundval, en*
grundlegend	*grundläggande*
Habilitation, die	*habilitation, en*
Handbuch, das	*handbok, en; manual, en*
Hochschule, die	*högskola, en*
Honorar, das	*honorar, ett*
Hypothese, die	*hypotes, en*
hypothetisch	*hypotetisk*
Humanist, der	*humanist, en*
humanistisch	*humanistisk*
Idee, die	*idé, en*
Intellekt, der	*intellekt, ett*
intellektuell	*intellektuell*
Intellektueller, der	*intellektuell, en*

intellektualistisch	*intellektuell*
Interpretation, die	*tolkning, en*
interpretieren	*tolka*
Intuition, die	*intuition, en*
intuitiv	*intuitiv*
Kenntnis, die	*kunskap, en*
konkludieren	*konkludera*
Konsequenz, die	*konsekvens, en*
kontrovers	*kontroversiell*
Kontroverse, die	*kontrovers, en*
korrekt	*korrekt*
Kugelschreiber, der	*kulspetspenna, en*
Labor, das; Laboratorium, das	*labb, ett; laboratorium, ett*
Laborant, der	*laborant, en*
lehren	*lära; lära ut*
Lehrer, der	*lärare, en*
Lehrerin, die	*lärarinna, en*
Lebenslauf, der	*meritförteckning, en; curriculum vitae; CV, ett*
Leiter, der	*chef, en; ledare, en*
lernen	*lära sig*
Lesesaal, der	*läsesal, en*
Lohn, der	*lön, en*
lösen	*lösa*
Lösung, die	*lösning, en*
mangelhaft	*bristfällig; undermålig*
Methode, die	*metod, en*
methodisch	*metodisk*
methodologisch	*metodologisk*
Methodologie, die	*metodologi, en*
Note, die	*betyg, ett*
Notiz, die	*anteckning, en*
Notizbuch, das	*anteckningsblock, en*
Observation, die	*iakttagelse, en; observation, en*
Original, das	*original, ett*
originell	*originell*
Pädagoge, der	*pedagog, en*
pädagogisch	*pedagogisk*
Pause, die	*paus, en; rast, en*
Pflicht, die	*plikt, en*
Phase, die	*fas, en*
Philosoph, der	*filosof, en*
philosophieren	*filosofera*
philosophisch	*filosofisk*
Praxis, die	*praxis, en*
Prinzip, das	*princip, en*
Problem, das	*problem, ett*
problematisch	*problematisk*
Professur, die	*professur, en*

Projekt, das	*projekt, ett*
prüfen	*examinera; kontrollera; pröva*
Prüfung, die	*examination, en; prov, ett*
publizieren	*publicera*
Qualifikation, die	*kvalifikation, en*
Quelle, die	*källa, en*
Rätsel, das	*gåta, en*
rätselhaft	*gåtfull*
Regel, die	*regel, en*
richtig	*riktig, rätt*
Schule, die	*skola, en*
Schlussfolgerung, die	*slutledning, en; slutsats, en*
schreiben	*skriva*
Schrift, die	*skrift, en*
Schüler, der; Schülerin, die	*elev, en*
Schulgebühr, die	*skolavgift, en; terminsavgift, en*
Schuljahr, das	*läsår, ett*
spät	*sen*
▪ sich verspäten	*bli försenad*
spicken	*fuska; skriva av*
Spickzettel, der	*fusklapp, en*
Stift, der	*stift, ett*
Studentenwohnheim, das	*studenthem, ett*
studieren	*studera*
Studium, das	*studium, ett*
Stundenplan, der	*schema, ett; timplan, en*
System, das	*system, ett*
Tafel, die	*tavla, en; svarta tavlan*
Terminologie, die	*terminologi*
Test, der	*test, ett*
testen	*testa*
Theorie, die	*teori, en*
theoretisch	*teoretisk*
These, die	*tes, en*
überzeugen	*övertyga*
Überzeugung, die	*övertygelse, en*
Übungsbuch, das	*övningsbok, en*
umstritten	*omstridd*
Universität, die	*universitet, ett*
untersuchen	*undersöka*
Untersuchung, die	*undersökning, en*
Urlaub, der	*semester, en*
Vergleich, der	*förlikning, en; kompromiss, en*
vergleichen	*förlika; kompromissa*
vermuten	*anta; förmoda*

Vermutung, die	*antagande, ett; förmodan, en*
veröffentlichen	*offentliggöra*
Verstand, der	*förnuft, ett; förstånd, ett*
Verstehen, das	*förståelse, en*
verstehen	*förstå*
Vertrag, der	*kontrakt, ett*
Verwaltung, die	*förvaltning, en*
voraussehen	*förutse*
Vorlesung, die	*föreläsning, en*
▪ eine Vorlesung halten	*hålla en föreläsning*
wahr	*sann*
Wahrheit, die	*sanning, en*
wahrscheinlich	*sannolik; trolig*
Wahrscheinlichkeit, die	*sannolikhet*
weise	*vis*
Weisheit, die	*visdom, en*
wesentlich	*väsentlig*
widersprechend	*motstridig*
Wissen, das	*kunskap, en; vetande; ett*
wissen	*veta*
Wissenschaft, die	*vetenskap, en*
Wissenschaftler, der	*vetenskapsman, en*
wissenschaftlich	*vetenskaplig*
wissenschaftliche Forschung, die	*vetenskaplig forskning, en*
Wortwechsel, der	*ordväxling, en*
Zahl, die	*tal, ett*
zählen	*räkna*
Zensur, die	*betyg, ett*
Zeugnis, das	*referens, en; rekommendation, en*
Ziel, das	*mål, ett*
Ziffer, die	*siffra, en*
Zirkel, der	*passare, en*
Zufall, der	*slump, en; tillfällighet, en*
zufällig	*slumpartad; tillfällig*
zusammenfassen	*sammanfatta*
Zusammenfassung, die	*sammanfattning, en*
Zweifel, der	*tvivel, ett*
zweifelhaft	*tvivelaktig*
zweifeln (an)	*tvivla (på)*

2.9. Haus und Wohnung
Hus och lägenhet

Abluftöffnung, die	*utluftsventil, en*
Abtropfbrett, das	*torkställning, en*
Abtropfständer, der	*torkställning, en*
Adresse, die; Anschrift, die	*adress, en*
Allee, die	*allé, en*
Altan, der	*altan, en*
Allzwecktuch, das	*universalduk, en*
Anrichte, die	*serveringsbord, ett*
Anschrift, die	*adress, en*
Architekt, der	*arkitekt, en*
architektonisch	*arkitektonisk*
Ärmelbrett, das	*ärmbräda, en*
Armlehne, die	*armstöd, ett*
Aschenbecher, der	*askkopp, en*
Aufenthaltsraum, der	*sällskapsrum, ett; uppehållsrum, ett*
Aufzug, der	*hiss, en*
Backofen, der	*bakugn, en*
Bad, das	*bad, ett; badrum, ett*
Badematte, die	*badrumsmatta, en*
Badewanne, die	*badkar, ett*
Balkon, der	*balkong, en*
Besteck, das	*bestick, ett*
Besteckschublade, die	*bestiklåda, en*
Bett, das	*säng, en*
▪ Doppelbett, das	*dubbelsäng, en*
▪ Einzelbett, das	*enkelsäng, en*
Bettdecke, die	*täcke, ett*
Bettgestell, das	*sängstomme, en*
Bettkasten, der	*sänglåda, en*
Bettlacken, das	*(under)lakan, ett*
Betttuch, das	*lakan, ett*
Bettvorleger, der	*sängmatta, en*
Bidet, das	*bidé, en*
Bordkante, die	*trottoarkant, en*
Bratentopf, er	*stekgryta, en*
Bratpfanne, die	*stekpanna, en*
Bratenplatte, die	*köttallrik, en*
Bücherregal, das	*bokhylla, en*
Bügelbrett, das	*strykbräda, en*
Bügeleisen, das	*strykjärn, ett*
Bügelraum, der	*strykrum, ett*
Bürgersteig, der	*trottoar, en*
Büro, das	*kontor, ett*
Butterdose, die	*smörbytta, en*
Couch, die	*soffa, en*
Couchtisch, der	*soffbord, ett*
Dach, das; Decke, die	*tak, ett*
Dampfkochtopf, der	*tryckkokare, en*
Decke, die	*filt, en*
Deckel, der	*lock, ett*
Deckenleuchte, die	*takbelysning, en*
Dessertbesteck, das	*dessertbestick, ett*
Dessertteller, er	*assiett, en*

Diele, die	*hall, en; tambur, en*
Dusche, die	*dusch, en*
Duschkabine, die	*duschkabin, en*
Eckschrank, der	*hörnskåp, ett*
Einlegeboden, der	*hyllplan, ett*
Elektroherd, der	*elspis, en*
Essgeschirr, das	*servis, en*
Essteller, der	*(mat)tallrik, en*
Esstisch, der	*matbord, ett*
Esszimmer, das	*matsal, en*
Elektroherd, der	*elspis, en*
Fassade, die	*fasad, en*
Fahrstuhl, der	*hiss, en*
Fenster, das	*fönster, ett*
Fernseher, der	*TV, en; tv-apparat, en*
Feuerherd, der	*eldstad, en*
Fleischbeil, das	*köttyxa, en*
Fleischtopf, der	*köttgryta, en*
Frühstücksteller, der	*assiett, en*
Fußende, das	*fotända, en*
Gabel, die	*gaffel, en*
Garage, die	*garage, ett*
Garderobe, die	*garderob, en*
Gardine, die	*gardin, en*
Gardinenstange, die	*gardinstång, en*
Garten, der	*trädgård, en*
Gasherd, der	*gasspis, en*
Gebäude, das	*byggnad, en*
Gedeck, das	*dukning, en; kuvert, ett*
Gefrierfach, das	*frysfack, ett*
Gefrierschrank, das	*frys, en; frysbox, en*
gepflastert	*stenlagd*
Geschirr, das	*porslin, ett; servis, en*
Geschirregal, das	*kökshylla, en*
Geschirrschrank, der	*köksskåp, ett*
Geschirrtuch, das	*kökshandduk, en*
Gewürzregal, das	*kryddhylla, en*
Glastür, die	*glasdörr, en*
Grill, der	*grill, en*
Grillspieß, der	*grillspett, ett*
Grundteller, der	*serveringstallrik, en*
Guckloch, das	*titthål, ett*
Hackbeil, das	*köttyxa, en*
Häferl, das	*kopp, en*
Handbrause, die	*duschhandtag, ett*
Handdusche, die	*handdusch, en*
Handlauf, der	*ledstång, en; räcke, ett*
Handrührer, der	*elvisp, en*
Handtuchhalter, der	*handdukshängare, en*
Hängeschrank, der	*väggskåp, ett*
Haus, das	*hus, ett*
▪ Doppelhaus, das	*parhus, ett*
▪ Einfamilienhaus, das	*enfamiljshus, ett; villa, en*
Haushalt, der	*hushåll, ett*
Hausmiete, die	*hyra, en*
Heim, das	*hem, ett*
Hinterhof, der	*bakgård, en*
Holztäfelung, die; Wandpaneele pl	*panel, en*
hölzern	*av trä*
Hütte, die	*hydda, en*
Isolierkanne, die	*termos, en*
Kabelfernsehen, das	*kabel-TV, en*
Kachelofen, der	*kakelugn, en*
Kaffeegeschirr, das	*kaffeservis, en*
Kaffeehäferl, das	*kaffekopp, en*
Kaffeekanne, die	*kaffekanna, en*
Kaffeemaschine, die	*kaffekokare, en*
Kaffeemühle, die	*kaffekvarn, en*
Kaffeetasse, die	*kaffekopp, en*
Kanne, die	*kanna, en*
Käseglocke, die	*ostkupa, en*
Käseheber, der	*osthyvel, en*
Käseplatte, die	*ostbricka, en*
Kasserolle, die	*kastrull, en*
Keilkissen, das	*dyna, en*
Kehrschaufel, die	*sopskyffel, en*
Kessel, der	*gryta, en*
Kleiderbügel, der	*galge, en*
Kleiderhaken, der	*klädhängare, en*
Kleiderkasten, der	*klädskåp, ett*
Kleiderschrank, der	*klädskåp, ett*
Klo, das	*toa, en*
Klosett, das	*klosett, en*
Klosettbecken, das	*toalettskål, en*
Klosettbrille, die	*toalettsits, en*
Klosettschüssel, die	*toalettskål, en*
Kochlöffel, der	*slev, en*
Kochplatte, die	*kokplatta, en*
Kochtopf, der	*gryta, en; kastrull, en; kokkärl, ett*
Kopfende, das	*huvudända, en*
Kopfkissen, das	*huvudkudde, en*
Korbstuhl, der	*korgstol, en*
Küche, die	*kök, ett*
Kuchenheber, der	*tårtspade, en*
Küchenherd, der	*spis, en*
Küchenhocker, der	*kökspall, en*
Küchenkasten, der	*köksskåp,ett*
Küchenmaschine, die	*matberedare, en*
Küchenstockerl, das	*kökspall, en*
Küchenstuhl, der	*köksstol, en*
Küchentisch, der	*köksbord, ett*

Deutsch	Schwedisch
Kühlfach, das	*frysfack, ett*
Kühlschrank, der	*kylskåp, ett*
Landstraße, die; Straße, die; Weg, der	*väg, en*
Lautsprecherbox, die	*högtalare, en*
Leselampe, die	*läslampa, en*
Lift, der	*hiss, en*
Löffel, der	*sked, en*
▪ Kaffeelöffel, der	*kaffesked, en*
▪ Kuchenlöffel, der	*dessertsked, en*
▪ Schöpflöffel, der	*soppslev, en*
▪ Teelöffel, der	*tesked, en*
Matratze, die	*madrass, en*
Mauer, die	*mur, en*
Messer, das	*kniv, en*
▪ Brotmesser, das	*brödkniv, en*
▪ Fischmesser, das	*fiskkniv, en*
▪ Fleischmesser, das	*köttkniv, en*
▪ Gemüsemesser, das	*grönsakskniv, en*
▪ Kochmesser, das	*kockkniv, en*
▪ Schälmesser, das	*skalkniv, en*
Messerblock, der	*knivblock, ett*
Miete, die	*hyra, en*
Mieter, der	*hyresgäst, en*
Mietzimmer, das	*hyresrum, ett*
Mikrowelle, die; Mikrowellenherd, der	*mikro, en; mikrovågsugn, en*
Milchkanne, die	*mjölkkanna, en*
modern	*modern*
Nussknacker, der	*nötknäckare, en*
Obstschale, die	*fruktskål, en*
Penthaus, das	*takvåning, en*
Personenwaage, die	*badrumsvåg, en*
Pfanne, die	*panna, en*
Pfeiler, der	*pelare, en*
Pforte, die; Tor, das	*ingång, en; port, en*
Polstersessel, der	*fåtölj, en; länstol, en*
Rauchmelder, der	*brandvarnare, en*
Reihenhaus, das	*radhus, ett*
Rückenlehne, die	*ryggstöd, ett*
Rührlöffel, der	*slev, en*
Saftpresse, die	*juicepress, en*
Satellitenschüssel, die	*parabolantenn, en*
Sauciere, die	*såssnipa, en*
Schirmständer, der	*paraplyställ, ett*
Schlafzimmer, das	*sovrum, ett*
Schlagbesen, der	*visp, en*
Schnellkocher, der	*tryckkokare, en*
Schubfach, das	*byrålåda, en*
Schublade, die	*byrålåda, en*
Schüssel, die	*fat, ett; skål, en*
Seifenschale, die	*tvålkopp, en*
Serviette, die	*servett, en*
Sicherungskasten, der	*proppskåp, ett*
Sitzkissen, das	*stolsdyna, en*
Sofa, das	*soffa, en*
Soßenschüssel, die	*såssnipa, en*
Spiegel, der	*spegel, en*
Speisezimmer, das	*matrum, ett; matsal, en*
Sprechanlage, die	*porttelefon, en*
Springbrunnen, der	*fontän, en*
Spülmaschine, die	*diskmaskin, en*
Spülplatz, der	*sköljplats, en*
Stadt, die	*stad, en*
Stadtbezirk, der	*kommun, en*
Stadtteil, der	*stadsdel, en*
Staubsauger, der	*dammsugare, en*
Steppdecke, die	*överkast, ett*
Stereoanlage, die	*stereo, en; stereoanläggning, en*
Straße, die	*gata, en*
Stube, die	*rum, en*
Stuhl, der	*stol, en*
Suppenschüssel, die	*soppskål, en; soppterrin, en*
Suppenteller, der	*sopptallrik, en*
Tablett, das	*bricka, en*
Tasse, die	*kopp, en*
Tauchsieder, der	*doppvärmare, en*
Teekanne, die	*tekanna, en*
Telefon, das	*telefon, en*
Teller, der	*tallrik, en*
▪ flache Teller	*flat tallrik, en*
▪ tiefer Teller	*djup tallrik*
Teppich, der	*matta, en*
Teppichboden, der	*heltäckningsmatta, en*
Teppichkehrmaschine, die	*mattvätt, en*
Terrasse, die	*terrass, en*
Tiefkühlschrank, der	*frys, en; frysbox, en*
Tischplatte, die	*bordsskiva, en*
Toaster, der	*brödrost, en*
Toilette, die	*toalett, en*
Toilettenpapierhalter, der	*toalettpappershållare, en*
Topflappen, der	*grytlapp, en*
Tor, das	*port, en*
Tür, die	*dörr, en*
Türklinke, die	*dörrvred, ett; handtag, ett*
Türschloss, das	*lås, ett*
Unterschrank, der	*underskåp, ett*
Untertasse, die	*tefat, ett*
Veranda, die	*veranda, en*

Viertel, das *kvarter, ett; stadsdel, en*
Vorhalle, die *hall, en*
Wand, die *vägg, en*
Wandkachel, die *kakel, ett*
Wanne, die *badkar, ett*
Waschbecken, das *handfat, ett; tvättfat, ett*
Waschmaschine, die *tvättmaskin, en*
Waschraum, der *tvättstuga, en*
Wasserhahn, der *vattenkran, en*
Wasserkessel, der *vattenkittel, en*
Wasserkocher, der *vattenkokare, en*
WC., das *wc, ett*
Wecker, der *väckarklocka, en*
Weinglas, das *vinglas, ett*
Wohnblock, der *kvarter, ett*
Wohngemeinschaft, die *kollektiv, ett*
Wohnsitz, der *bostad, en*
Wohnung, die *lägenhet, en*
▪ Dachwohnung, die *vindsvåning, en*
▪ Eigentumswohnung, die *ägarlägenhet, en*
▪ Einzimmerwohnung, die *enrumslägenhet, en; etta, en*
▪ Etagenwohnung, die *lägenhet, en*
▪ Souterrainwohnung, die *sutterängvåning, en*
Wohnzimmer, das *vardagsrum, ett*
Zimmer, das *rum, ett*
Zuckerdose, die *sockerskål, en*

3. Natur und Umwelt - Natur och miljö

3.1. Naturschutz - Naturvård

abbaubar *nedbrytbar*
Abfall, der *avfall, ett*
Abgas, das *avgas, en*
Abwasser, das *avloppsvatten, ett; spillvatten, ett*
Altpapier, das *returpapper, ett*
Asbest, der *asbest, en*
Atmosphäre, die *atmosfär, en*
atmosphärisch *atmosfärisk*
Ausfluss, der *utlopp, ett*
ausgestorben *utdöd*
aussondern *separera; sortera*
ausstrahlen *utstråla*
Ausstrahlung, die *strålning, en*
Bakterie, die *bakterie, en*
Batterie, die *batteri, ett*
bedrohen *hota*
beschädigen *göra åverkan på; skada*
Beschädigung, die *skada, en; skadegörelse, en*
beschmutzen *smutsa ned*
Bestand, der *bestånd, ett*
Bewalden, das *skogplantering, en*
Blei, das *bly, ett*
Biodegradation, die *biologisk nedbrytning, en*
Biologie, die *biologi, en*
biologisch *biologisk*
Biomasse, die *biomassa, en*
Biosphäre, die *biosfär, en*
Biozönose, die *biocenos, en*
Boden, der; Erdboden, der *jord, en; mark, en*
Brand, der *brand, en*
Brennstoff, der *bränsle, ett*
▪ fossile Brennstoff, der *fossilt bränsle, ett*
Chemie, die *kemi, en*
Chemikalien pl *kemikalie, en*
chemisch *kemisk*
Degradation, die *nedbrytning, en; utarmning, en*
degradieren *bryta ned; utarma*
Destruktion, die *förstörelse, en; utrotning, en; ödeläggelse, en*
Detergent, das *rengöringsmedel, ett*
Dieselöl, das *dieselolja, en*
Dose, die *ask, en; burk, en*
drohen *hota*
Dünger, der *gödsel, en*
Dunst, der *ånga, en*
einwirken *inverka*
Elektrizitätswerk, das *elverk, ett*
Emission, die *utsläpp, ett*
entgegenwirken *motverka*
Entgegenwirkung, die *motverkan, en*
erforschen *utforska*
Erforschung, die *utforskande, ett*
erneuerbar *förnyelsebar*
erneuern *förnya*
Erosion, die *erosion, en*
erwärmen *värma upp*
Erwärmung, die *uppvärmning, en*
Fabrik, die *fabrik, en*
Filter, der *filter, ett*
Flut, die *flod, en*
forschen *forska*
Forschung, die *forskning, en*

Freon, das	*freon, ett*
Gas, das	*gas, en*
Gefahr, das	*fara, en*
gefährlich	*farlig*
geometrisch	*geometrisk*
geschützt	*skyddad*
Gift, das	*gift, ett*
giftig	*giftig*
grün	*grön*
Grünanlage, die	*grönområde, ett*
helfen	*hjälpa*
Hilfe, die	*hjälp, en*
Hochwasser, das	*högvatten, ett*
Hydrosphäre, die	*hydrosfär, en*
Industrie, die	*industri, en*
industriell	*industriell*
Kanalisation, die	*avlopp, ett; avloppssystem, ett*
karzinogen; krebserzeugend	*cancerframkallande*
Katalysator, der	*katalysator, en*
katastrophal	*katastrofal*
Katastrophe, die	*katastrof, en*
Kläranlage, die	*reningsverk, ett*
Klima, das	*klimat, ett*
Kohle, die	*kol, ett*
Kohlendioxid, das	*koldioxid, en*
Kohlenmonoxid, das	*kolmonoxid, en*
Kompost, der	*kompost, en*
Kraftwerk, das	*kraftverk, ett*
künstlich	*artificiell; konstgjord*
Kunststoff, der	*plast, en*
Lärm, der	*larm, ett*
Luft, die	*luft, en*
Luftverschmutzung, die	*luftförorening, en*
Makulatur, die	*makulatur, en*
Müll, der	*skräp, ett; sopor pl*
Mülldeponie, die	*soptipp, en*
Natur, die	*natur, en*
Naturschutzgebiet, das; Reservat, das	*naturskyddsområde, ett; naturreservat, ett*
Ökologe, der	*ekolog, en*
Ökologie, die	*ekologi, en*
ökologisch	*ekologisk*
Ökosphäre, die	*ekosfär, en*
Ökosystem, das	*ekosystem, ett*
Ozon, der	*ozon, ett*
Park, der	*park, en*
Pestizid, das	*bekämpningsmedel, ett; pesticid, en*
Petroleum, das	*fotogen, en*
Quecksilber, das	*kvicksilver, ett*
Quelle, die	*källa, en*
radioaktiv	*radioaktiv*
Radioaktivität, die	*radioaktivitet, en*
Rauch, der	*rök, en*
rauchen	*ryka*
Reduktion, die	*reduktion, en*
reduzieren	*reducera*
Regeneration, die	*regeneration, en*
regenerieren	*regenerera*
rein	*ren*
reinigen	*rena*
Reinigung, die	*rening, en*
Reservat, das	*naturreservat, ett*
retten	*rädda*
Rettung, die	*räddning, en*
Rohöl, das	*råolja, en*
Rohstoff, der	*råvara, en*
Ruß, der	*sot, ett*
sauber	*ren*
sauer	*sur*
Sauerstoff, der	*syre, ett*
Säure, die	*syra, en*
schädlich	*skadlig*
Schädling, der	*skadedjur, ett*
schonen; schützen	*skydda*
Schrott, der	*skrot, ett*
Schrottplatz, der	*skrotupplag, ett*
Schutz, der	*skydd, ett*
Schwefel, der	*svavel, ett*
schwinden	*försvinna*
Schwund, der	*försvinnande, ett*
Smog, der	*smog, en*
Staub, der	*damm, ett*
strahlen	*stråla*
synthetisch	*syntetisk*
Technologie, die	*teknologi, en*
Tod, der	*död, en*
▪ tödlicher Unfall	*dödsolycka, en*
tödlich	*dödlig*
Toxin, das	*toxin, ett*
toxisch	*toxisk*
Überbevölkerung, die	*överbefolkning, en*
Überleben, das	*överlevnad, en*
überleben	*överleva*
Überschwemmung, die	*översvämning, en*
übervölkert	*överbefolkad*
Umwelt, die	*miljö, en*
umweltfreundlich	*miljövänlig*
Umwelt-	*miljö-*
nicht erneubar	*inte förnyelsebar*
unschädlich	*oskadlig*
untersuchen	*undersöka*

Untersuchung, die	*undersökning, en*
unverseucht	*ej förorenad*
verbieten	*förbjuda*
Verbot, das	*förbud, ett*
vergiften	*förgifta*
vergiftet	*förgiftad*
Vergiftung, die	*förgiftning, en*
vernichten	*förstöra; utplåna; ödelägga*
Verpackung, die	*förpackning, en*
verschlimmern	*försämra; förvärra*
Verschlimmerung, die	*försämring, en*
verschmutzt	*förorenad; nedsmutsad*
Verschmutzung, die	*förorening, en*
verseucht	*förorenad*
verunreinigen	*förorena; smutsa ned*
verwerten	*använda; utnyttja; återvinna*
Verwertung, die	*användning, en; utnyttjande, ett; återvinning, en*
vorbeugen	*förebygga*
Vorbeugung, die	*förebyggande, ett*
Wald, der	*skog, en*
Wasser, das	*vatten, ett*
Welt, die	*värld, en*
zerstören	*förstöra*
Zerstörung, die	*förstörelse, en*

3.2. Pflanzen - Växter

Ahorn, der	*lönn, en*
Akazie, die	*akacia, en*
Alge, die	*alg, en*
Art, die	*art, en*
Ast, der	*gren, en; kvist, en*
Aster, die	*aster, en*
austrocknen	*torka ut*
Azalee, die; Azalie, die	*azalea, en*
Baum, der	*träd, ett*
Beere, die	*bär, ett*
Beet, das	*rabatt, en*
Begonie, die	*begonia, en*
berieseln	*bevattna*
bestäuben	*pollinera*
Bewalden, das	*skogsplantering, en*
Birke, die	*björk, en*
Blatt, das	*blad, ett*
blühen	*blomma*
Blume, die	*blomma, en*
Blumenbeet, das	*rabatt, en*
Blumenkelch, der	*blomkalk, en*
Blütenstand, der	*blomställning, en*
Botanik, die	*botanik, en*
botanisch	*botanisk*
Brennnessel, die	*brännässla, en; nässla, en*
Brombeere, die	*björnbär, ett*
Buche, die	*bok, en*
Dahlie, die	*dahlia, en*
dicht	*tät*
Distel, die	*tistel, en*
Dschungel, das/der	*djungel, en*
düngen	*gödsla*
Dünger, der	*gödsel, en*
Eberesche, die	*rönn, en*
Eiche, die	*ek, en*
Eichel, die	*ekollon, en*
Esche, die	*ask, en*
fallen	*falla*
Farn, der	*ormbunke, en*
Feld, das	*fält, ett; åker, en*
Fichte, die	*gran, en*
Flockenblume, die	*rödklint, en*
Flora, die	*flora, en*
florieren	*blomstra; florera*
Forstwirtschaft, die	*skogsbruk, ett*
Frucht, die	*frukt, en*
fruchtbar	*bördig; fruktbar*
Garten, der	*trädgård, en*
▪ botanischer Garten	*botanisk trädgård*
Gemüse, das	*grönsak, en*
Gras, das	*gräs, ett*
Halm, der	*strå, ett*
Hasel, die	*hassel, en*
Hecke, die	*häck, en; snår, ett*
Heidekraut, das	*ljung, en*
Holunder, der	*fläder, en*
jäten	*rensa ogräs*
Kamille, die	*kamomill, en*
Kastanienbaum, der	*kastanj, en*
Kern, der	*kärna, en*
Kiefer, die	*tall, en*
Knospe, die	*knopp, en*
knospen	*knoppas*
Kraut, das	*ört, en*
Krokus, der	*krokus, en*
Kronblatt, das	*kronblad, ett*
Lichtung, die	*glänta, en*
Lilie, die	*lilja, en*
Linde, die	*lind, en*
Magnolie, die	*magnolia, en*
Maiglöckchen, das	*liljekonvalj, en*

Maulbeerbaum, der	*mullbärsträd, ett*
Mohn, der	*vallmo, en*
Moos, das	*mossa, en*
Narzisse, die	*narciss, en*
Natur, die	*natur, en*
Pappel, die	*poppel, en*
Pelargonie, die	*pelargonia, en*
Pflanze, die	*planta, en; växt, en*
pflanzen	*plantera*
pflücken	*plocka*
Photosynthese, die	*fotosyntes, en*
Pilz, der	*svamp, en*
Platane, die	*platan, en*
Pollen, der	*pollen, ett*
Primel, die	*primula, en*
pfropfen	*ympa*
reif	*mogen*
reifen	*mogna*
Rinde, die	*bark, en*
Rose, die	*ros, en*
Samen, das	*frö, ett*
Savanne, die	*savann, en*
Seerose, die (weiße)	*näckros, en*
Stängel, der	*stjälk, en; stängel, en*
Staubblatt, das	*ståndare, en*
Steckling, der	*stickling, en*
Stempel, der	*pistill, en*
Stengel, der	*stjälk, en; stängel, en*
Stiefmütterchen, das	*styvmorsviol, en*
Strauch, der	*buske, en*
Stumpf, der	*stubbe, en*
Tanne, die	*gran, en*
Tannennadel, die	*granbarr, ett*
Tausendschön, das	*tusensköna, en*
Trüffel, die	*tryffel, en*
Tulpe, die	*tulpan, en*
Tundra, die	*tundra, en*
unberührt	*orörd*
Unkraut, das	*ogräs, ett*
unreif	*omogen*
Unterholz, das	*undervegetation, en*
Urwald, der	*urskog, en*
Vegetation, die	*växtlighet, en*
Veilchen, das	*viol, en*
verblühen	*blomma över; vissna*
wachsen	*växa*
Wald, der	*skog, en*
Wäldchen, das	*lund, en*
Wasser, das	*vatten, ett*
Wasserrose, die	*näckros, en*
Weide, die	*pil, en; vide, en*
Wiese, die	*äng, en*
wild	*vild*
Wurzel, die	*rot, en*
Zapfen, der	*kotte, en*
Zucht, die	*avel, en*
züchten	*avla*
Zweig, der	*gren, en; kvist, en*

3.3. Naturerscheinungen

Naturfenomen

ausreißen	*rycka upp; slita upp*
austrocknen	*torka ut*
Bach, der	*bäck, en*
blasen	*blåsa*
Blitz, der	*blixt, en*
Blitzableiter, der	*åskledare, en*
böig	*byig*
Brand, der	*brand, en*
▪ Brand stiften	*anlägga en brand; tända eld på*
Brandstifter, der	*mordbrännare, en*
Brandstiftung, die	*mordbrand, en*
brennen	*bränna*
Brunnen, der	*brunn, en*
Bunker, der	*bunker, en*
Damm, der	*damm, en; fördämning, en*
Dürre, die	*torka, en*
Ebbe, die	*ebb, en; lågvatten, ett*
Eis, das	*is, en*
Eisscholle, die	*isflak, ett*
ersticken	*kväva*
ertrinken	*drunkna*
evakuieren	*evakuera*
Evakuierung, die	*evakuering, en*
Feuer, das	*eld, en*
feuerfest	*eldfast*
Feuerwehrmann, der	*brandman, en*
Feuerwerk, das	*fyrverkeri, ett*
Flamme, die	*flamma, en; låga, en*
Fluss, der	*flod, en; älv, en*
Flut, die	*flod, en; högvatten, ett*
Funke, der	*gnista, en*
Gefahr, die	*fara, en*
gefährlich	*farlig*
Gewitter, das	*oväder, ett*
gewitterig	*stormig*
Glut, die	*glöd, en*
Graben, der	*dike, ett*
Hochwasser, das	*högvatten, ett*
Hydrosphäre, die	*hydrosfär, en*

kräftig	*kraftig; stark*
Lagerfeuer, das	*lägereld, en*
Lawine, die	*lavin, en; snöskred, ett*
löschen	*släcka*
Luft, die	*luft, en*
Luftstrom, der	*luftström, en*
Meer, das	*hav, ett*
niedergebrannt	*nedbränd*
Orkan, der	*orkan, en*
Ozean, der	*ocean, en*
Pumpe, die	*pump, en*
pumpen	*pumpa*
Quelle, die	*källa, en*
Regenwasser, das	*regnvatten, ett*
Schlamm, der	*dy, en; gyttja, en; slamm, ett*
Schlauch, der	*slang, en*
schmelzen	*smälta*
schwach	*svag*
schwimmen	*flyta*
See, die	*hav, ett; sjö, en*
sinken	*sjunka*
stark	*stark*
Strom, der	*ström, en*
Strom, der (Fluss)	*flod, en; älv, en*
Sturm, der	*storm, en*
Sturmflut, die	*stormflod, en*
stürmisch	*stormig*
Teich, der	*tjärn, en*
überlaufen	*rinna över*
überschwemmen	*svämma över*
untergehen	*gå under*
Unwetter, das	*oväder, ett*
verbrennen	*förbränna*
versenken	*sänka*
Vulkan, der	*vulkan, en*
Wasser, das	*vatten, en*
wasserdicht	*vattentät*
Wasserfall, der	*fors, en; vattenfall, ett*
wehen	*blåsa*
Welle, die	*våg, en*
Wind, der	*vind, en*
windig	*blåsig*
zerstören	*förstöra; ödelägga*
Zerstörung, die	*förstörelse, en; ödeläggelse, en*
Zyklon, der	*cyklon, en*

3.4. Wetter und Klima

Väder och klimat

Anomalie, die	*anomali, en; onormalt väder, ett*
äquatorial	*ekvatorial*
Atmosphäre, die	*atmosfär, en*
atmosphärisch	*atmosfärisk, en*
aufgehen	*gå upp; stiga upp*
Aufheiterung, die	*uppklarnande, ett*
(sich) aufklären	*klarna (upp); ljusna*
Barometer, das	*barometer, en*
bedeckt	*mulen*
Bergsturz, der	*bergskred, ett*
(sich) bewölken	*mulna*
bewölkt	*molnigt; mulet*
Bewölkung, die	*molntäcke, ett*
Blitz, der	*blixt, en*
blitzen	*blixtra*
Blitzschlag, der	*blixtnedslag, ett*
böig	*byig*
brennen	*bränna*
Brise, die	*bris, en*
diesig	*disig*
Donner, der	*åska, en*
donnern	*dundra; åska*
Druck, der	*tryck, ett*
dürr	*torr*
Dürre, die	*torka, en*
Eis, das	*is, en*
eiskalt; eisig	*iskall*
Erdrutsch, der	*jordskred, ett*
Erhöhung, die	*höjning, en*
Fall, der	*fall, ett*
festländisch	*fastlands-*
feucht	*fuktig*
Feuchtigkeit, die	*fuktighet, en*
frieren	*frysa*
Front, die	*front, en*
Frost, der	*frost, en*
frostig	*kylig*
gemäßigt	*tempererad*
Gewitter, das	*åskväder, ett*
gießen (in Strömen gießen)	*vräka ned; ösregna*
Glatteis, das	*blankis, en; blixthalka, en*
glitschig	*hal*
Grad, der	*grad, en*
Gussregen, der	*ösregn, ett*
Hagel, der	*hagel, ett*
heiß	*het*

heiter	*klar; strålande*
Himmel, der	*himmel, en*
Hitze, die	*hetta, en*
Hitzewelle, die	*värmebölja, en*
Hochdruck, der	*högtryck, ett*
Kaltfront, die	*kallfront, en*
Klima, das	*klimat, ett*
klimatisch	*klimat-*
Klimatologe, der	*klimatforskare, en; klimatolog, en*
Klimatologie, die	*klimatologi, en*
Klimawechsel, der	*klimatförändring, en*
kontinental	*kontinental*
kühl	*kylig; sval*
Kühle, die	*kyla, en; svalka, en*
Lawine, die	*lavin, en; snöskred, ett*
Messung, die	*mätning, en*
Meteorologe, der	*meteorolog, en*
Meteorologie, die	*meteorologi, en*
mild	*mild*
Nachtfrost, der	*nattfrost, en*
nass	*blöt; våt*
Nebel, der	*dimma, en*
nebelhaft	*dimmig*
nebelig	*dimmig*
nieseln	*dugga; småregna*
Nieselregen, der	*duggregn, ett*
Orkan, der	*orkan, en*
Phänomen, das	*fenomen, ett*
Platzregen, der	*störtregn, ett; ösregn, ett*
Polarfront, die	*polarfront, en*
rasen	*rasa*
Raureif, der	*rimfrost, en*
Regen, der	*regn, ett*
Regenbogen, der	*regnbåge, en*
Regentropfen, der	*regndroppe, en*
Regenwetter, das	*regnväder, ett*
regnen	*regna*
regnerisch	*regnig*
Reif, der	*rimfrost, en*
rein; sauber	*ren*
Richtung	*riktning, en*
ruhig	*lugn; stilla*
Rutsch, der; Lawine, die	*ras, ett*
Schatten, der	*skugga, en*
Schauer, der	*(regn)skur, en*
▪ vorübergehende Schauer	*övergående skurar pl*
scheinen	*skina*
Schlammlawine, die	*lerras, ett*
schmelzen	*smälta*
Schnee, der	*snö, en*
Schneegestöber, das	*snöyra, en*
schneien	*snöa*
Schwankung, die	*avvikelse, en; variation, en*
schwül	*kvalmig; tryckande*
Schwüle, die	*tryckande hetta, en*
sichtbar	*synlig*
Sonne, die	*sol, en*
sonnig	*solig*
Sprühregen, der	*duggregn, ett*
Strom, der	*ström, en*
Strom, der (Fluss)	*flod, en; älv, en*
Sturm, der	*storm, en*
stürmisch	*stormig*
subtropisch	*subtropisk*
Tauwetter, das	*töväder, ett*
Temperatur, die	*temperatur, en*
Thermometer, das	*termometer, en*
Tief, das	*lågtryck, ett*
toben	*rasa*
Tornado, der	*tornado, en*
trocken	*torr*
Trockenheit, die	*torka, en*
tropisch	*tropisk*
Überschwemmung, die	*översvämning, en*
unstabil	*instabil*
untergehen	*gå ned*
unvoraussehbar	*oförutsägbar*
Unwetter, das	*oväder, ett*
warm	*varm*
Wärme, die	*värme, en*
Warmfront, die	*varmfront, en*
Wasserpfütze, die	*vattenpuss, en; vattenpöl, en*
wehen	*blåsa*
Wetter, das	*väder, ett*
▪ trübe Wetter	*gråväder, ett*
Wetterdienststelle, die	*väderlekstjänst, en*
Wetterstation, die	*väderstation, en; meteorologisk station, en*
Wettervorhersage, die	*väderprognos, en*
Wind, der	*vind, en*
windig	*blåsig*
windstill	*vindstilla*
Windstille, die	*stiltje, en*
Wirbelsturm, der	*virvelstorm, en*
Wolke, die	*moln, ett*
wolkenlos	*molnfri*
Zone, die	*zon, en*
zufrieren	*frysa till*

3.5. Tiere - Djur

Adler, der	*örn, en*
Affe, der	*apa, en*
Ameise, die	*myra, en*
Antilope, die	*antilop, en*
Bär, der	*björn, en*
Biber, der	*bäver, en*
Biene, die	*bi, ett*
Bison, der	*bison(oxe), en*
Delphin, der	*delfin, en*
Dorsch, der	*torsk, en*
Egel, der	*igel, en*
Eichhörnchen, das	*ekorre, en*
Eidechse, die	*ödla, en*
Eisbär, der	*isbjörn, en*
Elch, der	*älg, en*
Emu, der	*emu, en*
Ente, die	*anka, en*
Esel, der	*åsna, en*
Eule, die	*uggla, en*
Fasan, der	*fasan, en*
Fisch, der	*fisk, en*
Fledermaus, die	*fladdermus, en*
Fliege, die	*fluga, en*
Frosch, der	*groda, en*
Fuchs, der	*räv, en*
Gans, die	*gås, en*
Geflügel, das	*fjäderfä, ett*
Geier, der	*gam, en*
Geiß, die	*get, en*
Geißbock, der	*getabock, en*
Giraffe, die	*giraff, en*
Gorilla, der	*gorilla, en*
Grille, die	*syrsa, en*
Hamster, der	*hamster, en*
Hahn, der	*tupp, en*
Hai, der	*haj, en*
Hase, der	*hare, en*
Hengst, der	*hingst, en*
Henne, die	*höna, en*
Hirsch, der	*hjort, en*
Huhn, das	*höna, en*
Hund, der	*hund, en*
Hyäne, die	*hyena, en*
Igel, der	*igelkott, en*
Insekt, das	*insekt, en*
Jagdhund, der	*jakthund, en*
Käfer, der	*skalbagge, en*
Kamel, das	*kamel, en*
Kanarienvogel, der	*kanariefågel, en*
Känguru, das	*känguru, en*
Kaninchen, das	*kanin, en*
Kater, der	*hankatt, en*
Katze, die	*honkatt, en; katt, en*
Koala, der	*koala, en*
Krähe, die	*kråka, en*
Kranich, der	*trana, en*
Kreuzotter, die	*huggorm, en*
Kriechtier, das	*kräldjur, ett; reptil, en*
Kröte, die	*padda, en*
Kuckuck, der	*gök, en*
Kuh, die	*ko, en*
Küken, das	*kyckling, en*
Lachs, der	*lax, en*
Lamm, das	*lamm, ett*
Leopard, der	*leopard, en*
Löwe, der	*lejon, ett*
Löwin, die	*lejoninna, en*
Luchs, die	*lo, en; lodjur, ett*
Marienkäfer, der	*nyckelpiga, en*
Maus, die	*mus, en*
Mistkäfer, der	*tordyvel, en*
Mücke, die	*mygga, en*
Nachtigall, die	*näktergal, en*
Nagetier, das	*gnagare, en*
Nashorn, das	*noshörning, en*
Nilpferd, das	*flodhäst, en*
Ochs, der	*oxe, en*
Panther, der	*panter, en*
Papagei, der	*papegoja, en*
Pfau, der	*påfågel, en*
Pferd, das	*häst, en*
Pinguin, der	*pingvin, en*
Puma, der	*puma, en*
Rabe, der	*korp, en*
Ratte, die	*råtta, en*
Reh, das	*rådjur, ett*
Rentier, das	*ren, en*
Robbe, die	*säl, en*
Säugetier, das	*däggdjur, ett*
Schildkröte, die	*sköldpadda, en*
Schimpanse, der	*chimpans, en*
Schlange, die	*orm, en*
Schmetterling, der	*fjäril, en*
Schwalbe, die	*svala, en*
Schwan, der	*svan, en*
Schwein, das	*gris, en*
Seehund, der	*säl, en*
Spatz, der	*sparv, en*
Specht, der	*hackspett, en*
Spinne, die	*spindel, en*
Storch, der	*stork, en*

Strauß, der *struts, en*
Stute, die *märr, en; sto, ett*
Taube, die *duva, en*
Tier, das *djur, ett*
Tiger, der *tiger, en*
Truthahn, der *kalkon, en*
Vieh, das *boskap, en; kreatur, ett*
Vogel, der *fågel, en*
Wal, der *val, en*
Wespe, die *geting, en*
Wildkatze, die *vildkatt, en*
Wildschwein, das *vildsvin, ett*
Wolf, der *varg, en*
Zebra, das *zebra, en*
Zecke, die *fästing*
Ziege, die *get, en*
Ziegenbock, der *getabock, en*

4. Computer und Medien
Datorer och media

4.1. Computer und Internet
Datatermer och internet

@ At-Zeichen, das *snabel-a, ett*
Account, der *konto, ett*
Administrator, der *administratör, en*
Akku, der *batteri, ett*
Aktualisierung, die *uppdatering, en*
Anwendung, die *applikation, en; program, ett*
Auflösungsvermögen, das *skärmupplösning, en*
automatische Beantwortung, die *autosvar, ett*
Bildschirm, der *bildskärm, en*
Bildschirmschoner, der *skärmsläckare, en*
Bit, das *bit, en*
Blogg, das *blogg, en*
Byte, das *byte, en*
CD-Brenner, der *cd-brännare, en*
CD-Laufwerk, das *cd-läsare, en*
chatten *chatta*
Chip, der *chip, ett*
Chipsatz, der *chipset, ett*
Computer, der *dator, en*
Cookie, das *cookie, en*
Datei, die *fil, en*
Daten pl *data pl*
Demodulator, der *demodulator, en*
Desktop, der *skrivbord, ett*
Dialogfenster, das *dialogruta, en*
Diskette, das *diskett, en*
Domain, die *domän, en*
Drucker, der *skrivare, en*
Einheit, die *enhet, en*
E-Mail, das/die *e-post, en*
E-Mail-Adresse, die *e-postadress, en*
Fernzugriff, der *fjärrinloggning, en*
Festplatte, die *hårddisk, en*
Firewall, die *brandvägg, en*
Formatieren, das *formatering, en*
formatieren *formatera*
Forumsthread, der *tråd, en*
Geschwindigkeit, die *hastighet, en*
Grafik, die *grafik, en*
Grafikkarte, die *grafikkort, ett*
Handy, das *mobil, en; mobiltelefon, en*
Hardware, die *hårdvara, en*
häufig gestellte Fragen; FAQ *FAQ; Frågor och svar; Vanliga frågor*
Hauptplatine, die *moderkort, ett*
Hauptseite, die *huvudsida, en*
herunterladen *ladda ner*
hochladen *ladda upp*
Homepage, die *hemsida, en*
Hypertext, der *hypertext, en*
Icon, das *ikon, en*
Installation, die *installation, en*
installieren *installera*
Internet, das *internet, ett*
Kabel, das *kabel, en*
Kapazität, die *kapacitet, en*
Karte, die *kort, ett*
kompatibel *kompatibel*
Kompatibilität, die *kompabilitet*
Konfiguration, die *inställning, en; konfiguration, en*
konfigurieren *konfigurera; ställa in*
Konto, das *konto, ett*
Kopie, die *kopia, en*
Laptop, das *bärbar dator, en; laptop, en*
Link, der *länk, en*
Lizenz, die *licens, en*
Mailingliste, die *e-postlista, en; sändlista, en*
Mikrofon, das *mikrofon, en*
Mailbox, die *e-brevlåda, en; mailbox, en*
Maus, die *mus, en*
Mikroprozessor, der *mikroprocessor, en*

Modem, das/der	*modem, ett*
Modul, der	*modul, en*
Modulator, der	*modulator, en*
Monitor, der	*bildskärm, en; monitor, en*
Mousepad, das	*musmatta, en*
Netiquette, die	*netikett, en*
Netzteil, das	*nätdel, en*
Northbridge, die	*nordbrygga, en*
Passwort, das	*lösenord, ett*
Pixel, das	*pixel, en*
Port, der	*port, en*
Postmeister, der	*e-postansvarig, en*
Protokoll, das	*protokoll, ett*
Prozessor, der	*processor, en*
Punkt, der	*punkt, en*
Quelltext, der	*källkod, en*
Rechner, der	*dator, en*
Router, der	*router, en*
Scanner, der	*scanner, en*
Schnittstelle, die;	*(användar)gränssnitt, ett*
Server, der	*server, en*
simsen	*sms:a*
Software, die	*mjukvara, en*
Soundkarte, die	*ljudkort, ett*
Southbridge, die	*sydbrygga, en*
Spam-Mail, die	*skräppost, en*
Speicher, der	*minne, ett*
Suchmaschine, die	*sökmotor, en*
System, das	*system, ett*
Systemverwalter, der	*systemadministratör, en*
Tastatur, die	*tangentbord, ett*
Taste, die	*tangent, en*
tragbar	*bärbar*
USB-Stick, der	*usb-minne, ett*
Ventilator, der	*fläkt, en*
Verbindung, die	*koppling, en*
Verschlüsselung, die	*kryptering, en*
virtuelle Realität, die	*virtuell verklighet, en*
Webbrowser, der	*webbläsare, en*
Webmaster, der	*webbansvarig, en*
Webpage, die	*webbsida, en*
weltweites Netzwerk, das; WWW	*nätet; webben; www*
Zähler, der	*räknare, en*

4.2. Radio und Fernsehen

Radio och TV

Abonnement, das	*abonnemang, ett; licens, en*
Abonnent, der	*abbonent, en*
Antenne, die	*antenn, en*
ausschalten	*slå av; stänga av*
Bericht, der	*rapport, en*
berichten	*rapportera*
Bildungs-	*utbildnings-*
Dokumentarfilm, der	*dokumentärfilm, en*
dokumentarisch	*dokumentär*
elektrisch	*elektrisk*
einschalten	*slå på; sätta på*
Empfang, der	*mottagning, en*
empfangen	*ta emot*
Empfänger, der	*mottagare, en*
Fernbedienung, die	*fjärrkontroll, en*
Fernsehempfänger, der	*TV-mottagare, en*
Fernsehen, das	*TV, en*
Fernseher, der	*TV, en; TV-apparat, en*
Fernsehserie, die	*tv-serie, en*
Film, der	*film, en*
Frequenz, die	*frekvens, en*
hören	*höra; lyssna*
Hörer, der	*lyssnare, en*
Hörspiel, das	*radioteater, en*
informativ	*informativ*
informieren	*informera*
Interferenz, die	*interferens, en*
Interview, das	*intervju, en*
Interviewer, der	*intervjuare, en*
Journalist, der; Journalisten, die	*journalist, en*
Journalistik, die	*journalistik, en*
Kabelfernsehen, das	*kabel-tv, en*
Kamera, die	*kamera, en*
Kanal, der	*kanal, en*
Klang, der; Ton, der	*ljud, ett*
Kommentator, der	*kommentator, en*
kommentieren	*kommentera*
Konzert, das	*konsert, en*
Korrespondent, der	*korrespondent, en*
Kritik, die	*kritik, en*
Kritiker, der	*kritiker, en*
kritisieren	*kritisera, en*
Lautstärke, die	*ljudstyrka, en; volym, en*
massen-; massenhaft	*mass-*
Medien pl	*media pl*
Mikrophon, das	*mikrofon, en*

Moderator, der	*programledare, en*
mono	*mono*
Musik, die	*musik, en*
musikalisch	*musikalisk*
Nachricht, die	*nyhet, en*
Nachrichten pl	*nyheterna pl*
politisch	*politisk*
populär	*populär*
präsentieren	*presentera*
Produktion, die	*produktion, en*
Produzent, der	*producent, en*
produzieren	*producera*
Programm, das	*program, ett*
Radio, das	*radio, en*
Radiofrequenz, die	*radiofrekvens, en*
Redaktion, die	*redaktion, en*
Redakteur, der	*redaktör, en*
Reportage, die	*reportage, ett*
Reporter, der	*reporter, en*
Rundfunkempfänger, der	*radiomottagare, en*
Rundfunkhörer, der	*(radio)lyssnare, en*
Rundfunkgerät, das	*radioapparat, en*
Rundfunksender, der	*radiostation, en; radiosändare, en*
Rundfunkstation, die	*radiostation, en*
Satellitenschüssel, die	*parabolantenn, en*
Schirm, der	*skärm, en*
Schriftsteller, der	*författare, en*
Schüssel, die	*parabolantenn, en*
Seifenoper, die	*tvålopera, en*
senden	*sända*
Sender, der	*sändare, en*
Sendung, die	*program, ett*
stereo	*stereo*
Störung, die;	*störning, en*
Studio, das	*studio, en*
Talkshow, die	*soffprogram, ett; talkshow, en*
Taste, die	*knapp, en*
unterhalten	*underhållande*
Unterhaltung, die	*underhållning, en*
Werbung, die	*reklam, en*
Zuschauer, der	*(tv-)tittare, en*

4.3. Presse - Pressen

Abbildung, die	*illustration, en*
Abo, das	*prenumeration, en*
abonnieren	*prenumerera på*
Abteilung, die	*avdelning, en*
Agentur, die	*nyhetsbyrå, en*
Album, das	*album, ett*
Annonce, die	*annons, en*
annoncieren	*annonsera; göra reklam*
Antiquariat, das	*antikvariat, ett*
Anzeige, die	*annons, en*
Artikel, der	*artikel, en*
Auflage, die	*upplaga, en*
aufsehenerregend	*uppseendeväckande*
Ausgabe, die	*utgåva, en*
Autor, der	*författare, en*
Autorisation, die	*auktorisering, en*
autorisieren	*auktorisera*
Autorschaft, die	*författarskap, ett*
bearbeiten	*redigera*
bekanntmachen	*kunngöra; tillkännage*
Berichtigung, die	*rättelse, en*
Bild, das	*bild, en; illustration, en*
Broschüre, die	*broschyr, en*
Bulletin, das	*bulletin, en*
Comics pl	*(tecknad) serie, en*
Druck, der	*tryckning, ett*
drücken	*trycka*
Drucker, der	*skrivare, en*
Druckerei, die	*tryckeri, ett*
Druckfehler, der	*tryckfel, ett*
erdichtet	*påhittad*
Ereignis, das	*händelse, en*
Erratum, das	*tryckfel, ett*
Essay, das/der	*essä, en*
Exemplar, das	*exemplar, ett*
Feuilleton, das	*följetong, en*
Fiktion, die	*fiktion, en*
fiktiv	*falsk; fiktiv*
Format, das	*format, ett*
Fotograf, der	*fotograf, en*
Fotografie, die	*fotografi, ett*
Fotoreportage, die	*bildreportage, ett*
Fußnote, die	*fotnot, en*
Herausgeber, der	*utgivare, en*
Illustration, die	*illustration, en*
illustrieren	*illustrera*
illustriert	*illustrerad*
Information, die	*information, en*
informativ	*informativ*
informieren	*informera (om); upplysa om*
Interview, das	*intervju, en*
Journalist, der; Journalistin, die	*journalist, en*
Journalistik, die	*journalistik, en*
Käseblatt, das	*blaska, en*

Katalog, der	*katalog, en; lista, en*
Kiosk, der	*kiosk, en*
Korrespondent, der	*korrespondent, en*
Korrespondenz, die	*korrespondens, en*
Korrektur, die	*korrektur, ett*
Kreuzworträtsel, der	*korsord, ett*
Kritik, die	*kritik, en*
Kritiker, der	*kritiker, en*
kritisch	*kritisk*
kritisieren	*kritisera*
Leitartikel, der	*ledare, en*
lesen	*läsa*
Leser, der	*läsare, en*
Lexikon, das	*lexikon, ett*
Monatsschrift, die	*månadstidning, en*
neue Zeile	*ny rad, en*
Neuigkeit, die	*nyhet, en*
Nummer, die	*nummer, ett*
Offsetdruck, der	*offsettryck, ett*
Papier, das	*papper, ett*
Presse, die	*press, en*
Pressefotograf, der	*pressfotograf, en*
Redakteur, der	*redaktör, en*
Redaktion, die	*redaktion, en*
redaktionell	*redaktionell*
Reportage, die	*reportage, ett*
Reporter, der	*reporter, en*
Rezensent, der	*recensent, en*
rezensieren	*recensera*
Rezension, die	*recension, en*
Schlagzeile, die	*(tidnings)rubrik, en*
schreiben	*skriva*
Schrift, die	*skrift, en*
Seite, die	*sida, en*
Sensation, die	*sensation, en*
sensationell	*sensationell*
Spalte, die	*spalt, en*
Tageszeitung, die	*dagstidning, en*
Text, der	*text, en*
Titel, der	*titel, en*
Type, die	*typ, en*
Verbreiter, der	*återförsäljare, en*
verkünden	*tillkännage*
Verkündigung, die	*kungörelse, en; tillkännagivande, ett*
Vertrieb, der	*distribution, en*
Verzeichnis, das	*förteckning, en; lista, en*
Vierteljahresschrift, die	*kvartalstidskrift, en*
Wochenblatt, das	*veckotidning, en*
zensieren	*censurera*
Zensor, der	*censor, en; granskare, en*
Zensur, die	*censur, en*
Zeile, die	*rad, en*
Zeitschrift, die	*tidskrift, en*
Zeitung, die	*tidning, en*
Zitat, das	*citat, ett*
zitieren	*citera*

5. Freizeit - Fritid

5.1. Hobby - Hobby

aktiv	*aktiv*
Aktivität, die	*aktivitet, en*
Album, das	*album, ett*
(sich) amüsieren	*roa sig*
anbeten	*tillbe*
angeln	*fiska; meta*
Anhänger, der	*anhängare, en; supporter, en*
ansehen	*se på; titta på*
Ausstellung, die	*utställning, en*
Ball, der	*boll, en*
beliebt	*omtyckt; populär*
Beschäftigung, die	*sysselsättning, en; verksamhet, en*
besichtigen	*besöka; titta på*
betrachten	*betrakta*
Betrachtung, die	*betraktande, ett*
betreiben	*bedriva*
Bridge, das	*bridge, en*
Briefmarke, die	*frimärke, ett*
Briefmarkenkunde, die	*filateli, en*
Briefmarkensammler, der	*filatelist, en; frimärkssamlare, en*
Briefwechsel, der	*brevväxling, en; korrespondens, en*
(im) Briefwechsel stehen	*brevväxla*
Buch, das	*bok, en*
Computerspiel, das	*datorspel, ett*
Disco, die	*disko, ett*
Diskothek, die	*diskotek, ett*
Enthusiasmus, der	*entusiasm, en*
Enthusiast, der	*entusiast, en*
enthusiastisch	*entusiastisk*
(sich) entspannen	*koppla av; slappna av*
entspannend	*avslappnad*
Entspannung, die	*avkoppling, en*
Ereignis, das	*händelse, en*
Faszination, die	*fascination, en*
faszinieren	*fascinera*

faszinierend *fascinerande*
Favorit, der *favorit, en*
Feier, die *fest, en; firande, ett*
feiern *festa*
Fischerei, die *fiske, ett*
Fotoalbum, das *fotoalbum, ett*
Fotoapparat, der *kamera, en*
Fußball, der *fotboll, en*
Garten, der *trädgård, en*
gern haben *gilla; tycka om*
Gymnastik, die *gymnastik, en*
Hobby, das *hobby, en*
Interesse, das *intresse, ett*
Internet, das *internet, ett*
interessant *intressant*
(sich für etwas) interessieren *intressera (sig för något); vara intresserad av*
Jäger, der *jägare, en*
Jägerei, die *jakt, en*
joggen *jogga*
Jogging, das *joggning, en*
Kartenspiel, das *kortspel, ett*
Kino, das *bio, en*
Kleingarten, der *kolonilott, en; koloniträdgård, en*
Klettern, das *klättring, en*
Kochen, das *matlagning, en*
kochen *laga mat*
Kreuzworträtsel, der *korsord, ett*
Kunst, die *konst, en*
Lauf, der *lopp, ett*
laufen *löpa; springa*
Leidenschaft, die *passion, en*
Lesen, das *läsning, en*
lesen *läsa*
Malen, das *måleri, ett*
malen *måla*
Malerei, die *måleri, ett*
mögen *gilla; tycka om*
Numismatik, die *numismatik, en*
Numismatiker, der *numismatiker, en*
Oper, die *opera, en*
Party, die *fest, en*
Philatelist, der *filatelist, en*
Sammelbuch, das *klippbok, en*
sammeln *samla (på)*
Sammler, der *samlare, en*
Sammlung, die *samling, en*
Schachspiel, das *schackspel, ett*
Schrebergarten, der *koloniträdgård, en*
Schrebergärtner, der *kolonilottsinnehavare, en; kolonist, en*
Ski, der *skida, en*
Skisport, der *skidåkning, en*
spazieren *promenera*
Spaziergang, der *promenad, en*
Spiel, das *lek, en; spel, ett*
spielen *leka; spela*
Spielplatz, der *lekplats, en*
Sport, der *idrott, en; sport, en*
▪ Sport treiben *idrotta; sporta*
sticken *brodera*
Stickerei, die *broderi, ett*
Tanz, der *dans, en*
tanzen *dansa*
Tätigkeit, die *aktivitet, en; verksamhet, en*
Tauchen, das *dykning, en*
tauchen *dyka*
Tourismus, der *turism, en*
Touristik, die *turistindustri, en*
trainieren *träna*
treiben *bedriva; utöva*
Turnen, das *gymnastik, en*
turnen *gymnastisera; utöva gymnastik*
üben *öva*
Übung, die *övning, en*
Unterhaltung, die *underhållning, en*
Urlaub, der *semester, en*
verbringen *tillbringa*
vergöttern *avguda*
Vorstellung, die *framförande, ett; föreställning, en*
wandern *vandra*
Wanderung, die *vandring, en*
Wochenende, das *helg, en*
Zeit, die *tid, en*
zeitfordernd *tidskrävande*

5.2. Sport - Idrott

Abseits, das *offside, en*
Abwehr, die *försvar, ett*
Aerobic, das *aerobics, en*
Alpinusmus, der *alpinism, en*
Amateur, der *amatör, en*
amateurhaft *amatörmässig*
anfeuern *heja på*
angreifen *angripa*
Angriff, der *anfall, ett*

Athlet, der	*atlet, en*
Attacke, die	*anfall, ett; attack, en*
Aufschlag, der	*serve, en*
aufschlagen	*serva*
aufwärmen	*värma upp*
ausdauernd	*ihärdig; uthållig*
ausscheiden	*ge upp; bryta*
Ausscheidung, die	*kval, ett; kvalmatch, en*
Badminton, das	*badminton, en*
Bahn, die	*bana, en*
Ball, der	*boll, en*
Baseball, der	*baseball, en*
Basketball, der	*basket, en*
Basketballspieler, der	*basketspelare, en*
Bergsport, der	*bergsport, en*
Bergsteiger, der	*alpinist, en; bergsbestigare, en*
Bergbesteigung, die	*bergsbestigning, en*
berichten	*rapportera*
Berufssportler, der	*professionell idrottsman, en*
beschleunigen	*skynda på; öka farten*
besiegen	*besegra; slå*
Besiegte, der	*förlorare, en*
Bodybuilder, der	*kroppsbyggare, en*
Bodybuilding, das	*bodybuilding, en; kroppsbyggnad, en*
Bogenschießen, das	*bågskytte, ett*
Bogenschütze, der	*bågskytt, en*
Boxen, das	*boxning, en*
boxen	*boxa*
Boxer, der	*boxare, en*
Brustschwimmen, das	*bröstsim, ett*
Diskus, der	*diskus, en*
Diskuswerfen, das	*diskuskastning, en*
disqualifizieren	*diska; diskvalificera*
disqualifiziert	*diskad; diskvalificerad*
Disqualifizierung, die	*diskvalificering, en*
Doping, das	*dopning, en*
Doppel, das	*dubbel, en*
Dreispringer, der	*trestegshoppare, en*
Dreisprung, der	*tresteg, ett*
dribbeln	*dribbla*
Durchgang, der	*omgång, en; runda, en*
Eckball, der	*hörna, en*
Einstand, der	*40 lika; deuce (Tennis)*
Einzel, das	*singel, en*
Eisbahn, die	*skridskobana, en*
Eiskunstlauf, der	*konståkning, en*
Eislauf, der	*skridskoåkning, en*
Elfmeter, der	*straffspark, en*
Enthusiast, der	*entusiast, en*

enttäuschen	*göra ... besviken*
Ergebnis, das	*resultat, ett*
Ersatzspieler, der	*avbytare, en; reserv, en*
Erwärmung, die	*uppvärmning, en*
Fallschirm, der	*fallskärm, en*
Fallschirmspringen, das	*fallskärmshoppning, en*
Fallschirmspringer, der	*fallskärmshoppare, en*
Fan, der	*fan, ett; supporter, en*
fangen	*fånga*
Federball, der	*badminton, en*
Fechten, das	*fäktning, en*
Fechter, der	*fäktare, en*
fehlschießen	*bomma; missa*
Fehlschuss, der	*bom, en; miss, en*
Fehlstart, der	*tjuvstart, en*
Finale, das	*final, en*
Fischerei, die	*fiske, ett*
Form, die	*form, en*
Foul, das	*foul, en*
foulen	*foula*
Fünfkampf, der	*femkamp, en*
Fußball, der	*fotboll, en*
Fußballer, der	*fotbollsspelare, en*
Gegner, der	*motståndare, en*
Geschwindigkeit, die	*fart, en; hastighet, en*
gewinnen	*vinna*
Gewinner, der	*vinnare, en*
Golf, der	*golf, en*
Gymnastik, die	*gymnastik, en*
Gymnastiker, der	*gymnast, en*
Halbzeit, die	*halvlek, en; halvtid, en*
Hammerwerfen, das	*släggkastning, en*
Hockey, das	*(is)hockey, en*
Hockeyspieler, der	*(is)hockeyspelare, en*
Instrukteur, der	*instruktör, en*
Jogging, das	*joggning, en*
Judo, das	*judo, en*
Judoka, der	*judoka, en*
Jury, die	*jury, en*
Kapitän, der	*kapten, en*
Karate, das	*karate, en*
Kegelbahn, die	*bowlingbana, en; kägelbana, en*
Kegelspiel, das	*bowling, en; kägelspel, ett*
kicken	*sparka*
Knockout, der	*knockout, en*
konkurrieren	*konkurrera*
Kraft, die	*kraft, en; styrka, en*
kräftig	*kraftig; stark*
Kraul, das	*crawl, en*
Kricket, das	*cricket, en*

Kugel, die	*kula, en*
Kugelstoß, der	*kulstötning, en*
Lauf, der	*lopp, ett*
Laufbahn, die	*löparbana, en*
laufen	*löpa; springa*
Läufer, der	*löpare, en*
Leichtathlet, der	*friidrottare, en*
Leichtathletik, die	*friidrott, en*
Leidenschaft, die	*passion, en*
leistungsfähig	*i god form*
Leistungsfähigkeit, die	*kapacitet, en*
leiten	*leda*
Mannschaft, die	*lag, ett*
Marathonlauf, der	*maratonlopp, ett*
Marathonläufer, der	*maratonlöpare, en*
Medaille, die	*medalj, en*
Medaillengewinner, der	*medaljör, en*
Meister, der	*mästare, en*
meisterhaft	*mästerlig*
Meisterschaft, die	*mästerskap, ett*
Mittelfeldspieler, der	*mittfältare, en*
Netz, das	*nät, ett*
Niederlage, die	*förlust, en; nederlag, ett*
Pass, der	*passning, en*
Pause, die	*paus, en*
Pingpong, das	*pingis, en; pingpong, en*
professionell	*professionell*
Profi, der	*proffs, ett*
Punkt, der	*poäng, en*
(sich) qualifizieren	*gå vidare; kvalificera (sig)*
Rad fahren	*cykla*
Radfahrer, der	*cyklist, en*
Radsport, der	*cykelsport, en*
Radsportler, der	*tävlingscyklist, en*
Regel, die	*regel, en*
Reiter, der	*ryttare, en*
Reitsport, der	*ridsport, en*
Rekord, der	*rekord, ett*
Rekordhalter, der	*rekordinnehavare, en*
Remis, das	*oavgjort; remi, en (Schach)*
Rennen, das	*lopp, ett*
rennen	*springa*
Ringen, das	*brottning, en*
Ringer, der	*brottare, en*
Rivale, der	*rival, en*
rivalisieren	*kämpa (om); rivalisera*
Ruderer, der	*roddare, en*
Rudern, das	*rodd, en*
rudern	*ro*
Rugby, das	*rugby, en*
Satz, der	*set, ett*
Schiedsrichter, der	*domare, en*
Schießen, das	*skytte, ett*
schießen	*skjuta*
Schlag, der	*slag, ett*
schlagen	*slå*
Schläger, der	*klubba, en; racket, en; slagträ, ett*
Schlittenfahren, das	*kälkåkning, en; rodel, en*
schnell	*fort; snabb*
Schuss, der	*skott, ett*
Schütze, der	*skytt, en*
Schwimmen, das	*simning, en*
schwimmen	*simma*
Schwimmer, der	*simmare, en*
segeln	*segla*
Segelsport, der	*segelsport, en*
Semifinale, das	*semifinal, en*
Sieg, der	*seger, en*
siegen	*segra; vinna*
Ski, der	*skida, en*
Skiläufer, der	*skidåkare, en*
Skisport, der	*skidsport, en*
Skispringer, der	*backhoppare, en*
Slalom, das	*slalom, en*
Snooker, das	*snooker, en*
Snowboard, das	*snowboard, en*
Speedway, der	*speedway, en*
Speer, der	*spjut, ett*
Speerwerfen, das	*spjutkastning, en*
Spiel, das	*match, en; tävling, en*
Spiel, das (Tennis)	*game, ett*
spielen	*spela*
Spieler, der	*spelare, en*
Spielfeld, das	*plan, en*
springen	*hoppa*
Sport, der	*idrott, en; sport, en*
▪ Sport treiben	*utöva en sport*
Sportbericht, der	*sportreportage, ett; sportnyheter pl*
Sportler, der; Sportlerin, die	*idrottsman, en*
Sportfeld, das	*idrottsarena, en; idrotts-plats, en*
sportlich	*sportslig*
Sportplatz, der	*idrottsplats, en*
Sprint, der	*sprinterlöpning, en*
Sprinter, der	*sprinter, en*
Sprung, der	*hopp, ett*
Stafette, die	*stafett, en*
stark	*stark*

Stärke, die	*styrka, en*
Start, der	*start, en*
Stoppuhr, die	*stoppur, ett*
Stoß, der	*spark, en; stöt, en*
Strafstoß, der	*straffspark, en*
Stürmer, der	*anfallare, en; forward, en*
Surfer, der	*surfare, en*
Surfing, das	*surfing, en*
suspendieren	*stänga av*
Suspension, die	*avstängning, en*
Tanzsport, der	*tävlingsdans, en*
Teilnehmer, der	*deltagare, en*
Tennis, das	*tennis, en*
Tennisplatz, der	*tennisbana, en*
Tennisspieler, der	*tennisspelare, en*
Tischtennis, das	*bordtennis, en*
Tor, das	*mål, ett*
Torlatte, die	*ribba, en*
Torpfosten, der	*målstolpe, en*
Torwart, der	*målvakt, en*
Trainer, der	*tränare, en*
trainieren	*träna*
Training, das	*träning, en*
treffend	*träffande*
treffsicher	*träffsäker*
Turnen, das	*gymnastik, en*
Turner, der	*gymnast, en*
Turnier, das	*turnering, en*
(sich) verteidigen	*försvara (sig)*
üben	*öva*
überholen	*gå om; passera*
Übung, die	*övning, en*
Umkleideraum, der	*omklädningsrum, ett*
unentschieden spielen	*spela oavgjort*
verlangsamen	*sakta in; sakta ned*
verlieren	*förlora*
Versuch, der	*försök, ett*
Verteidiger, der	*back, en; försvarsspelare, en*
Volleyball, der	*volleyboll, en*
Volleyballspieler, der	*volleybollspelare, en*
Vorschrift, die	*bestämmelse, en*
Vorsprung, der	*försprång, ett*
werfen	*kasta*
Wettbewerb, der	*konkurrens, en; tävling, en*
wetteifern	*konkurrera (med); tävla (med)*
Wettkampf, der	*tävling, en*
Wettstreit, der	*konkurrens, en; tävling, en*
Wiederholung, die	*repris, en; upprepning, en*
Windsurfing, das	*brädsegling, en; vindsurfning, en*
Wurf, der	*kast, ett*
Zehnkampf, der	*tiokamp, en*
Ziel, das	*mål, ett*
zielen	*sikta*

5.3. Reise - Resor

abbestellen	*avbeställa; avboka*
Abendessen, das	*middag, en*
Abfahrt, die	*avgång, en*
abfahren	*avgå; gå*
Abfertigungsschein, der	*tulldeklaration, en*
abholen	*hämta*
abmelden	*avanmäla*
Abmeldung, die	*avanmälan, en*
Abreise, die	*avfärd, en; avresa, en*
abreisen	*avresa; resa bort*
Abteil, das	*kupé, en*
Aktentasche, die	*portfölj, en*
Angebot, das	*erbjudande, ett*
ankommen	*ankomma; anlända; komma fram*
Ankunft, die	*ankomst, en*
anmelden	*anmäla*
Anmeldung, die	*reception, en*
annullieren	*annullera*
anziehend	*tilltalande*
Appartement, das	*lägenhet, en; (hotell) svit, en*
Attraktion, die	*attraktion, en*
attraktiv	*attraktiv*
Aufenthalt, der	*uppehåll, ett*
(sich) aufhalten	*uppehålla (sig)*
Aufzug, der	*hiss, en*
Ausflügler, der	*utflyktsdeltagare, en*
ausgehen	*gå ut; utgå*
ausländisch	*utländsk*
auspacken	*packa upp*
(sich) ausruhen	*vila (sig)*
Aussicht, die	*utsikt, en*
Ausstattung, die	*utrustning, en*
Auswahl, die	*urval, ett; val, ett*
auswählen	*välja ut*
Autobahn, die	*motorväg, en*
Bad, das	*bad, ett*
Badewanne, die	*badkar, ett*
Badezimmer, das	*badrum, ett*

(Eisen~)bahn, die *järnväg, en*
Bahnhof, der *järnvägsstation, en; tågstation, en*
Bahnsteig, der *perrong, en; plattform, en*
Bar, die *bar, en*
Becken, das *(sim)bassäng, en; pool, en*
bedienen *betjäna; expediera; servera*
bequem *bekväm; skön*
beschädigt *skadad*
Beschwerde, die *klagomål, ett; reklamation, en*
besichtigen *besöka; granska; titta på*
Bestellung, die *beställning, en*
Besucher, der; Besucherin, die *besökare, en*
Bett, das *säng, en*
Bettwäsche, die *sängkläder pl*
bezahlen *betala*
Bezahlung, die *betalning, en*
billig *billig; rimlig*
Bitte, die *anhållan, en; begäran, en*
Boot, das *båt, en*
Broschüre, die *broschyr, en*
buchen *boka*
Buchung, die *bokning, en*
Büfett, das *buffé, en*
Bus, der *buss, en*
campen *campa*
Camping, das *camping, en*
Campingplatz, der *campingplats, en*
chartern *chartra*
Cockpit, das *cockpit, en*
Damentasche, die *damväska, en; handväska, en*
Datum, das *datum, ett*
Dienst, der *betjäning, en; tjänst, en*
Diplomat, der *diplomat, en*
Dokumentenmappe, die *dokumentmapp, en*
durchsuchen *söka igenom; visitera*
Durchsuchung, die *genomsökning, en; visitation, en*
▪ körperliche Durchsuchung *kroppsvisitation, en*
Dusche, die *dusch, en*
duschen *duscha*
Einrichtung, die *inredning, en*
Eintrittskarte, die *biljett, en; inträdesbiljett, en*
einquartieren *inkvartera*
Einquartierung, die *inkvartering, en*
Empfangschef, der *receptionist, en*
empfehlen *rekommendera*
Empfehlung, die *rekommendation,en*
Erdgeschoss, das *bottenvåning, en; gatuplan, ett*
erlauben *tillåta*
Erlaubnis, die *tillåtelse, en*
Esszimmer, das *matsal, en*
etwas suchen *leta efter*
exotisch *exotisk*
exportieren *exportera; föra ut*
Fähre, die *färja, en*
Fahrkarte, die *biljett, en*
▪ Fahrkarte entwerten *stämpla biljetten*
Fahrschein, der *biljett, en*
Fahrstuhl, der *hiss, en*
Familienname, der *efternamn, ett*
Fenster, das *fönster, ett*
Feriengast, der *semesterfirare, en*
Ferienort, der *semesterort, en*
Fernsehapparat, der *TV, en; tv-apparat, en*
Festland, das *fastland, ett*
finden *finna; hitta*
fliegen *flyga*
Flieger, der *flygare, en*
Flug, der *flygning, en; flygresa, en*
Flugblatt, das *flygblad, ett*
Flughafen, der *flygplats, en*
Flugkapitän, der *flygkapten, en*
Flugschein, der *flygbiljett, en*
Formular, das *blankett, en; formulär, ett*
Frage, die *fråga, en*
fragen *fråga*
Frühstück, das *frukost, en*
Führer, der *förare, en; guide, en; vägvisare, en*
Führung, die *guidad tur, en; visning, en*
Garderobe, die *garderob, en*
Gasthaus, das *värdshus, ett*
Gaststätte, die *matställe, ett*
geben *ge*
Gebühr, die *avgift, en*
gefunden *hittad*
geklaut, gestohlen *stulen*
Geld, das *pengar pl*

Genehmigung, die	*tillstånd, ett*
Gepäck, das	*bagage, ett*
Gepäckträger, der	*pakethållare, en*
Gepäckschalter, der	*bagageinlämning, en*
Gewicht, das	*vikt, en*
gratis	*gratis*
Grenze, die	*gräns, en*
Grenzübergang, der	*gränsövergång, en*
günstig	*fördelaktig; förmånlig*
gut	*bra; god*
Halle, die	*hall, en*
Handtuch, das	*handduk, en*
Hausangestellte, die	*städerska, en*
Heizung, die	*uppvärmning, en; värme, en*
holen	*hämta*
Hotel, das	*hotell, ett*
Hotelier, der	*hotellägare, en*
Hotelkaufmann, der	*hotelldirektör, en*
importieren	*importera; föra in*
Information, die	*information, en*
informieren	*informera*
inländisch	*inhemsk; inrikes-*
Interieur, das	*interiör, en*
jämmerlich	*eländig; usel*
Jugendherberge, die	*vandrarhem, ett*
Kantine, die	*kantin, en*
Kapitän, der	*kapten, en*
Karte, die	*karta, en*
Kasse, die	*biljettkontor, ett; kassa, en*
Katalog, der	*katalog, en*
kaufen	*köpa*
Kellner, der	*kypare, en; servitör, en*
klagen	*klaga*
Kleiderschrank, der	*garderob, en; klädskåp, ett*
Klimaanlage, die	*luftkonditionering, en*
klimatisiert	*luftkonditionerad*
Klub, der	*klubb, en*
Koffer, der	*resväska, en*
Kontrolle, die	*kontroll, en*
kontrollieren	*kontrollera*
kostbar	*dyrbar; värdefull*
Kosten pl	*(om)kostnad, en*
kosten	*kosta*
kostenlos	*gratis; kostnadsfri*
Kreuzfahrt, die	*kryssning, en*
Kunde, der	*kund, en*
Kurort, der	*kurort, en*
Laken, das	*lakan, ett*
Land, das	*land, ett*
Landebahn, die	*landningsbana, en*
landen	*landa*
Landung, die	*landning, en*
lassen	*låta*
legal	*laglig; legal*
lohnend	*lönsam*
Lokalisation, die	*lokalisering, en*
Lokführer, der	*lokförare, en*
Lunch, der	*lunch, en*
Luxus, der	*lyx, en*
Mahlzeit, die	*måltid, en*
Matratze, die	*madrass, en*
Megaphon, das	*megafon, en*
Mehrwertsteuer, die	*mervärdesskatt, en; moms, en*
Menü, das	*meny, en*
Metropole, die	*metropol, en*
mieten	*hyra*
Mittag, der	*middag, en; mitt på dagen*
Mittagessen, das	*lunch, en*
Motel, das	*motell, ett*
Nacht, die	*natt, en*
nehmen	*ta*
Norm, die	*standard, en*
Nummer, die	*nummer, ett*
organisiert	*organiserad*
packen	*packa*
Paket, das	*paket, ett*
Parkplatz, der	*parkeringsplats, en*
Pass, der	*pass, ett*
Passagier, der	*passagerare, en*
Pension, die	*pensionat, en*
Personal, das	*personal, en*
Pilot, der	*pilot, en*
Plakat, das	*affisch, en; anslag, ett*
Plan, der	*plan, en*
Platz, der	*plats, en*
Portier, der	*portier, en*
Preis, der	*pris, ett*
privat	*privat*
Prospekt, der	*prospekt, ett*
prüfen	*granska; kontrollera*
Pub, das	*pub, en*
Rast, die; Ruhe, die	*rast, en*
Ratschlag, der	*råd, ett*
Rechnung, die	*nota, en; räkning, en*
reinigen	*göra ren; rengöra*
Reise, die	*resa, en*
Reisebüro, das	*resebyrå, en*
Reisebus, der	*turistbuss, en*
Reisegepäck, das	*bagage, ett*

Reisekoffer, der	*resväska, en*
reisen	*resa*
Reisende, der	*resenär, en*
Restaurant, das	*restaurang, en*
Rezeption, die	*reception, en*
Richtung, die	*riktning, en*
rückbuchen	*dra tillbaka; återkalla*
Rückkehr, die	*hemkomst, en; återkomst, en*
Rücklehne, die	*ryggstöd, ett*
Rucksack, der	*ryggsäck, en*
Sache, die	*sak, en*
Saison, die	*säsong, en*
Salon, der	*salong, en*
sauber	*ren*
Sauna, die	*bastu, en*
schaden	*skada*
Schaffner, der; Schaffnerin, die	*biljettkontrollant, en; konduktör, en*
Schlafzimmer, das	*sovrum, ett*
Schlüssel, der	*nyckel, en*
Schutz, der	*(be)skydd, ett*
Schmuggel, der	*smuggling, en*
schmuggeln	*smuggla*
Schmuggler, der	*smugglare, en*
Schwimmbecken, das	*simbassäng, en*
schwimmen	*simma*
segeln	*segla*
Selbstbedienung, die	*självbetjäning, en*
Signatur, die	*signatur, en*
Sitzplatz, der	*sittplats, en*
Sofa, das	*soffa, en*
Solarium, das	*solarium, ett*
Speisekarte, die	*meny, en*
Stadt, die	*stad, en*
stehlen	*stjäla*
Stelle, die	*ställe, ett*
Stern, der	*stjärna, en*
Stille, die	*lugn, ett; tystnad, en*
stornieren	*avbeställa*
Strand, der	*strand, en*
suchen	*leta; söka*
Tag und Nacht	*dygn, ett*
Tarif, der	*tariff, en; taxa, en*
Tasche, die	*väska, en*
Teilnehmer, der	*deltagare, en*
Telefon, das	*telefon, en*
Terminal, der	*terminal, en*
teuer	*dyr*
Ticket, das	*biljett, en*
Tisch, der	*bord, ett*
Toilette, die	*toalett, en*
Tourist, der	*turist, en*
touristisch	*turistisk*
Trampen, das	*liftning, en*
trampen	*lifta*
Tramper, der	*liftare, en*
Transit, der	*transit, en*
Transport, der	*transport, en*
transportieren	*transportera*
Treppe, die	*trappa, en*
Trinkgeld, das	*dricks, en; drickspengar pl*
Trip, der	*tripp, en; tur, en*
U-Bahn (Untergrundbahn), die	*T-bana, en; tunnelbana, en*
Übergang, der	*övergång, en; övergångsställe, ett*
Übergepäck, das	*överviktigt bagage, ett*
übernachten	*övernatta*
Übernachtung, die	*övernattning, en*
Umsteigen, das	*byte, ett*
unbesetzt	*ledig*
Unkosten pl	*omkostnad, en; utgift, en*
unterbringen	*placera*
Unterkunft, die	*husrum, ett; logi, en*
Unterschrift, die	*namnteckning, en; underskrift, en*
Urlaub, der	*semester, en*
Urlauber, der	*semesterfirare, en*
Urlaubsort, der	*semesterort, en*
Verbindung, die	*anslutning, en; förbindelse, en*
Verkehr, der	*trafik, en*
verlieren	*förlora; tappa bort*
verloren	*borttappad; förlorad*
Verlust, der	*förlust, en*
Vermieten, das	*uthyrning, en*
vermieten	*hyra ut*
Versicherung, die	*försäkring, en*
verspätet	*försenad*
Verspätung, die	*försening, en*
Vertreter, der	*ombud, ett; representant, en*
verzollen	*förtulla*
verzollt	*förtullad*
Visum, das	*visum, ett*
vorbeigehen	*gå förbi; passera*
vorbereiten	*förbereda*
Vorbereitung, die	*förberedelse, en*
Vorschrift, die	*föreskrift, en*
vorteilhaft	*fördelaktig*
Ware, die	*vara, en*

Warteraum, der	*vänthall, en; väntsal, en*
Wäscherei, die	*tvätteri, ett*
Wasserbecken, das	*bassäng, en*
Weg, der	*väg, en*
Wegweiser, der	*vägvisare, en*
Wolldecke, die	*yllefilt, en*
zahlen	*betala*
Zahlung, die	*betalning, en*
Zelt, das	*tält, ett*
Zimmer, das	*rum, ett*
Zimmermädchen, das	*städerska, en*
Zoll, der	*tull, en*
Zollamt, das	*tullstation, en*
Zollbeamte, der; Zollbeamtin, die	*tulltjänsteman, en*
Zolldeklaration, die	*tulldeklaration, en*
Zollkontrolle, die	*tullkontroll, en*
zu Fuß	*till fots*
zufrieden	*nöjd; tillfreds*
Zug, der	*tåg, ett*
▪ Anschlusszug	*anslutningståg, ett*
Zuschlag, der	*tillägg, ett; tilläggsavgift, en*
Zwischenlandung, die	*mellanlandning, en*

5.4. Bücher und Literatur
Böcker och litteratur

Abenteuer, das	*äventyr, ett*
Abriss, der	*översikt, en*
Abschnitt, der	*avsnitt, ett; stycke, ett*
Akt, der	*akt, en*
Allegorie, die	*allegori, en*
analysieren	*analysera*
anonym	*anonym*
anregend	*inspirerande*
Anspielung, die	*anspelning, en*
Anthologie, die	*antologi, en*
antik	*antik*
Antike, die	*antiken*
Antiquar, der	*antikvariatsinnehavare, en*
Antiquariat, das	*antikvariat, ett*
Apokryph, das	*apokryf, en*
Artikel, der	*artikel, en*
Ästhetik, die	*estetik, en*
ästhetisch	*estetisk*
Aufklärung, die	*upplysningen; upplysningstiden*
Auflage, die	*upplaga, en*
Aufzug, der	*akt, en*
Ausgabe, die	*upplaga, en; utgåva, en*
Autobiografie, die	*självbiografi, en*
autobiografisch	*självbiografisk*
Autor, der	*författare, en*
Autorin, die	*författarinna, en*
Autorschaft, die	*författarskap, ett*
Ballade, die	*ballad, en*
Barock, das/der	*barocken*
barock	*barock*
bearbeiten	*bearbeta*
Bearbeitung, die	*bearbetning*
beschreiben	*beskriva*
Beschreibung, die	*beskrivning, en*
Bestseller, der	*bästsäljare, en*
betiteln	*ge en titel*
Bibel, die	*bibel, en*
Bibliographie, die	*bibliografi, en*
Bibliothek, die	*bibliotek, en*
Bibliothekar, der; Bibliothekarin, die	*bibliotekarie, en*
biblisch	*biblisk*
Biograph, der	*biograf, en; levnadstecknare, en*
Biographie, die	*biografi, en*
biographisch	*biografisk*
Botschaft, die	*budskap, ett*
Buch, das	*bok, en*
Buchdeckel, der	*bokomslag, ett*
Buchhändler, der	*bokhandlare, en*
Buchhandlung, die	*bokhandel, en*
Charakter, der	*karaktär, en*
Charakteristik, die	*karaktäristik, en*
charakteristisch	*karakteristisk*
Dialog, der	*dialog, en*
Dichter, der	*diktare, en; poet, en*
Degression, die	*degression, en*
Dokumentarbuch, das	*dokumentärroman, en*
dokumentarisch	*dokumentär; dokumentär-*
Drama, das	*drama, ett*
Dramatiker, der	*dramatiker, en*
dramatisch	*dramatisk*
Druck, der	*tryck, ett*
drücken	*trycka*
Druckfehler, der	*tryckfel*
E-Buch, das	*e-bok, en*
ehrgeizig	*ambitiös; äregirig*
Einband, der	*band, ett; inbindning, en*
einbinden	*binda in*
Einführung, die	*inledning, en; introduktion, en*

Empfänger, der	*mottagare, en*
Entwurf, der	*utkast, ett*
Epigramm, das	*epigram, ett*
Epik, die	*epik, en*
Epiker, der	*epiker, en*
episch	*episk*
Epitheton, das	*epitet, ett*
Epos, das	*epos, ett*
erfunden	*påhittad; uppdiktad*
erzählen	*berätta*
Erzähler, der	*berättare, en*
Erzählung, die	*berättelse, en*
Essay, der	*essä, en*
Essayist, der	*essäist, en; essäförfattare, en*
Fabel, die	*fabel, en*
fabelhaft	*fantastisk*
Fiktion, die	*fiktion, en*
fiktiv	*fiktiv*
Form, die	*form, en*
Fußnote, die	*fotnot, en*
gedankenvoll	*eftertänksam; tankfull*
Gedicht, das	*dikt, en*
Geschichte, die	*historia, en*
Genre, das	*genre, en*
Handbuch, das	*handbok, en*
Handlung, die	*handling, en*
Held, der	*hjälte, en*
Herausgabe, die	*utgåva, en*
herausgeben	*ge ut; utge*
historisch	*historisk*
Höhepunkt, der	*höjdpunkt, en, kulmen, en*
Hörbuch, das	*ljudbok, en*
Humor, der	*humor, en*
humoristisch	*humoristisk*
Hymne, die	*hymn, en*
Idee, die	*idé, en*
Ideologie, die	*ideologi, en*
Illustration, die	*illustration, en*
illustrieren	*illustrera*
Imitation, die	*imitation, en*
Imitator, der	*imitatör, en*
imitieren	*imitera*
Inhalt, der	*innehåll, ett*
innovativ	*innovativ*
Innovation, die	*innovation, en*
Inspiration, die	*inspiration, en*
inspirieren	*inspirera*
inspirierend	*inspirerande*
interessant	*intressant*
Intrige, die	*intrig, en*
Kapitel, das	*kapitel, ett*
Klagelied, das	*klagovisa, en*
Klassik, die	*klassisk epok, en*
Klassiker, der	*klassiker, en*
klassisch	*klassisk*
Komödie, die	*komedi, en*
komisch	*komisk*
Kommentar, der	*kommentar, en*
kommentieren	*kommentera*
Komposition, die	*komposition, en; struktur, en*
Kontext, der	*kontext, en*
kontrovers	*kontroversiell*
Konzept, das	*koncept, ett*
Krimi, der	*deckare, en; kriminalroman, en*
kriminell	*kriminell*
Kritik, die	*kritik, en*
Kritiker, der	*kritiker, en*
kritisch	*kritisk*
Kulminationspunkt, der	*kulminationspunkt, en*
Kunst, die	*konst, en*
Künstler, der; Künstlerin, die	*konstnär, en*
künstlerisch	*konstnärlig*
langweilig	*trist; (lång)tråkig*
legendär	*legendarisk*
Legende, die	*legend, en*
Lektüre, die	*lektyr, en*
lesen	*läsa*
Leser, der	*läsare, en*
Lexikon, das	*lexikon, ett*
Liebesgedicht, das	*kärleksdikt, en*
Lied, das	*sång, en*
literarisch	*litterär*
Literatur, die	*litteratur, en*
Lyrik, die	*lyrik, en*
Lyriker, der	*lyriker, en*
lyrisch	*lyrisk*
Märchen, das	*saga, en*
märchenhaft	*sago-; sagolik*
Meisterstück, das	*mästerverk, ett*
Melodrama, das	*melodram, en*
melodramatisch	*melodramatisk*
Metapher, die	*metafor, en*
Mittelalter, das	*medeltid, en*
Modernismus, der	*modernism, en*
Modernist, der	*modernist, en*
modernistisch	*modernistisk*
Monolog, der	*monolog, en*
Moral, die	*moral, en; sensmoral, en*

moralisch	*moralisk*
Motiv, das	*motiv, ett*
Motto, das	*motto, ett*
mythisch	*mytisk*
Mythus, der	*myt, en*
Nachdenken, das	*eftertanke, en*
Nachdruck, der	*eftertryck, ett*
namenlos	*namnlös*
Naturalismus, der	*naturalism, en*
naturalistisch	*naturalistisk*
Neuauflage, die	*ny upplaga, en*
Novelle, die	*novell, en*
Novellist, der	*novellförfattare, en*
novellistisch	*novellistisk*
Ode, die	*lovsång, en; ode, ett*
Onomatopöie, die	*onomatopoesi, en*
Oxymoron, das	*oxymoron, en*
Papier, das	*papper, ett*
Parabel, die	*parabel, en*
Paraphrase, die	*parafras, en*
paraphrasieren	*parafrasera*
Pergament, das	*pergament, ett*
Personifikation, die	*personifikation, en*
personifizieren	*personifiera*
Plagiat, das	*plagiat, ett*
Poem, das	*dikt, en*
Poesie, die	*poesi, en*
Poetik, die	*poetik, en*
poetisch	*poetisk*
Pointe, die	*poäng, en*
Positivismus, der	*positivism, en*
Prolog, der	*prolog, en*
Prosa, die	*prosa, en*
Prosaschriftsteller, der	*prosaist, en*
Pseudonym, das	*pseudonym, en*
Publikation, die	*publikation, en*
Realismus, der	*realism, en*
Redakteur, der	*redaktör, en*
redigieren	*redigera*
Reflexion, die	*reflektion, en*
Reim, der	*rim, ett*
reimen	*rimma*
Renaissance, die	*renässansen*
Rezensent, der	*recensent, en*
rezensieren	*recensera*
Rezension, die	*recension, en*
Rhetorik, die	*retorik, en*
rhetorisch	*retorisk*
Rhythmus, der	*rytm, en*
Romantik, die	*romantik, en*
romantisch	*romantisk*
Romanze, die	*romans, en*

Sachbuch, das	*facklitteratur, en*
Saga, die	*saga, en*
Sage, die	*sägen, en*
Sammlung, die	*samling, en*
Satire, die	*satir, en*
satirisch	*satirisk*
Schluss, der	*slut, ett*
Schreiben, das	*skrivande, ett*
schreiben	*skriva*
Schriftsteller, der	*författare, en; skribent, en*
Schriftstellerin, die	*författarinna, en; skribent, en*
Seite, die	*sida, en*
Selbstbiographie, die	*självbiografi, en*
selbstbiographisch	*självbiografisk*
sentimental	*sentimental*
sittlich	*sedlig*
Sonett, das	*sonett, en*
Spannung, die	*spänning, en*
Stil, der	*stil, en*
Strophe, die	*strof, en*
Struktur, die	*struktur, en*
Szene, die	*scen, en*
Tagebuch, das	*dagbok, en*
Tatsache, die	*faktum, ett*
Tendenz, die	*tendens, en*
Text, der	*text, en*
Theater, das	*teater, en*
theatralisch	*teatralisk*
Thema, das	*tema, ett*
Thematik, die	*tematik, en*
thematisch	*tematisk*
Theorie, die	*teori, en*
These, die	*tes, en*
Titel, der	*titel, en*
Topos, der	*topos, ett*
tragikomisch	*tragikomisk*
Tragikomödie, die	*tragikomedi, en*
tragisch	*tragisk*
Tragödie, die	*tragedi, en*
Transkription, die	*transkription, en*
Trilogie, die	*trilogi, en*
überraschend	*överraskande*
Überraschung, die	*överraskning, en*
übersetzen	*översätta*
Übersetzung, die	*översättning, en*
umstritten	*omstridd*
ungenannt	*anonym*
Untertitel, der	*undertitel, en*
unwirklich	*overklig*
Verlag, der	*förlag, ett*

Verleger, der	*förläggare, en*
Veröffentlichung, die	*publicering, en*
Vers, der	*vers, en*
Verszeile, die	*versrad, en*
Vorwort, das	*förord, ett*
Werk, das	*verk, ett*
widmen	*dedicera; tillägna*
Widmung, die	*dedikation, en; tillägnan, en*
Zeile, die	*rad, en*
Ziel, das	*mål, ett*
Zitat, das	*citat, ett*
zitieren	*citera*
zusammenfassen	*sammanfatta*
Zusammenfassung, die	*sammanfattning, en*
zweitrangig	*bi-; sekundär*
Zweizeiler, der	*distikon, ett; tvårading, en*

5.5. Kino und Theater - Film och teater

Akt, der	*akt, en*
Amateur-	*amatör-*
amüsieren	*roa; underhålla*
applaudieren	*applådera*
Applaus, der	*applåd, en*
Assistent, der	*assistent, en; medhjälpare, en*
aufführen	*uppföra*
Auftreten, das	*framförande, ett; uppträdande, ett*
auftreten	*uppträda*
Auftritt, der	*scen, en*
Ausgang, der	*utgång, en*
Autor, der	*författare, en*
Autorin, die	*författarinna, en*
Autorschaft, die	*författarskap, ett*
Balkon, der	*balkong, en; rad, en*
Ballett, das	*balett, en*
Bearbeitung, die	*bearbetning, en*
bearbeiten	*bearbeta*
begleiten	*ackompanjera*
Begleitung, die	*ackompanjemang, ett*
Beifall, der	*bifall, ett*
besetzen	*besätta; tillsätta*
Besetzung, die	*rollbesättning, en*
Bühne, die	*scen, en*
Bühnenbild, das	*scenografi, en*
Bühnenbildner, der	*scenograf, en*
Chor, der	*kör, en*
Choreographie, die	*koreografi, en*
darstellen	*framställa*
Darsteller, der	*skådespelare, en*
Darstellung, die	*rollframställning, en*
Dekoration, die	*dekor, en*
Dialog, der	*dialog, en*
Didaskalien pl	*regianvisning, en*
Drama, das	*drama, ett; skådespel, ett*
Dramatiker, der	*dramatiker, en*
dramatisch	*dramatisk*
Dramaturgie, die	*dramaturgi, en*
Drehbuch, das	*filmmanuskript, ett; manus, ett*
Eingang, der	*ingång, en*
Eintrittskarte, die	*biljett, en; inträdesbiljett, en*
Empfang, der	*mottagande, ett*
empfangen	*ta emot*
Empfänger, der	*mottagare, en*
Epilog, der	*epilog, en*
Erfolg, der	*framgång, en*
Ereignis, das	*händelse, en*
ernsthaft	*allvarlig*
Erzählung, die	*berättelse, en*
Fiasko, das	*fiasko, ett*
Film, der	*film, en*
Filmfestival, das	*filmfestival, en*
Filmindustrie, die	*filmindustri, en*
Foyer, das	*foajé, en*
Galerie, die	*galleri, ett*
Garderobe, die	*garderob, en*
Geschichte, die	*historia, en*
Gestalt, die	*figur, en; gestalt, en*
Groteske, die	*grotesk, en*
Handlung, die	*handling, en*
haupt-	*huvud-*
Held, der	*hjälte, en*
Innovation, die	*innovation, en*
innovativ	*innovativ*
inszenieren	*iscensätta; sätta upp*
Inszenierung, die	*uppsättning, en*
Intrige, die	*intrig, en*
Kabarett, das	*kabaré, en*
Katharsis, die	*katarsis, en*
Kino, das	*bio, en*
Kinogänger, der	*biobesökare, en*
Kinokarte, die	*biobiljett, en*
Klassik, die	*klassisk epok, en*
Klassiker, der	*klassiker, en*
klassisch	*klassisk*
Kleider pl	*kläder pl*
Kleiderablage, die	*garderob, en*

Komik, die *komik, en*
Komiker, der *komiker, en*
komisch *komisk*
Komödie, die *komedi, en*
Kostüm, das *kostym, en; scenkläder pl*
Kulissen pl *kuliss, en*
Künstler, der *konstnär, en*
Künstlerin, die *konstnärinna, en*
künstlerisch *konstnärlig*
Lampenfieber, das *rampfeber, en*
Loge, die *loge, en*
Meisterstück, das *mästerverk, ett*
Melodrama, das *melodram, en*
melodramatisch *melodramatisk*
Mime, der *mimare, en; pantomimartist, en*
modernistisch *modernistisk*
Monolog, der *monolog*
Motiv, das *motiv, ett*
Musical, das *musikal, en*
Musik, die *musik, en*
Nebenrolle, die *biroll, en*
Parkett, das *parkett, en*
Perücke, die *peruk, en*
Plakat, das *affisch, en*
Platzanweiser, der *vaktmästare, en*
Premiere, die *premiär, en*
Probe, die *repetition, en*
Produzent, der *producent, en*
Programm, das *program, ett*
Prolog, der *prolog, en*
Publikum, das *publik, en*
Regie, die *regi, en*
Regie führen *regissera*
Regisseur, der *regissör, en*
Reihe, die *rad, en*
Repertoire, das *repertoar, en; spelplan, en*
Requisit, das *rekvisita pl*
Rezitation, die *recitation, en*
rezitieren *recitera*
Rolle, die *roll, en*
Sänger, der *sångare, en*
Schauspiel, das *skådespel, ett*
Schauspieler, der *skådespelare, en*
Schauspielerin, die *skådespelerska, en*
Schriftsteller, der *författare, en*
Schriftstellerin, die *författarinna, en*
Singen, das *sång, en*
singen *sjunga*
Sitzplatz, der *sittplats, en*
Sketch, der *sketch, en*
Souffleur, der *sufflör, en*
Spannung, die *spänning, en*
Spiel, das *spel, ett*
Spielen, das *skådespelarkonst, en*
spielen *spela*
Statist, der *statist, en*
Szenarist, der *manusförfattare, en*
Szene, die *scen, en*
Szenerie, die *scenbild, en; sceneri, ett*
Tanz, das *dans, en*
tanzen *dansa*
tragisch *tragisk*
Theater, das *teater, en*
Theaterkarte, die *teaterbiljett, en*
Theaterzettel, der *teateraffisch, en*
Tragikomödie, die *tragikomedi, en*
tragikomisch *tragikomisk*
Tragödie, die *tragedi, en*
(sich) umkleiden *byta kläder; byta om*
(sich) umziehen *byta kläder; byta om*
vergnügen *roa; underhålla*
Vorhang, der *ridå, en*
Vorstellung, die *föreställning, en*
Werk, das *verk, ett*
Zugabe, die *extranummer, ett*
Zuschauer, der *åskådare, en*
Zwischenakt, der *mellanakt, en*

5.6. Musik - Musik

Akkompagnement, das *ackompanjemang, ett*
akkompanieren *ackompanjera*
Akkord, der *ackord, ett*
Akustik, die *akustik, en*
akustisch *akustisk*
Alt, der *alt, en*
Amateur, der *amatör, en*
Amphitheater, das *amfiteater, en*
applaudieren *applådera*
Applaus, der *applåd, en*
Arie, die *aria, en*
Arrangement, das *arr, ett; arrangemang, ett*
Aufnahme, die *inspelning, en*
Auftreten, das *uppträdande, ett*
auftreten *uppträda*
Avantgarde, die *avantgarde, ett*
Band, die *band, ett*
Bariton, der *baryton, en*

Bass, der	*bas, en*
Bassschlüssel, der; F-Schlüssel, der	*basklav, en*
Begleitung, die	*ackompanjemang, ett*
begleiten	*ackompanjera*
Beifall, der	*bifall, ett*
Bigband, die	*storband, ett*
Bratsche, die	*viola, en*
Cellist, der	*cellist, en*
Cello, das	*cello, en*
Chor, der	*kör, en*
Choral, der	*koral, en*
da capo	*da capo*
Dezibel, das	*decibel, en*
Dirigent, der	*dirigent, en*
dirigieren	*dirigera*
Dudelsack, der	*säckpipa, en*
Dur, das (Durskala, die)	*dur, en (durskala, en)*
Echo, das	*eko, ett*
einspielen	*spela in*
elektronisch	*elektronisk*
falsch singen	*sjunga falskt*
Flöte, die	*flöjt, en*
Flötist, der	*flöjtist, en*
Geige, die	*fiol, en; violin, en*
Geigenbogen, der	*stråke, en*
Geigenspieler, der	*violinist, en*
Gesang, der	*sång, en*
Gitarre, die	*gitarr, en*
▪ akustische Gitarre	*akustisk gitarr*
▪ Bass-Gitarre	*basgitarr; elbas, en*
▪ E-Gitarre; elektrische Gitarre	*elgitarr, en*
▫ Bundstäbchen, die	*band, ett*
▫ Hals und Griffbrett	*hals och greppbräda*
▫ Jammerhaken, der; ▫ Vibrato-Hebel, der	*svajarm, en*
▫ Kopfplatte, die	*huvud, ett*
▫ Korpus, der	*kropp, en; låda, en*
▫ Sattel, der	*sadel, en*
▫ Schallloch, das	*resonanshål, ett*
▫ Schalter und Potis	*volym- och tonkontroller*
▫ Seiten pl	*strängar*
▫ Steg, der	*stall, ett*
▫ Stimmwirbel, der	*stämskruv, en*
▫ Tonabnehmer, der	*mikrofon, en; pickup, en*
▪ klassische Gitarre	*klassisk gitarr*
Gitarrist, der	*gitarrist, en*
Harfe, die	*harpa, en*
Hitliste, die	*topplista, en*
hören	*höra*
Hymne, die	*hymn, en*
Instrument, das	*instrument, ett*
▪ Blasholzinstrument	*träblåsinstrument*
▪ Blasinstrument	*blåsinstrument*
▪ Musikinstrument	*musikinstrument*
▪ Schlaginstrument	*slagverk, ett*
▪ Saiteninstrument	*stränginstrument*
▪ Streichinstrument	*stråkinstrument*
Intervall, das	*intervall, ett*
Jazz, der	*jazz, en*
Jazzband, die	*jazzband, ett*
Kassette, die	*kassett, en*
Klang, der	*klang, en*
Klarinette, die	*klarinett, en*
Klavier, das	*piano, ett*
klimpern	*klinka*
klingen	*klinga; låta*
komponieren	*komponera*
Komponist, der	*kompositör, en; tonsättare, en*
Konzert, das	*konsert, en*
Kopfhörer, der	*hörlur, en*
Kreuz, das	*kors, ett; korsförtecken, ett*
Kritik, die	*kritik, en*
Kritiker, der	*kritiker, en*
kritisieren	*kritisera*
Kunstfertigkeit, die	*konstfärdighet, en; skicklighet, en*
Künstler, der	*konstnär, en*
künstlerisch	*konstnärlig*
laut	*hög*
lauten	*låta*
Lautsprecher, der	*högtalare, en*
Lied, das	*låt, en; sång, en; visa, en*
Mandoline, die	*mandolin, en*
Meisterstück, das	*mästerverk, ett*
Melodie, die	*melodi, en*
melodisch	*melodisk*
Mikrophon, das	*mikrofon, en*
Moll, das	*moll, en*
Mundharmonika, die	*munspel, ett*
Musik, die	*musik, en*
▪ Bluesmusik	*blues, en*
▪ Chormusik	*körmusik*
▪ Discomusik	*disco, en*
▪ elektronische Musik	*elektronisk musik*
▪ Hard Rock Musik	*hårdrock, en*
▪ Jazzmusik	*jazz, en*
▪ Kammermusik	*kammarmusik*
▪ klassische Musik	*klassisk musik*

▪ moderne Musik *modern musik; nutida musik*
▪ Orchestermusik *orkestermusik*
▪ Orgelmusik *orgelmusik*
▪ Popmusik *popmusik*
▪ Punkmusik *punk, en*
▪ Rapmusik *rap, en*
▪ Reggae *reggae, en*
▪ Rockmusik *rock, en*
▪ Soulmusik *soul, en*
▪ Tanzmusik *dansmusik*
▪ traditionelle Musik *traditionell musik*
▪ Volksmusik *folkmusik*
Musiker, der *musiker, en*
Musikstück, das *musikstycke, ett*
Musikwerk, das *musikverk, ett*
Note, die *not, en*
Oktave, die *oktav, en*
Oper, die *opera, en*
Operette, die *operett, en*
Orchester, das *orkester, en*
▪ Blasorchester *blåsorkester*
▪ Kammerorchester *kammarorkester*
▪ Streichorchester *stråkorkester*
▪ Symphonieorchester *symfoniorkester*
Organist, der *organist, en*
Orgel, die *orgel, en*
Ouvertüre, die *ouvertyr, en*
Ovation, die *ovation, en*
Partitur, die *partitur, ett*
Pause, die *paus, en*
Pianist, der *pianist, en*
Platte, die *skiva, en*
▪ CD-Platte *cd-skiva*
▪ CD *cd, en*
▪ Schallplatte *grammofonskiva*
▪ Vinylplatte *vinylskiva*
Plektron, das *plektrum, ett*
Posaune, die *trombon, en*
Publikum, das *publik, en*
Quartett, das *kvartett, en*
Quintett, das *kvintett, en*
Refrain, der *refräng, en*
Repertoire, das *repertoar, en*
rezensieren *recensera*
Rezension, die *recension, en*
Resonanz, die *resonans, en*
rhythmisch *rytmisk*
Rhythmus, der *rytm, en*
Sänger, der *sångare, en*
Sängerchor, der *kör, en*
Saxophon, das *saxofon, en*
Schlagzeug, das *slagverk, ett; trumset, ett*
Schlagzeuger, der *slagverkare, en; trummis, en*
Schlüssel, der *klav, en*
Seite, die *sträng, en*
Sextett, das *sextett, en*
sinfonisch *symfonisk*
singen *sjunga*
Skala, die *skala, en*
Solist, der *solist, en*
Solo, das *solo, ett*
Sonate, die *sonat, en*
Sopran, der *sopran, en*
Spiel, das *spel, ett*
spielen *spela*
stehender Applaus *stående ovationer*
Stereo, das *stereo, en*
Studio, das *studio, en*
summen *nynna*
Symphonie, die *symfoni, en*
Takt, der *takt, en*
Taktstock, der *taktpinne, en*
Tamburin, das *tamburin, en*
Tanz, der *dans, en*
Tänzer, der *dansare, en*
Tänzerin, die *dansös, en*
Taste, die *tangent, en*
Tenor, der *tenor, en*
Ton, der *klang, en; ton, en*
Tonart, die *tonart, en*
Triangel, der *triangel, en*
Trio, das *trio, en*
Trommel, die *trumma, en*
Trommelschläger, der *trumslagare, en*
Trompete, die *trumpet, en*
Trompeter, der *trumpetare, en*
Tuba, die *tuba, en*
üben *öva*
Variation, die *variation, en*
Verstärker, der *förstärkare, en*
Viertelnote, die *fjärdedelsnot, en*
Virtuose, der *virtuos, en*
Vokalist, der *vokalist, en*
Volksmusik, die *folkmusik, en*
Ziehharmonika, die *dragspel, ett*
Zugabe, die *extranummer, ett*
Zuhörer, der *åhörare, en*
Zuschauer pl *publiken*

5.7. Kunst - Konst

abgießen	*gjuta av*
Abguss, der	*avgjutning, en*
Abstraktion, die	*abstraktion, en*
Abstraktionist, der	*abstrakt konstnär, en*
Akt, der	*akt, en*
Allegorie, die	*allegori, en*
allegorisch	*allegorisk*
Altar, der	*altare, ett*
Antike, die	*antiken*
Arabeske, die	*arabesk, en*
Architekt, der	*arkitekt, en*
architektonisch	*arkitektonisk*
Architektur, die	*arkitektur, en*
Aquarell, das	*akvarell, en*
Atelier, das	*ateljé, en*
Attribut, das	*attribut, ett*
ausschneiden	*klippa ut; skära ut*
ausstellen	*ställa ut*
Aussteller, der	*utställare, en*
Ausstellung, die	*utställning, en*
Avantgarde, die	*avantgarde, ett*
Barock, das/der	*barocken*
barock	*barock*
Basilika, die	*basilika, en*
begeistern	*begeistra; hänföra*
Begeisterung, die	*hänförelse, en*
bekannt	*känd*
berühmt	*berömd*
bezaubern	*förtrolla*
Bild, das	*bild, en; tavla, en*
Bildhauer, der	*bildhuggare, en; skulptör, en*
Bildhauerei, die	*skulptur, en*
bildhauerisch	*skulptural*
Bleistift, der	*blyertspenna, en*
Blendrahmen, der	*blindram, en*
Bogen, der	*båge, en; valv, ett*
Buntstift, der	*färgkrita, en; färgpenna, en*
Büste, die	*byst, en*
Dadaismus, der	*dadaism, en*
Dadaist, der	*dadaist, en*
dadaistisch	*dadaistisk*
darstellen	*framställa; föreställa*
Denkmal, das	*minnesmärke, ett; monument, ett*
Domkirche, die	*domkyrka, en*
Draperie, die	*draperi, ett*
Empfang, der	*mottagning, en*
empfangen	*ta emot*
Empfänger, der	*mottagare, en*
Engagement, das	*engagemang, ett*
engagiert	*engagerad*
Entwurf, der	*skiss, en; utkast, ett*
erneuern	*förnya; renovera*
Erschaffer, der	*skapare, en*
Erschaffung, die	*skapelse, en*
Erstaunen, das	*förvåning, en; häpnad, en*
erstaunlich	*förvånande; häpnadsväckande*
Expressionismus, der	*expressionism, en*
Expressionist, der	*expressionist, en*
expressionistisch	*expressionistisk*
Fälschung, die	*förfalskning, en*
Farbe, die	*färg, en; kulör, en*
Firnis, der	*fernissa, en*
Fleck, der	*fläck, en*
Form, die	*form, en*
formen	*forma*
Freske, die; Fresko, das	*fresk, en*
Fries, der	*fris, en*
Galerie, die	*galleri, ett*
Gestalt, die	*gestalt, en*
Gips, der	*gips, ett*
Glasmalerei, die	*glasmålning, en*
Gobelin, der	*gobeläng, en*
Goldschmied, der	*guldsmed, en*
Gotik, die	*gotiken*
gotisch	*gotisk*
Graffiti pl	*graffiti, en*
Graphik, die	*grafik, en*
Graphiker, der	*grafiker, en*
gravieren	*gravera*
Gruft, die	*gravvalv, ett; krypta, en*
Halbdunkel, das	*halvmörker, ett*
Handwerk, das	*hantverk, ett*
Handwerker, der	*hantverkare, en*
Harmonie, die	*harmoni, en*
Hintergrund, der	*bakgrund, en*
Holz, das	*trä, ett; virke, ett*
Holzschnitt, der	*träsnitt, ett*
Ikebana, das	*ikebana, en*
Ikone, die	*ikon, en*
Ikonographie, die	*ikonografi, en*
Illustrator, der	*illustratör, en*
Illustration, die	*illustration, en*
illustrieren	*illustrera*
Imitation, die	*imitation, en*
Imitator, der	*imitatör, en*

imitieren	*imitera*
Impressionismus, der	*impressionism, en*
Impressionist, der	*impressionist, en*
impressionistisch	*impressionistisk*
Innovation, die	*innovation, en*
innovativ	*innovativ*
Installation, die	*installation, en*
Interesse wecken	*väcka intresse*
interessieren	*intressera*
interessiert	*intresserad*
Karikatur, die	*karikatyr, en*
Keramik, die	*keramik, en*
Kitsch, der	*kitsch, en*
Klassik, die	*klassisk period, en*
Klassiker, der	*klassiker, en*
klassisch	*klassisk*
Klassizismus, der	*klassicismen*
klassizistisch	*klassicistisk*
Kohlestift, der	*kolpenna, en*
Kollektion, die	*kollektion, en; samling, en*
Komposition, die	*komposition*
Kontrast, der	*kontrast, en*
Kontur, die	*kontur, en*
Kopie, die	*kopia, en*
Kritik, die	*kritik, en*
Kritiker, der	*kritiker, en*
kritisch	*kritisk*
kritisieren	*kritisera*
Kubismus, der	*kubism, en*
Kubist, der	*kubist, en*
kubistisch	*kubistisk*
Kunst, die	*konst, en*
Künstler, der	*konstnär, en*
künstlerisch	*konstnärlig*
Kupferstich, der	*kopparstick, ett*
Kuppel, die	*kupol, en*
Lack, der	*lack, ett*
Landschaft, die	*landskap, ett*
Lehm, der	*lera, en*
Leinwand, die	*filmduk, en; kanvas, en; tavelduk, en*
Linolschnitt, der	*linoleumsnitt, ett*
Lithographie, die	*litografi, en*
malen	*måla*
Maler, der	*målare, en*
Malerei, die	*målarkonst, en; måleri, ett*
Manierismus, der	*manierism, en*
Manierist, der	*manierist, en*
Mäzen, der	*mecenat, en*
Meißel, der	*mejsel, en*
meißeln	*mejsla*
Meisterstück, das	*mästerverk, ett*
Mittelalter, das	*medeltiden*
Modell, das	*modell, en*
Modell stehen	*stå modell*
modellieren	*forma; modellera*
Moderne, die	*modernitet, en*
Modernismus, der	*modernism, en*
Modernist, der	*modernist, en*
modernistisch	*modernistisk*
Mosaik, die	*mosaik, en*
Motiv, das	*motiv, ett*
museal	*museal*
Museum, das	*museum, ett*
Muster, das	*mönster, ett*
nachahmen	*efterlikna; härma; imitera*
Nachahmung, die	*imitation, en; kopia, en*
nähen	*sy*
Natur, die	*natur, en*
Naturalismus, der	*naturalism, en*
Naturalist, der	*naturalist, en*
naturalistisch	*naturalistisk*
Obelisk, der	*obelisk, en*
Original, das	*original, ett*
Palette, die	*palett, en*
Panorama, das	*panorama, ett*
Pastell, die	*pastell, en*
persisch	*persisk*
Perspektive, die	*perspektiv, ett*
Pinsel, der	*pensel, ett*
Plakat, das	*affisch, ett; plakat, ett*
Pop-Art, die; Pop-Art, die	*popkonst, en*
Portal, das	*portal, en*
Porträt, das	*porträtt, ett*
porträtieren	*avbilda; porträttera*
Porträtmaler, der	*porträttmålare, en*
Postmoderne, die	*postmodernism, en*
Postmodernist, der	*postmodernist, en*
postmodernistisch	*postmodern*
Proportion, die	*proportion, en*
Realist, der	*realist, en*
realistisch	*realistisk*
Rahmen, der	*ram, en*
Raum, der	*rum, ett*
Realismus, der	*realism, en*
reizend	*förtjusande*
Relief, das	*relief, en*
Renaissance, die	*renässans, en*
renovieren	*renovera*
Reproduktion, die	*reproduktion, en*

rezensieren	*recensera*
Rezension, die	*recension, en*
Rezensent, der	*recensent, en; kritiker, en*
Rokoko, das	*rokoko, en*
romanisch	*romansk*
Romantik, die	*romantik, en*
romantisch	*romantisk*
Ruhm, der	*berömmelse, en*
Säule, die	*kolonn, en; pelare, en*
schaffen	*skapa*
Schärfe, die	*skärpa, en*
Schatten, der	*skugga, en*
Schiff, das	*skepp, ett*
Schmiererei, die	*kludd, en; klotter, ett*
schmücken	*pryda; smycka*
Selbstbildnis, das	*självporträtt, ett*
Skizze, die	*skiss, en*
skizzieren	*skissa; skissera*
Skulptur, die	*skulptur, en*
skulptieren	*skulptera*
Sozrealismus, der	*socialistisk realism, en*
Spitze, die	*spets, en*
Spray, das/der	*spray, en; sprej, en*
Staffelei, die	*staffli, ett*
Statue, die	*staty, en*
stechen	*gravera*
sticken	*brodera*
Stickerei, die	*broderi, ett*
Stil, der	*stil, en*
stilvoll	*stilfull*
Stricken, das	*stickning, en*
Surrealismus, der	*surrealism, en*
Surrealist, der	*surrealist, en*
surrealistisch	*surrealistisk*
Symbol, das	*symbol, en*
Symbolik, die	*symbolik, en*
symbolisch	*symbolisk*
symbolisieren	*symbolisera*
Symbolismus, der	*symbolism, en*
Technik, die	*teknik, en*
Temperafarbe, die	*temperafärg, en*
Tiefe, die	*djup, ett*
Ton, der	*lera, en*
Triptichon, das	*triptyk, en*
Tusche, die	*tusch, ett*
Umriss, der	*kontur, en*
Vernissage, die	*vernissage, en*
verzaubern	*förtrolla; trollbinda*
weben	*väva*
Weberei, die	*väveri, ett; vävnad, en*
Werk, das	*verk, ett*
wiedergeben	*återge*
Zeichenbuch, das	*skissblock, ett*
Zeichnen, das	*teckning, en*
zeichnen	*teckna*
Zeichner, der	*tecknare, en*
Zeichnung, die	*teckning, en*

5.8 Camping, Auto und Werkzeug
Camping, bil och redskap

abbiegen	*svänga*
▪ links abbiegen	*svänga vänster*
▪ rechts abbiegen	*svänga höger*
Abfall, der	*avfall, ett*
Abfallbehälter, der	*soptunna, en*
abschleppen	*bogsera; bogsera bort*
Abschleppseil, der	*bogserlina, en*
Abschleppswagen, der	*bärgningsbil, en*
Angel, die	*metspö, ett*
Angelhaken, der	*metkrok, en*
Angelkarte, die	*fiskekort, ett*
angeln	*fiska*
Anhänger, der (Auto)	*släpvagn, en*
Anker, der	*ankare, ett*
Anlasser, der	*startmotor, en*
ausleihen	*låna ut*
Auspuff, der	*avgasrör, ett*
austauschen	*byta ut*
auswechseln	*byta ut*
Ausweis, der	*id-kort, ett; legitimation, en*
Auto, das	*bil, en*
Autobahn, die	*motorväg, en*
Automechaniker, der	*bilmekaniker, en*
Autopapiere pl	*papper på bilen; ägarbevis, ett*
Autoschaden, die	*bilskada, en*
Autovermietung, die	*biluthyrning, en*
Autoversicherung, die	*bilförsäkring, en*
Autowerkstadt, die	*bilverkstad, en*
Axt, die	*yxa, en*
baden	*bada*
Badestrand, der	*badstrand, en*
Batterie, die	*batteri, ett*
Beil, das	*yxa, en*
Benzin, das	*bensin, en*
Berg, der	*backe, en; berg, ett*
bewacht	*bevakad*
Blinker, der	*blinker, en*
Bohrer, der	*borr, en*
Bohrmaschine, der	*borrmaskin, en*

Boot, das	*båt, en*
Bremse, die	*broms, en*
Campingplatz, der	*campingplats, en*
Dichtung, die	*packning, en*
Dieselkraftstoff, der	*diesel, en*
Dusche, die	*dusch, en*
Ebbe, die	*ebb, en; lågvatten, ett*
Eimer, der	*hink, en*
Eintrittspreis, der	*inträde, ett; inträdes-pris, ett*
Ersatzrad, das	*reservhjul, ett*
Ersatzteil, das	*reservdel, en*
Fähre, die	*färja, en*
fahren	*köra; åka*
Fahrkarte, die	*biljett, en*
Fahrrad, das	*cykel, en*
Fahrradeverleih, der	*cykeluthyrning, en*
Feile, die	*fil, en*
Felge, die	*fälg, en*
Ferienhaus, das	*fritidshus, ett; stuga, en*
Feuerplatz, der	*eldplats, en*
Feuerzeug, das	*tändare, en*
Flickzeug, das	*reparationssats, en*
fliegen	*flyga*
Flut, die	*flod, en; högvatten, ett*
Frontscheibe, die	*vindruta, en*
Frostschutzmittel, das	*frostskyddsmedel, ett*
Führerschein, das	*körkort, ett*
Gang, der	*växel, en*
Gebirge, das	*berg, ett; bergsland-skap, ett*
Gebühr, die	*avgift, en*
geöffnet	*öppen*
Gepäck, das	*bagage, ett*
geschlossen	*stängd*
gesperrt	*avspärrad*
Glatteis, das	*blixthalka, en; glansis, en*
Glühbirne, die	*glödlampa, en*
Gummistiefel, der	*gummistövel, en*
Hacke, die	*hacka, en*
Hafen, der	*hamn, en*
Haken, der	*krok, en*
Haltestelle, die	*hållplats, en*
Hammer, der	*hammare, en*
Handy, das	*mobiltelefon, en*
Hotel, das	*hotell, ett*
Hütte, die	*stuga, en*
Jugendherberge, die	*vandrarhem, ett*
Kanister, der	*dunk, en*
Kanu, das	*kanot, en*
kaputt	*trasig; förstörd*
Karte, die	*kort, ett; karta, en*
Keilriemen, der	*drivrem, en*
Kerze, die	*ljus, ett*
Kerze, die; Zündkerze, die	*tändstift, ett*
Kettensäge, die	*motorsåg, en*
Kochstelle, die	*kokplats, en*
Köder, der	*agn, ett; lockbete, ett*
Kofferraum, der	*bagageutrymme, ett; baklucka, en*
Krankenhaus, das	*sjukhus, ett*
Kreisverkehr, der	*rondell, en*
Kühler, der	*kylare, en*
Kühlflüssigkeit, die	*kylarvätska, en*
Kupplung, die	*koppling, en*
Lampe, die	*lampa, en*
Leine, die	*lina, en*
Loipe, die	*skidspår, ett*
Luftfilter, der	*luftfilter, ett*
Luftpumpe, die	*cykelpump, en; pump, en*
Meer, das	*hav, ett*
Mietwagen, der	*hyrbil, en*
Motel, das	*motell, ett*
Motorboot, das	*motorbåt, en*
Motorhaube, die	*motorhuv, en*
Motorrad, das	*motorcykel, en*
Mückenmittel, das	*myggmedel, et*
Müll, der	*skräp, ett; sopor pl*
Müllbehälter, der	*papperskorg, en*
Nagel, der	*spik, en*
Naturpark, der	*nationalpark, en*
Notarzt, der	*jourläkare, en*
Notfall, der	*nödfall, ett*
Notruf, der	*larmnummer, ett; nöd-nummer, ett*
offen	*öppen*
Öffnungszeiten pl	*öppettider pl*
Öl, das	*olja, en*
Öldruck, der	*oljetryck, ett*
Ölwechsel, der	*oljebyte, ett*
Panne, die (Motor)	*motorfel, ett; motor-stopp, ett*
Parkplatz, der	*parkeringsplats, en*
Parkverbot, das	*parkeringsförbud, ett*
Polizei, die	*polisen*
Polizist, der; Polizistin, die	*polis, en*
Rad, das	*hjul, ett*
Rechnung, die	*räkning, en*
Reifendruck, der	*lufttryck, ett*
Reifenpanne, die	*punktering, en*

Reifenservice, die	*däcktjänst, en*
Reparatur, die	*reparation, en*
reparieren	*reparera*
reservieren	*reservera*
Rücklicht, das	*baklykta, en*
Ruderboot, das	*roddbåt, en*
Säge, die	*såg, en*
Scheibe, die	*fönsterruta, en*
Scheibenwischer, der	*vindrutetorkare, en*
Scheinwerfer, der	*strålkastare, en*
Schiff, das	*skepp, ett*
Schlauchboot, das	*gummibåt, en*
Schlüssel, der	*nyckel, en*
Schneekette, die	*snökedja, en*
Schnur, die	*snöre, ett*
Schnur, die (angeln)	*metrev, en*
Schraube, die	*skruv, en*
Schraubenzieher, der	*skruvmejsel, en*
schwimmen	*simma*
See, der (Binnensee)	*sjö, en*
Segelboot, das	*segelbåt, en*
segeln	*segla*
Seil, das	*lina, en; rep, ett*
Sicherung, die	*säkring, en*
Spaten, der	*spade, en*
Stadtplan, der	*stadskarta, en*
Steckdose, die	*vägguttag, ett*
Stecker, der	*stickkontakt, en*
Stoßdämpfer, der	*stötdämpare, en*
Strand, der	*strand, en*
Straße, die	*gata, en; landsväg, en*
Streichholz, der	*tändsticka, en*
Strom, der (elektro)	*ström, en*
Stromkabel, das	*strömkabel, en*
Tankstelle, die	*bensinstation, en; (bensin)mack, en*
Taschenlampe, die	*ficklampa, en*
Telefon, das	*telefon, en*
Ticket, das	*biljett, en*
Toilette, die	*toalett, en*
▪ Herrentoilette	*herrtoalett*
▪ Damentoilette	*damtoalett*
Touristeninformation, die	*turistinformation, en*
Trinkwasser, das	*dricksvatten, ett*
Tunnel, der	*tunnel, en*
übernachten	*övernatta*
unbewacht	*obevakad*
Unfall, der	*olycka, en*
Vergaser, der	*förgasare, en*
Verletzung, die	*skada, en*
Versicherung, die	*försäkring, en*
Vorderlicht, das	*framlyse, ett; framlykta, en*
Wagenheber, der	*domkraft, en*
Wagenpapiere pl	*papper på bilen; ägarbevis, ett*
Warndreieck, das	*varningstriangel, en*
Waschraum, der	*tvättstuga, en; tvättrum, ett*
Wasser, das	*vatten, ett*
Wasserhahn, der	*vattenkran, en*
Werkstatt, di	*verkstad, en*
Wohnmobil, das	*husbil, en*
Wohnwagen, der	*husvagn, en*
Wunde, die	*skada, en*
Zange, die	*tång, en*
Zelt, das	*tält, ett*
Zeltplatz, der	*tältplats, en*
Zoll, der	*tull, en*
Zündkerze, die	*tändstift, ett*

6. Zahlen und Jahresangaben - Tal og årstal

0 null	*noll*
1 eins	*ett*
2 zwei	*två*
3 drei	*tre*
4 vier	*fyra*
5 fünf	*fem*
6 sechs	*sex*
7 sieben	*sju*
8 acht	*åtta*
9 neun	*nio*
10 zehn	*tio*
11 elf	*elva*
12 zwölf	*tolv*
13 dreizehn	*tretton*
14 vierzehn	*fjorton*
15 fünfzehn	*femton*
16 sechzehn	*sexton*
17 siebzehn	*sjutton*
18 achtzehn	*arton*
19 neunzehn	*nitton*
20 zwanzig	*tjugo*
21 einundzwanzig	*tjugoett*
22 zweiundzwanzig	*tjugotvå*
23 dreiundzwanzig	*tjugotre*
24 vierundzwanzig	*tjugofyra*
25 fünfundzwanzig	*tjugofem*
26 sechsundzwanzig	*tjugosex*
27 siebenundzwanzig	*tjugosju*
28 achtundzwanzig	*tjugoåtta*
29 neunundzwanzig	*tjugonio*
30 dreißig	*trettio*
31 einunddreißig	*trettioett*
40 vierzig	*fyrtio*

50 fünfzig	*femtio*
60 sechzig	*sextio*
70 siebzig	*sjuttio*
80 achtzig	*åttio*
90 neunzig	*nittio*
100 einhundert	*hundre*
124 einhundertvierundzwanzig	*etthundratjugofyra*
200 zweihundert	*tvåhundra*
300 dreihundert	*trehundra*
1000 tausend	*ettusen; tusen*
2000 zweitausend	*tvåtusen*
8536 achttausendfünfhundertsechsunddreißig	*åttatusenfemhundratrettiosex*
10.000 zehntausend	*tiotusen*
30.000 dreißigtausend	*trettiotusen*
100.000 einhunderttausend	*etthundratusen*
900.000 neunhunderttausend	*niohundratusen*
1.000.000 eine Million	*en miljon*
7.000.000 sieben Millionen	*sju miljoner*
1. erster	*1:a första*
2. zweiter	*2:a andra*
308. dreihundertachter	*308:e trehundraåttonde*
55,98 fünfundfünfzig Komma achtundneunzig	*femtiofem komma nittioåtta*
12,36 € (zwölf Euro sechsunddreißig)	*olv euro trettiosex cent*
kr. 220 (zweihundertzwanzig Kronen)	*220 kr. (tvåhundratjugo kronor)*
1814 (Jahr) achtzehnhundertvierzehn	*artonhundrafjorton (år)*
1905 (Jahr) neunzehnhundertfünf	*nittonhundrafem (år)*
2019 (Jahr) zweitausendneunzehn	*tjugohundranitton (år)*
07.30 Uhr (sieben Uhr dreißig)	*klockan sju och trettio; halv åtta*
22.45 Uhr (zweiundzwanzig Uhr fünfundvierzig)	*klockan tjugotvå och fyrtiofem; kvart i elva*

Ondefo Verlag - www.ondefo.de - Bücher und DVD in Deutschland und Skandinavien.

Technisches Wörterbuch
Deutsch - Norwegisch. 85.000 Stichwörter
ISBN: 978-3-93970313-6

Thematisches Wörterbuch
Norwegisch - Deutsch / Deutsch - Norwegisch
Der Basiswortschatz Norwegisch ist in diesem Buch nach verschiedenen Themen gegliedert. Im Gegensatz zu herkömmlichen Wörterbüchern sind die Stichwörter nicht komplett alphabetisch sondern nach entsprechenden Inhaltsschwerpunkten geordnet.
ISBN: 978-3-93970310-5

Thematisches Wörterbuch
Deutsch - Dänisch / Dänisch - Deutsch
Der Basiswortschatz Dänisch ist in diesem Buch nach verschiedenen Themen gegliedert. Im Gegensatz zu herkömmlichen Wörterbüchern sind die Stichwörter somit nicht komplett alphabetisch sondern nach entsprechenden Inhaltsschwerpunkten geordnet.
ISBN: 978-3-93970307-5

Henrik Ibsen
Nora - Ein Puppenheim / Et dukkehjem
Zweisprachige Ausgabe: Deutsch / Norwegisch
Ibsens Original ist hier der Übertragung ins Deutsche gegenübergestellt. Links (gerade Seiten) findet sich das Original und auf den rechten Seiten (ungerade Seiten) der zugehörige deutsche Text.
ISBN: 978-3-939 70303-7

Henrik Ibsen
Gespenster / Gengangere. Zweisprachige Ausgabe: Deutsch / Norwegisch.
Ibsens Original ist hier der Übertragung ins Deutsche gegenübergestellt. Links (gerade Seiten) findet sich das Original und auf den rechten Seiten (ungerade Seiten) der zugehörige deutsche Text.
ISBN: 978-3-939 70316-7

Henrik Ibsen
Peer Gynt. Zweisprachige Ausgabe: Deutsch / Norwegisch.
Ibsens Original ist hier der Übertragung ins Deutsche gegenübergestellt.
ISBN: 978-3-939 70304-4

Norwegische Märchen
Sprache: Deutsch
Die schönsten Märchen mit zahlreichen farbigen Illustrationen.

ISBN: 978-3-939 70347-1 (Softcover)
ISBN: 978-3-939 70315-0 (Hardcoverausgabe mit Leseband)

Tematisk ordbok

TYSK — SVENSK

SVENSK — TYSK

Love Strandberg

Michelle Hansen

Liv Beate Stechlicka

GRUNDLÄGGANDE ORDFÖRRÅD - SVENSKA

Innehållsförteckning svenska – tyska

1. Allmänna upplysningar
Allgemeine Informationen

1.1. Frågor, svar...
Fragen, Antworten...

av vad?; från vad?; varifrån?	*Wovon?*
av vad?; ur vad?	*Woraus?*
därför	*daher*
därför	*darum*
efter vad?	*Wonach?*
finns det ...?	*Gibt es ...?*
hur länge?	*Wie lange?*
hur mycket?	*Wie viel?*
hur många?	*Wie viele?*
hur stor?	*Wie groß?*
hur?; vad?	*Wie?*
i vad?; vari?	*Worin?*
inte	*nicht*
ja	*ja*
kanske	*vielleicht*
med vad?; vad ... med?	*Womit?*
nej	*nein*
när?	*Wann?*
när?	*Wenn?*
på vad?; vad ... på?	*Worauf?*
vad sa du?	*Wie bitte?*
vad?	*Was?*
var finns ...?; var är..?	*Wo sind ... ?*
var är ...?	*Wo ist ... ?*
var?	*Wo?*
varför det?	*Wieso?*
varför?	*Warum? Weshalb? Weswegen?*
varifrån?	*Woher?*
vart?	*Wohin?*
vem?	*Wer?*
vilken?	*Welche/welcher/welches?*
vilken?	*Welchem/welchen/welcher?*
vilket?	*Welches?*
över vad?; om vad?	*Worüber?*

1.2. Tid och riktning - Zeit und Richtung

▪ Veckodagar	▪ *Wochentage*
måndag	*Montag*
tisdag	*Dienstag*
onsdag	*Mittwoch*
torsdag	*Donnerstag*
fredag	*Freitag*
lördag	*Samstag*
söndag	*Sonntag*

▪ Månader	▪ *Monate*
januari	*Januar*
februari	*Februar*
mars	*März*
april	*April*
maj	*Mai*
juni	*Juni*
juli	*Juli*
augusti	*August*
september	*September*
oktober	*Oktober*
november	*November*
december	*Dezember*

▪ Årstider	▪ *Jahreszeiten*
vår	*Frühling*
sommar	*Sommer*
höst	*Herbst*
vinter	*Winter*

▪ Tidpunkter	▪ *Tageszeiten*
på kvällen	*am Abend*
i början	*am Anfang*
på morgonen	*am Morgen*
på eftermiddagen	*am Nachmittag*
på dagen	*am Tag*
på förmiddagen	*am Vormittag*

evighet, en	*Ewigkeit, die*
tidigt	*früh*
▪ för tidigt	▪ *zu früh*
nutid, en; samtid, en	*Gegenwart, die*
igår	*gestern*
idag	*heute*
i norr	*im Norden*
i öster	*im Osten*
i söder	*im Süden*
i väster	*im Westen*
på natten	*in der Nacht*
år, ett	*Jahr, das*
▪ i år	▪ *dieses Jahr*
▪ under de senaste åren	▪ *in den letzten Jahren*

• nästa år	• *nächstes Jahr*
• förra året; i fjol	• *voriges Jahr*
årsdag, en	*Jahrestag, der*
århundrade, ett; sekel, ett	*Jahrhundert, das*
sekelskifte, ett	*Jahrhundertwende, die*
årlig; årligen	*jährlich*
årtusende, ett	*Jahrtausend, das*
decennium, ett	*Jahrzehnt, das*
minut, en	*Minute, die*
mitt på dagen	*Mittag, der*
midnatt, en	*Mitternacht, die*
månad, en	*Monat, der*
• den här månaden	• *dieses Monats*
• i slutet av månaden	• *Ende des Monats*
• om en månad	• *in einem Monat*
månadslång; i flera månader	*monatelang*
månads-; månatlig	*monatlich*
morgon, en	*Morgen, der*
i morgon	*morgen*
i morgon kväll	*morgen Abend*
i morgon mitt på dagen	*morgen Mittag*
tidigt i morgon	*morgen früh*
• natt, en	*Nacht, die*
• på natten	• *in der Nacht*
norr	*Norden, der*
norr om ...	*nördlich von ...*
nordöst	*Nordosten, der*
nordväst	*Nordwesten, der*
öster om ...	*östlich von ...*
punktlig	*pünktlich*
i åratal	*seit Jahren*
sekund, en	*Sekunde, die*
sen	*spät*
• för sent	• *zu spät*
timme, en	*Stunde, die*
• halvtimme, en	• *halbe Stunde*
söder; syd	*Süden, der*
söder om ...	*südlich von ...*
sydost	*Südosten, der*
sydväst	*Südwesten, der*
dag, en	*Tag, der*
• mitt på dagen	• *mitten am Tag*
• dag efter dag	• *Tag für Tag*
• dygn, ett	• *Tag und Nacht*
i övermorgon	*übermorgen*
vid midnatt	*um Mitternacht*
det förflutna	*Vergangenheit, die*
kvart, en	*Viertel, das; Viertelstunde, die*
• kvart i ...	• *Viertel vor ...*
• kvart över ...	• *Viertel nach ...*
i förrgår	*vorgestern*
förmiddag, en	*Vormittag, der*
• i förmiddags; idag på förmiddagen	• *heute Vormittag*
väster om	*westlich von ...*
vecka, en	*Woche, die*
• den här veckan	• *diese Woche*
• om en vecka	• *in einer Woche*
• nästa vecka	• *nächste Woche*
• förra veckan	• *vorige Woche*
varje vecka; vecko-	*wöchentlich*

1.3. Färger - Farben

färg, en	*Farbe, die*
beige	*beige*
blå	*blau*
brun	*braun*
grå	*grau*
grön	*grün*
gyllene; guldfärgad	*golden*
lila	*lila*
ljus...	*hell...*
mörk...	*dunkel...*
orange	*orange*
rosa	*rosa*
röd	*rot*
rödbrun	*rotbraun*
silverfärgad	*silbern*
svart	*schwarz*
turkos	*türkis*
violett	*violett*
vit	*weiß*

2. Människa och samhälle
Mensch und Gesellschaft

2.1. Familj - Familie

barn, ett	*Kind, das*
barnbarn, ett	*Enkel, der*
• dotterson, en	*Sohn der Tochter*
• sonson, en	*Sohn des Sohnes*
barnbarn, ett	*Enkelin, die*
• dotterdotter, en	*Tochter der Tochter*
• dotterson, en	*Tochter des Sohnes*
barnbarnsbarn, ett	*Urenkel, der; Urenkelin, die*

bror, en	*Bruder, der*
brorsdotter, en; systerdotter, en	*Nichte, die*
brorson, en; systerson, en	*Neffe, der*
brud, en	*Braut, die*
brudgum, en	*Bräutigam, der*
brudpar, ett	*Brautpaar, das*
dotter, en	*Tochter, die*
far, en	*Vater, der*
farbror, en; morbror, en	*Onkel, der*
▪ morbror, en	*Mutters Bruder*
▪ farbror, en	*Vaters Bruder*
farmor, en; mormor, en	*Großmutter, die*
▪ mormor, en	*Großmutter mütterlicherseits*
▪ farmor	*Großmutter väterlicherseits*
farfar, en; morfar, en	*Großvater, der*
▪ morfar, en	*Großvater mütterlicherseits*
▪ farfar, en	*Großvater väterlicherseits*
farmor, en; mormor, en	*Oma, die*
fru, en; hustru, en	*Frau, die*
förälder, en	*Elternteil, der/das*
föräldrar pl	*Eltern pl*
gift par, ett; äkta par, ett	*Ehepaar, das*
halvbror, en	*Halbbruder, der*
halvsyskon, ett	*Halbgeschwister pl*
halvsyster, en	*Halbschwester, die*
hustru, en; maka, en	*Ehefrau, die*
kusin, en	*Cousin, der; Cousine, die*
kusin, en	*Kusine, die*
livskamrat, en; sambo, en	*Lebensgefährte, der; Lebensgefährtin, die*
make, en	*Ehemann, der*
mamma, en	*Mama, die*
man, en	*Mann, der*
mor, en	*Mutter, die*
moster, en; faster, en	*Tante, die*
▪ moster, en	*Schwester der Mutter*
▪ faster, en	*Schwester des Vaters*
pappa, en	*Papa, der*
partner, en; sambo, en	*Partner, der; Partnerin, die*
registrerat partnerskap, ett	*eingetragene Partnerschaft, die*
son, en	*Sohn, der*
styvfar, en	*Stiefvater, der*
styvmor, en	*Stiefmutter, die*
svåger, en	*Schwager, der*
svägerska, en	*Schwägerin, die*
svärdotter, en	*Schwiegertochter, die*
svärfar, en	*Schwiegervater, der*
svärföräldrar pl	*Schwiegereltern pl*
svärmor, en	*Schwiegermutter, die*
svärson, en	*Schwiegersohn, der*
syskon, ett	*Geschwister pl*
syster, en	*Schwester, die*
utomäktenskaplig	*unehelich*
äktenskap, ett	*Ehe, die*
▪ papperslöst äktenskap, ett	*wilde Ehe*
▪ blandäktenskap, ett	*Mischehe*
(äkta) maka, en	*Gattin, die; Gatte, der*
äktenskaplig	*ehelich*

2.2. Personlighet och karaktär
Persönlichkeit und Charakter

aggressiv	*aggressiv*
aktiv	*aktiv*
allvarlig	*ernst; ernsthaft*
altruism, en	*Altruismus, der*
altruist, en	*Altruist, der*
altruistisk	*altruistisch*
ambition, en; äregirighet, en	*Ehrgeiz, der*
ambitiös; äregirig	*ehrgeizig*
anständig; ordentlig	*anständig*
apatisk	*apathisch*
arbetsam	*arbeitsam*
argsint; hetlevrad	*jähzornig*
arrogant	*arrogant*
arrogant; inbilsk	*eingebildet*
artig	*artig*
artig; hövlig	*höflich*
artighet, en	*Höflichkeit, die*
barmhärtig	*barmherzig*
barnslig; infantil	*infantil*
barnslig; infantil	*kindisch*
barsk; brysk; tvär	*barsch*
bedrövad; dyster	*betrübt*
begär, ett	*Sucht, die*
begär, ett; girighet, en	*Gier, die*
behärskad	*beherrscht*
behärskning, en	*Beherrschung, die*
beklaga (sig)	*(sich) beklagen*
belevad	*gewandt*

beredvillig; villig	*willig*
beräknande	*berechnend*
berömmelse, en; ära, en	*Ruhm, die*
beslutsam	*entschlossen*
besynnerlig; underlig	*sonderbar*
beteende, ett; uppförande, ett	*Benehmen, das*
blyg; blygsam	*bescheiden*
blyg; skygg	*scheu; schüchtern*
blygsamhet, en	*Bescheidenheit, die*
bortskämd	*verwöhnt*
busfrö, ett; slyngel, en	*Schlingel, der*
charm, en	*Charme, der; Scharm, der*
charmerande	*scharmant*
charmerande, charmig	*charmant*
diskret	*diskret*
disträ; tankspridd	*zerstreut*
dominerande; förhärskande	*vorherrschend*
drummel, en	*Flegel, der*
drömsk	*träumerisch*
dumdristig; våghalsig	*tollkühn*
dumhuvud, ett; tölp, en	*Tollpatsch, der; Tölpel, der*
dynamisk	*dynamisch*
eftergiven; undfallande	*nachgiebig*
efterhängsen; närgången	*aufdringlich*
efterhängsen; påträngande	*zudringlich*
egenkär	*selbstsüchtig*
egenskap, en	*Eigenschaft, die*
egoism, en	*Egoismus, der*
egoist, en	*Egoist, der*
egoistisk	*egoistisch*
elak	*gemein*
emotionell	*emotional*
energisk	*energisch*
enstöring, en; särling, en	*Sonderling, der*
enträgen	*eindringlich*
entusiastisk	*enthusiastisch*
envis	*stur*
envis; styvnackad	*hartnäckig*
excentriker, en	*Exzentriker, der*
excentrisk	*exzentrisch*
feg	*feige*
feghet, en	*Feigheit, die*
fegis, en	*Feigling, der*
finkänslig	*feinfühlend*
flegmatiker, en	*Phlegmatiker, der*
flegmatisk	*phlegmatisch*
flitig	*fleißig*
frikostig; generös; givmild	*freigebig*
frånstötande	*abstoßend*
fräck	*dreist*
fräck; uppkäftig	*frech*
främmande	*fremd*
fåfäng	*eitel*
fördel, en	*Vorteil, der*
fördomsfull	*vorurteilsvoll*
förhastad; överilad	*übereilt*
förnuftig	*vernünftig*
försiktig	*vorsichtig*
förtroende, ett; tillit, en	*Vertrauen, das*
förtroendefull	*vertrauensvoll*
galen	*irre*
galen (i); tokig (i)	*verrückt (nach)*
generositet, en; givmildhet, en	*Freigebigkeit, die*
genomsnittlig	*durchschnittlich*
girig; glupsk; lysten	*gierig*
girig; hagalen	*habgierig*
girig; snål	*geizig*
girigbuk, en; snåljåp, en	*Geizhals, der*
glad	*froh; fröhlich; munter*
glömsk	*vergesslich*
gnidig; snål	*knauserig*
gnälla; jämra (sig)	*meckern; jammern*
godhet, en; snällhet, en	*Güte, die*
godhjärtad	*gutherzig*
grinig; surmulen; trumpen	*mürrisch*
grov; hårdhänt	*grob*
grym	*grausam*
grymhet	*Grausamkeit, die*
gullig; näpen	*niedlich*
heder, en; ära, en	*Ehre, die*
hederlig; ärlig	*ehrenhaft; redlich*
hederlighet, en; ärlighet, en	*Ehrenhaftigkeit, die*
hetlevrad	*aufbrausend*
hetsig	*hitzig*
hjärtlig	*herzlich*
humor, en; kvickhet, en	*Witz, der*
humör, ett	*Laune, die*
hycklande; skenhelig	*heuchlerisch*
hygglig; snäll; trevlig	*nett*

hållning, en; inställning, en	*Einstellung, die*
häftig; vild; våldsam	*ungestüm*
hämndgirig	*rachgierig*
hämndlysten	*rachsüchtig*
hämningslös; ohämmad	*hemmungslos*
hängiven	*ergeben*
hängivenhet, en	*Hingabe, die*
hänsynsfull	*rücksichtsvoll*
högfärdig; mallig	*aufgeblasen*
ihärdig; outtröttlig	*unermüdlich*
individualitet, en	*Individualität, die*
individuell	*individuell*
initiativrik	*initiativreich*
intressant	*interessant*
intrigant	*intrigant*
introvert; inåtvänd	*introvertiert*
iver, en	*Eifer, der*
ivrig	*eifrig*
kall; kylig	*kalt*
klaga	*klagen*
klok	*klug*
klokhet, en	*Klugheit, die*
klumpig; tafatt	*ungeschickt*
koleriker, en	*Choleriker, der*
kolerisk	*cholerisch*
kompromisslös	*kompromisslos*
konstig; lustig	*komisch*
konstig; märklig; märkvärdig; underlig	*merkwürdig; sonderbar; seltsam*
kraftfull; livlig; vital	*lebenskräftig*
kritisk	*kritisch*
kuf, en	*Kauz, der*
kul; rolig	*amüsant; lustig*
kvick; vitsig	*witzig*
känslig	*empfindlich*
känslighet, en	*Empfindlichkeit, die*
känslolös; okänslig	*gefühllos*
kärleksfull; öm	*zärtlich*
(lång)tråkig	*langweilig*
lat; slö	*faul*
latmask, en	*Faulenzer, der*
ledsen	*traurig*
lidelse, en; passion, en	*Leidenschaft, die*
lidelsefull; passionerad	*leidenschaftlich*
likgiltig	*gleichgültig*
livlig; pigg	*lebhaft*
lojal	*loyal*
lojalitet, en	*Loyalität, die*
lugn; stillsam	*ruhig; still*
lustigkurre, en; skämtare, en	*Witzbold, der*
långsam	*langsam*
långsint	*nachtragend*
läggning, en; sinnelag, ett	*Gemüt, das*
lättja, en	*Faulheit, die*
lättretlig; retlig	*reizbar*
lättsinnig	*leichtsinnig*
lättstött; överkänslig	*überempfindlich*
lögnaktig	*lügnerisch*
lögnare, en; lögnhals, en	*Lügner, der*
medfödd	*angeboren*
melankoliker, en	*Melancholiker, der*
melankolisk	*melancholisch*
mild	*sanft*
misstrogen; misstänksam	*misstrauisch*
mod, ett	*Mut, der*
modig	*mutig*
motståndskraftig	*widerstandsfähig*
motvillig	*widerwillig*
nackdel, en	*Nachteil, der*
natur, en	*Natur, die*
naturlig	*natürlich*
nervositet, en	*Nervosität, die*
nervös	*nervös*
noga; noggrann; petig	*genau*
nyfiken	*neugierig*
nyfikenhet, en	*Neugier, die*
nåd, en	*Gnade, die*
nådig	*gnädig*
näbbig	*schnippisch*
näsvis	*naseweis*
obekymrad; sorglös	*unbekümmert*
obeslutsam; tveksam	*unentschlossen; unschlüssig*
odisciplinerad	*undiszipliniert*
oegennyttig; osjälvisk	*uneigennützig*
ohederlig; oärlig	*unehrlich; unredlich*
ohyfsad	*ungehobelt*
okritisk	*kritiklos*
okänslig	*unempfindlich*
olydig	*ungehorsam*
ombytlig	*flatterhaft*
onaturlig	*unnatürlich*
optimist, en	*Optimist, der*
optimistisk	*optimistisch*
opålitlig	*unzuverlässig*
orolig	*unruhig*
orädd	*furchtlos*

osocial	*unsozial*
osympatisk	*antipathisch*
osäker	*unsicher*
osällskaplig	*ungesellig*
otrevlig; osympatisk; ovänlig	*unangenehm*
otålig	*ungeduldig*
ovårdad; slarvig	*schlampig*
panikspridare, en	*Panikmacher, der*
person, en	*Person, die*
personlig	*persönlich*
personlighet, en	*Persönlichkeit, die*
pessimist, en	*Pessimist, der*
pessimistisk	*pessimistisch*
pragmatiker, en	*Pragmatiker, der*
pragmatisk	*pragmatisch*
pratmakare; skvallerbytta, en	*Schwätzer, der*
pratsam	*gesprächig*
principiell	*prinzipiell*
pålitlig	*zuverlässig*
saklig	*sachlich*
samvetsgrann	*gewissenhaft*
sangviniker, en	*Sanguiniker, der*
sangvinisk	*sanguinisch*
sannfärdig	*wahrhaftig*
sarkasm, en	*Sarkasmus, der*
sarkastisk	*sarkastisch*
seg	*zäh*
sentimental	*sentimental*
sinnad	*gesinnt*
sinnesförvirrad	*geistesgestört*
skicklig	*geschickt*
skoja; skämta	*scherzen*
skojare, en	*Schlauberger, der*
skojare, en; skämtare, en	*Spaßvogel, der*
skrytmåns, en	*Großtuer, der; Prahler, der*
skrytsam	*protzig*
skurk, en	*Schurke, der*
skvallerbytta, en	*Tratsche, die*
skvallerkärring, en	*Klatschweib, das*
skämt, ett	*Scherz, der*
skämtsam	*scherzhaft*
skön; snygg; vacker	*schön*
slösaktig	*verschwenderisch*
smak, en	*Geschmack, der*
småaktig	*kleinlich*
småaktighet, en	*Kleinlichkeit, die*
snobb, en	*Snob, der*
snygg; söt; vacker	*hübsch*
snåljåp, en	*Knauser, der*
sorglös	*sorgenfrei*
sparsam	*sparsam*
stel	*steif*
stolt	*stolz*
stolthet, en	*Stolz, der*
storsint	*großherzig*
stridbar	*streitbar*
svag	*schwach*
svaghet, en	*Schwäche, die*
sympatisk	*sympathisch*
sällskaplig	*gesellig*
taktfull	*taktvoll*
talangfull	*talentiert; talentvoll*
tankspridd	*geistesabwesend*
temperament, ett	*Temperament, das*
temperamentsfull	*temperamentvoll*
temperamentslös	*temperamentlos*
tillbakadragen	*zurückhaltend*
tjurskallig	*dickköpfig*
tolerant	*tolerant*
trevlig	*behaglich*
trofast; trogen	*treu*
tyst	*schweigend; stumm*
tålamod, ett	*Geduld, die*
tålmodig	*geduldig*
uppfinningsrik; påhittig	*erfinderisch*
uppföra (sig)	*(sich) benehmen*
uppmärksam	*aufmerksam*
uppriktig	*aufrichtig*
uppriktighet	*Aufrichtigkeit, die*
vana, en	*Gewohnheit, die*
varmblodig	*warmblütig*
vild	*wild*
våghals, en	*Draufgänger, der*
våldsam	*gewaltsam*
välvillig	*wohlwollend*
vänlig	*freundlich*
vänskaplig	*freundschaftlich*
värdig	*würdig*
ädel	*edel*
älskvärd	*liebenswürdig*
älskvärdhet, en	*Liebenswürdigkeit, die*
ärftlig	*erblich*
ärlig	*ehrlich*
ärlighet, en	*Ehrlichkeit, die*
ärva	*erben*
ömhet, en	*Zärtlichkeit, die*
öppen	*offen*
öppenhjärtig	*offenherzig*
över genomsnittet	*überdurchschnittlich*
överseende	*nachsichtig*

2.3. Känslor - Gefühle und Emotionen

agg, ett	*Groll, der*
aggressiv	*aggressiv*
aktning, en; respekt, en	*Achtung, die*
anförtro; betro	*betrauen*
angenäm; behaglig; trevlig	*angenehm*
anlag, ett; böjelse, en	*Neigung, die*
antipati, en	*Antipathie, die*
arg; ilsken	*zornig*
arg; ond	*böse*
aversion, en; motvilja, en	*Abneigung, die*
avguda	*vergöttern*
avkall, ett; avstående, ett	*Verzicht, der*
avund, en	*Neid, der*
avundas; missunna	*beneiden*
avundsjuk; svartsjuk	*neidisch; eifersüchtig*
avundsjuka, en; svartsjuka, en	*Eifersucht, die*
avundsvärd	*beneidenswert*
bedra; lura	*betrügen*
bedrägeri, ett	*Betrug, der*
bedröva; göra ... ledsen	*betrüben; traurig machen*
bedrövad; ledsen	*betrübt*
bedrövelse, en; sorg, en	*Betrübnis, die*
bedåra; förtrolla	*bezaubern*
bedårande; förtjusande; förtrollande	*bezaubernd*
begeistrad; entusiastisk; hänförd	*begeistert*
begråta; gråta över	*beweinen*
begär, ett; lust, en; vällust, en; åtrå, en	*Lust, die; Wollust, die; Begierde, die*
begär, ett; önskan, en	*Begehren, das*
begära	*begehren*
beklaga; ångra	*bedauern*
bekymmer, ett; problem, ett; sorg, en	*Sorge, die; Kummer, der*
bekymra sig; bry sig om; ängslas	*bekümmern; Kummer machen; (sich) Sorgen machen*
bekymrad; orolig; ängslig	*besorgt; beunruhigt*
belåten; nöjd; tillfreds	*zufrieden*
belåtenhet, en; tillfredsställelse, en	*Zufriedenheit, die*
besvarad; ömsesidig	*erwidert*
besvikelse, en	*Enttäuschung, die*
besviken	*enttäuscht*
besvära; genera	*belästigen*
beundra; dyrka	*bewundern*
beundran, en (för)	*Bewunderung, die (für)*
beundrare, en	*Bewunderer, der; Verehrer, der*
beundrarinna, en	*Bewunderin, die; Verehrerin, die*
bitterhet, en	*Bitterkeit, die*
bli arg på; bli irriterad (över), reta upp sig	*böse werden; (sich) ärgern*
bli förskräckt; bli skrämd	*(sich) erschrecken*
bråk, ett; gräl, ett	*Streit, der*
bråka; gräla	*streiten*
chock, en	*Schock, der*
chockera	*schockieren*
chockerad	*schockiert*
depression, en; nedstämdhet, en	*Depression, die*
deprimerad; nedstämd	*deprimiert*
diskussion, en	*Diskussion, die*
dröm, en	*Traum, der*
drömma (om)	*träumen (von)*
dyrka; tillbe	*anbeten*
dyrkan, en; tillbedjan, en	*Anbetung, die*
elak; ondskefull	*boshaft*
elakhet, en; ondska, en	*Bosheit, die*
ensam	*einsam*
ensamhet, en	*Einsamkeit, die*
entusiasm, en; hänryckning, en	*Begeisterung, die*
entusiasmera; hänföra; hänrycka	*begeistern*
erfara; uppleva	*erfahren*
fara, en	*Gefahr, die*
farlig	*gefährlich*
fascinera	*faszinieren*
fascinerande	*faszinierend*
fiendskap, en; ovänskap, en	*Feindschaft, die*
flickvän, en; väninna, en	*Freundin, die*
flört, en	*Flirt, der*
flörta	*flirten*
frukta; vara rädd	*fürchten*
frukta; vara rädd; befara	*befürchten*

fruktan, en; rädsla, en	*Furcht, die*
få ... att skämmas	*beschämen*
fästman, en	*Verlobter, der*
fästmö, en	*Verlobte, die*
förakt, ett	*Verachtung, die*
förakta	*verachten*
förarga; irritera	*ärgern*
förbannad; rasande; ursinnig	*wütend*
förbluffa; göra ... häpen	*verblüffen*
förbluffad; häpen	*verblüfft*
förfärad; skräckslagen; vettskrämd	*entsetzt*
förföra	*verführen*
förhållande, ett; relation, en	*Liebesverhältnis, das*
förkärlek, en	*Vorliebe, die*
förlova (sig)	*(sich) verloben*
förlust, en	*Verlust, der*
förlägen; generad	*verlegen*
förlägenhet, en	*Verlegenheit, die*
förolämpa; kränka	*beleidigen; kränken*
förolämpad; kränkt	*beleidigt*
förolämpning, en; kränkning, en	*Beleidigung, die*
förskräckt	*erschrocken*
förtvivla	*verzweifeln*
förtvivlan, en	*Verzweiflung, die*
förundra; förvåna	*verwundern*
förvåna; överraska	*erstaunen*
förvånad; häpen	*erstaunt*
förvåning, en; häpnad, en	*Erstaunen, das*
förälska (sig)	*(sich) verlieben*
förälskad	*verliebt*
gifta (sig)	*(sich) verheiraten*
gilla; tycka om	*lieb haben; mögen*
▪ ogilla; tycka illa om	*nicht mögen*
girig; lysten	*begehrlich*
glad; munter; pigg	*froh; munter*
glädja (sig); vara glad	*(sich) freuen*
▪ mycket nöje!	*Viel Vergnügen!*
glädje, en; munterhet, en	*Fröhlichkeit, die*
glädje, en; nöje, ett	*Freude, die; Vergnügen, das*
grina; gråta	*heulen*
gripa; röra	*bewegen*
gripen; rörd	*bewegt*
gråt, en	*Weinen, das*
gråta	*weinen*
gå ... på nerverna	*(jemanden) nerven*
gå på nerverna; göra nervös	*nerven*
göra ... besviken	*enttäuschen*
göra ... modfälld	*entmutigen*
göra ... nedstämd; trycka ned	*niederdrücken*
göra ... uppskakad	*erschüttern*
göra förbannad	*(in) Wut/Zorn bringen*
hat, ett	*Hass, der*
hata	*hassen*
hetsa upp sig; jaga upp sig	*(sich) aufregen*
hopp, ett	*Hoffnung, die*
hopplös	*hoffnungslos*
hot, ett; hotelse, en	*Drohung, die*
hota (med)	*drohen (mit)*
hotad	*bedroht*
humor, en	*Humor, der*
humör, ett	*Laune, die*
humör, ett; sinnesstämning, en	*Stimmung, die*
hyllning, en; uppvaktning, en	*Huldigung, die*
hämnas	*(sich) rächen*
hämnd, en	*Rache, die*
▪ hämnden är ljuv	*Rache ist süß*
härlig	*herrlich*
härlig; underbar; vacker	*wunderbar; wunderschön*
högaktning, en	*Hochachtung, die*
ignorera	*ignorieren*
ilska, en; raseri, ett; vrede, en	*Wut, die; Zorn, der*
intryck, ett	*Eindruck, der*
irritation, en	*Irritation, die*
irritera	*irritieren*
irriterad; retad	*verärgert*
irriterad; uppretad	*gereizt*
ivrig; villig	*willig*
kille, en; pojke, en	*Junge, der*
kyss, en	*Kuss, der*
känna	*fühlen*
känsla, en	*Gefühl, das*
känslig; ömtålig	*empfindlich*
känslosam	*gefühlvoll*
kärlek, en	*Liebe, die*
kärleksfull	*liebend*
kärleksfull; öm(sint)	*liebevoll; zärtlich*
le	*lächeln*
ledsen	*traurig*
leende, ett	*Lächeln, das*

lida	*leiden*
lidande, ett	*Leiden, das*
lidelse, en; passion, en	*Leidenschaft, die*
likgiltig	*gleichgültig*
likgiltighet, en	*Gleichgültigkeit, die*
lindring, en; lättnad, en	*Erleichterung, die*
lita på; ha förtroende för	*(sich) verlassen auf; vertrauen*
lugn	*ruhig*
lugn, ett; ro, en	*Stille, die*
lugna	*beruhigen*
lycka, en	*Glück, das*
lycklig	*glücklich*
långtråkighet, en	*Langeweile, die*
längtan, en	*Sehnsucht, die*
medkänsla, en	*Mitgefühl, das*
medlidande, ett	*Mitleid, das*
▪ ha medlidande med	*Mitleid haben mit*
missbelåten; missnöjd; otillfredsställd	*unzufrieden*
missnöje, ett; otillfredsställelse, en	*Unzufriedenheit, die*
misstro, en; misstänksamhet, en	*Misstrauen, das*
misstänka; misstro	*misstrauen*
mod, ett	*Mut, der*
modig	*mutig*
modlös; nedslagen	*entmutigt*
munterhet, en	*Munterkeit, die*
muntra upp; göra ... glad	*fröhlich machen*
muntra upp; roa; undehålla	*amüsieren*
nedslagen; nedstämd	*niedergeschlagen*
nedslående	*entmutigend*
nervös	*nervös*
nonchalera; ringakta	*gering schätzen*
nöd, en	*Not, die*
olycka, en; otur, en	*Unglück, das*
olycklig; oturlig	*unglücklich*
ordna; sköta om	*besorgen*
oro, en	*Beunruhigung, die*
oroa	*beunruhigen*
orolig	*unruhig*
otrogen	*untreu*
otrohet, en	*Untreue, die*
otålig	*ungeduldig*
▪ bli otålig	*ungeduldig werden*
otålighet, en	*Ungeduld, die*
plåga	*plagen; quälen*
pojkvän, en; vän, en	*Freund, der*
polemik, en	*Polemik, die*
roa	*vergnügen*
rodna	*erröten; rot werden*
rolig; lustig	*lustig*
romantisk	*romantisch*
rädsla, en; ångest, en	*Angst, die*
röra	*rühren*
rörd	*gerührt*
sakna	*vermissen*
samlag, ett	*Beischlaf, der*
samvetskval, ett	*Gewissensbisse pl*
sentimental	*sentimental*
skaka	*erschüttern*
skakad	*erschüttert*
skam, en	*Scham, die; Schande, die*
skamsen	*beschämt*
skratt, ett	*Lachen, das*
skratta	*lachen*
skämmas	*(sich) schämen*
sliten; utmattad	*erschöpft*
snyfta	*schluchzen*
snyftning, en	*Schluchzen, das*
sorg, en	*Trauer, die*
spänning, en	*Spannung, die*
stolt	*stolz*
stolthet, en	*Stolz, der*
suck, en	*Seufzer, der*
sucka	*seufzen*
svaghet, en	*Schwäche, die*
svårmod, ett; tungsinne, ett	*Schwermut, die*
säker; trygg	*sicher*
säkerhet, en; trygghet, en	*Sicherheit, die*
sömnig; trött	*schläfrig*
sörja	*trauern (um)*
tacksam	*dankbar*
tacksamhet, en	*Dankbarkeit, die*
tillfredsställa	*zufrieden stellen*
tolerera; tåla	*dulden*
tro	*glauben*
trofast; trogen	*treu*
trofasthet, en; trohet, en	*Treue, die*
trött	*müde*
trötta ut	*ermüden*
tungsinthet, en; vemod, ett	*Traurigkeit, die*
tålamod, ett	*Geduld, die*
tålmodig	*geduldig*
underlätta	*erleichtern*

uppbragd; upprörd	*aufgebracht*
upphetsad; uppjagad; upprörd	*aufgeregt*
upphetsad; upprörd	*erregt*
upphetsning, en	*Aufregung, die*
uppleva	*erleben*
upplevelse, en	*Erlebnis, das*
uthärda; utstå	*ausstehen*
▪ inte kunna stå ut	*nicht ausstehen können*
uttråkad	*gelangweilt*
vara arg	*böse sein*
vara galen i	*verrückt sein nach*
vara otålig	*ungeduldig sein*
vara uttråkad	*(sich) langweilen*
vinna tillbaka; återvinna	*wiedergewinnen*
vällustig	*wollüstig*
välvilja, en	*Wohlwollen, das*
välvillig	*wohlwollend*
vänskap, en	*Freundschaft, die*
ångra (sig)	*bereuen*
älska	*lieben*
älskare, en	*Geliebte, der*
älskarinna, en	*Geliebte, die*
älskling, en	*Liebste, der; Liebste, die*
överraskning, en	*Verblüffung, die*

2.4. Utseende - Aussehen

adamsäpple, ett	*Adamsapfel, der*
anletsdrag, ett; ansiktsdrag, ett	*Gesichtszüge pl*
ansikte, ett	*Gesicht, das*
atlet, en	*Athlet, der*
atletisk	*athletisch*
attraktiv	*attraktiv*
avmagrad	*abgemagert*
bastant; kraftig	*gedrungen; stämmig*
behag, ett; charm, en	*Anmut, die; Reiz, der*
benig	*knochig*
blek	*blass*
blick, en	*Blick, der*
blond	*blond*
blondin, en	*Blondine, die*
bred; stor	*breit*
bredaxlad	*breitschultrig*
brunett, en	*Brünette, die*
buskig; yvig	*buschig*
böjd; krokig	*krumm*
egenskap, en	*Eigenschaft, die*
egga upp; locka	*reizen*
eggande; utmanande	*reizend*
elegant; stilig	*elegant; schick*
energi, en; kraft, en	*Lebenskraft, die*
energisk; kraftfull; levande	*energisch; lebenskräftig*
fet; tjock	*dick*
fetma, en	*Fettleibigkeit, die*
figur, en; hållning, en	*Gestalt, die; Figur, die*
finne, en; kvissla, en	*Blatter, die; Pickel, der*
flina; grina; hånflina	*fletschen*
(flint)skallig	*kahl*
fläta, en	*Zopf, der*
framträdande; utstående	*vorstehend*
frisk; kry; sund	*gesund*
frisyr, en	*Haarschnitt, der*
frånstötande; motbjudande	*abstoßend*
fräknar pl	*Sommersprosse pl*
fräknig	*sommersprossig*
ful	*hässlich*
födelsemärke, ett	*Muttermal, das*
förändra (sig)	*(sich) verändern*
gammal	*alt*
grimas, en	*Grimasse, die*
gråhårig	*grauhaarig*
gå upp (i vikt); lägga på sig	*zunehmen*
haka, en	*Kinn, das*
halta	*hinken*
hudfärg, en	*Hautfarbe, die*
hudfärg, en	*Teint, der*
huvud, ett	*Kopf, der*
hår, ett	*Haar, das*
hårslinga, en; hårtott, en	*Haarsträhne, die; Büschel, der; Strähne, die*
hästsvans, en	*Pferdeschwanz, der*
ideal, ett	*Ideal, das*
ideal-, idealisk	*ideal*
jätteliten; pytteliten	*winzig*
jättelång; jättestor	*riesig*
kalufs, en	*Haarschopf, der*
kind, en	*Backe, die; Wange, die*
knubbig; korpulent	*dicklich; füllig*
knubbig; mullig	*bauchig; bäuchig; molig*
knubbig; rund	*rund*
korpulent	*korpulent*
kort	*kurz*
kraftig; stark	*kräftig*
kroppsbyggnad, en	*Körperbau, der*

le *lächeln*
leende, ett *Lächeln, das*
liten *niedrig; klein*
livlig *lebhaft*
lock, en *Locke, die*
lugg, en *Stirnlöckchen pl*
lång *lang*
lång; stor *groß*
långbent *langbeinig*
längd, en; storlek, en *Größe, die*
manér, ett; ovana, en *Tick, der*
mittbena, en; sidbena, en *Haarscheitel, der*
mjäll, ett *Schuppen, die*
muskulös *muskulös*
mustasch, en *Schnurrbart, der*
oval *oval*
ovårdad; sjaskig *schlampig*
panna, en *Stirn, die*
permanent, en *Dauerwelle, die*
polisong, en *Koteletten pl*
provocerande; utmanande *provozierend*
prydlig; vårdad *sauber; rein; adrett*
puckel, en *Buckel, der*
rodna *erröten; rot werden*
rufsig *zerzaust*
rynka *zusammenziehen*
rynka, en *Falte, die*
rynkig *faltig*
rödhårig *rothaarig*
se ut *aussehen*
se; titta *blicken; sehen*
sensuell; sinnlig *sinnlich*
silhuett, en *Silhouette, die*
sjaskig person, en; slusk, en *Schlamp, der; Schlamper, der*
(flint)skallig *kahl*
skallighet, en *Kahlheit, die*
skelning, en; vindögdhet, en *Schielen, das*
skelögd; vindögd *schielend*
skägg, ett *Bart, der*
skäggväxt, en *Bartwuchs, der*
skönhet, en *Schönheit, die*
slank; smal *schlank*
- bli smal; gå ner i vikt *schlank werden*
smakfull; stilig *stilvoll*
smal *schmal*
smink, ett *Schminke, die*
- sminka sig *sich schminken*
sned *schief*
snygg *gut aussehend*
snygg; söt; vacker *hübsch*
solbränd *sonnengebräunt*
solbränna, en *Sonnenbräune, die*
spetsig *spitz*
stark *stark*
stil, en *Stil, der*
svag *schwach*
syn, en; synförmåga, en *Sehkraft, die*
tatuering, en *Tätowierung, die*
tilldragande *anziehend*
trång *eng*
tung *schwer*
tunn *dünn*
ung *jung*
ungdomlig *jugendlich*
utseende, ett *Aussehen, das; Erscheinung, die*
utstående *abstehend*
vacker *schön*
vikt, en *Gewicht, das*
vital *vital*
vitalitet, en *Vitalität, die*
vårda; sköta om *pflegen*
vårdad *gepflegt*
väga *wiegen*
välbyggd; välformad *wohlgeformt*
välformad; välskapad *wohlgestaltet*
välvårdad *wohlgepflegt*
yttre, ett *Äußere, das*
ålder, en *Alter, das*
ärr, ett *Narbe, die*
öga, ett *Auge, das*
ögonbryn, ett *Augenbraue, die*
ögonfrans, en *Augenwimper, die*

2.5. Kroppen och kroppsdelar Körper und Organe

anatomi, en *Anatomie, die*
anatomisk *anatomisch*
andas *atmen*
andetag, ett; andning, en *Atem, der; Atmen, das*
andningssystem, ett *Atemapparat, der*
ankel, en *Fußknöchel, der*
ansikte, ett *Gesicht, das*
anus, en *Anus, der*
aorta, en *Aorta, die*
arm, en *Arm, der*

armbåge, en	*Ell(en)bogen, der*
armbågsben, ett	*Ulna, die*
armbågsled, en	*Ellbogengelenk, das*
armhåla, en	*Achselhöhle, die*
artär, en	*Arterie, die; Pulsader, die*
avföring, en; exkrement, ett	*Exkrement, das*
avsöndra; utsöndra	*absondern*
avsöndring, en; utsöndring, en	*Ausscheidung, die*
axel, en; skuldra, en	*Achsel, die; Schulter, die*
axelled, en	*Schultergelenk, das*
barn, ett	*Kind, das*
ben, ett	*Bein, das*
ben, ett	*Knochen, der*
benig	*knochig*
benmärg, en	*Knochenmark, das*
beröra; vidröra	*berühren*
beröring, en	*Berührung, die*
bihåla, en	*Nasennebenhöhle, die*
bindväv, en	*Bindegewebe, das*
bita	*beißen*
blind fläck, en	*Blinder Fleck, der*
blindtarm, en	*Blinddarm, der*
blod, ett	*Blut, das*
blodkropp, en	*Blutkörperchen, das*
▪ röd blodkropp, en	*rote Blutkörperchen, das*
▪ vit blodkropp, en	*weiße Blutkörperchen, das*
blodomlopp, ett	*Blutkreislauf, der*
blodplasma, en	*Blutplasma, das*
blodtryck, ett	*Blutdruck, der*
blåsa, en; urinblåsa, en	*Blase, die*
bronk, en; luftrör, ett	*Bronchie, die*
bröst, ett	*Brust, die*
bröstben, ett	*Brustbein, das*
bröstkorg, en	*Brustkorb, der*
buk, en; mage, en	*Bauch, der*
bukhåla, en	*Bauchhöhle, die*
bukspottkörtel, en	*Bauchspeicheldrüse, die*
bäcken, ett	*Becken, das*
cell, en	*Zelle, die*
drift, en; instinkt, en	*Trieb, der*
fett, ett	*Fett, das*
fettvävnad, en	*Fettgewebe, das*
finger, ett	*Finger, der*
fortplanta (sig)	*fortpflanzen (sich)*
fortplantning, en	*Fortpflanzung, die*
fot, en	*Fuß, der*
framtand, en	*Vorderzahn, der*
förhud, en	*Vorhaut, die*
förlängda märgen	*Verlängerte Rückenmark, das*
förmak, ett	*Vorhof, der*
föröka (sig)	*vermehren (sich)*
gallblåsa, en	*Gallenblase, die*
genitalier pl; könsorgan, ett	*Genitalien pl; Geschlechtsteile pl*
gom, en	*Gaumen, der*
gomben, ett	*Gaumenbein, das*
haka, en	*Kinn, das*
hals, en	*Hals, der*
halskota, en	*Halswirbel, der*
hand, en	*Hand, die*
handflata, en	*Handfläche, die*
handled, en	*Handgelenk, das*
handlovsben, ett	*Handwurzelknochen, der*
hemoglobin, ett	*Blutfarbstoff, der; Hämoglobin, das*
hjärna, en	*Gehirn, das; Hirn, das*
hjärnbalk, en	*Balken, der*
hjärnbark, en	*Großhirnrinde, die*
hjärnbrygga, en	*Pons, der*
hjärta, ett	*Herz, das*
hjärtkammare, en	*Herzkammer, die*
hjässben, ett	*Scheitelbein, das*
hormon, ett	*Hormon, das*
hornhinna, en	*Hornhaut, die*
hud, en	*Haut, die*
huvud, ett	*Kopf, der*
hypofys, en	*Hypophyse, die*
hår, ett	*Haar, das*
häl, en	*Ferse, die*
höft, en	*Hüfte, die*
höftled, en	*Hüftgelenk, das*
höra	*hören*
hörsel, en	*Gehör, das*
hörselgång, en	*Gehörgang, der*
hörselnerv, en	*Gehörnerv, der*
immun	*immun*
immunitet, en	*Immunität, die*
instinkt, en	*Instinkt, der*
iris, en; regnbågshinna, en	*Iris, die; Regenbogenhaut, die*
kilben, ett	*Keilbein, das*
kind, en	*Backe, die; Wange, die*
kind, en	*Wange, die; Backe, die*
kindben, ett	*Jochbein, das*

klitoris, en	*Kitzler, der; Klitoris, die*
knoge, en	*Knöchelchen, das*
knä, ett	*Knie, das*
knäled, en	*Kniegelenk, das*
knäskål, en	*Kniescheibe, die*
kranium, ett; skalle, en	*Schädel, der*
kropp, en	*Körper, der*
kroppslig	*körperlich*
kvinnlig	*weiblich*
käke, en	*Kiefer, der*
kön, ett	*Geschlecht, das*
körtel, en	*Drüse, die*
labyrint, en	*Labyrinth, das*
led, en	*Gelenk, das*
ledkapsel, en	*Gelenkkapsel, das*
lem, en	*Glied, das*
leukocyt, en; vit blodkropp, en	*Leukozyt, der*
lever, en	*Leber, die*
lillhjärna, en	*Kleinhirn, das*
lins, en	*Linse, die*
livmoder, en	*Gebärmutter, die*
livmoderhals, en	*Gebärmutterhals, der*
luftstrupe, ett	*Luftröhre, die*
lukt, en	*Geruch, der*
lunga, en	*Lunge, die*
lymfa, en	*Lymphe, die*
lymfatisk	*lymphatisch*
lymfocyt, en	*Lymphozyt, der*
lår, ett	*Oberschenkel, der*
läderhud, en	*Lederhaut, die*
läpp, en	*Lippe, die*
mager	*mager; dünn*
(hals)mandel, en; tonsill, en	*Mandel, die*
manlig	*männlich*
matsmältningssystem, ett	*Verdauungsapparat, der; Verdauungstrakt, der*
matstrupe, en	*Speiseröhre, die*
mellangärde, ett	*Zwerchfell, das*
mellanöra, ett	*Mittelohr, das*
mjälte, en	*Milz, die*
mjölktand, en	*Milchzahn, der*
mun, en	*Mund, der*
munhåla, en	*Mundhöhle, die*
muskel, en	*Muskel, der*
muskelvävnad, en	*Muskelgewebe, das*
muskulatur, en	*Muskulatur, die*
människa, en	*Mensch, der*
människans anatomi, en	*Anatomie des Menschen, die*
mänsklig	*menschlich*
nackben, ett	*Hinterhauptbein, das*
nagel, en	*Nagel, der*
navel, en	*Nabel, der*
navelsträng, en	*Nabelschnur, die*
nerv, en	*Nerv, der*
nervsystem, ett	*Nervensystem, das*
nervvävnad, en	*Nervengewebe, das*
njure, en	*Niere, die*
nyckelben, ett	*Schlüsselbein, das*
nyfödd, en; nyfött barn, ett	*Neugeborene, das*
näsa, en	*Nase, die*
näsben, ett	*Nasenbein, das*
näsborre, en	*Nasenloch, das*
näshåla, en	*Nasenhöhle, die*
näsmussla, en	*Nasenmuschel, die*
nässkiljevägg, en; plogben, ett	*Pflugscharbein, das*
näthinna, en	*Netzhaut, die*
näve, en	*Faust, die*
ollon, ett	*Eichel, die*
organ, ett	*Organ, das*
organism, en	*Organismus, der*
panna, en	*Stirn, die*
pannben, ett	*Stirnbein, das*
penis, en	*Penis, der*
protein, ett; äggviteämne, ett	*Eiweiß, das; Eiweißstoff, der*
puls, en	*Puls, der*
pulsåder, en; artär, en	*Pulsader, die; Arterie, die*
pung, en	*Hodensack, der*
rygg, en	*Rücken, der*
ryggmärg, en	*Rückenmark, das*
ryggrad, en	*Wirbelsäule, die*
saliv, en; spott, ett	*Speichel, der*
sena, en	*Sehne, die*
silben, ett	*Siebbein, das*
skelett, ett	*Skelett, das*
skenben, ett; smalben, ett	*Schienbein, das*
skinka, en	*Hinterbacke, die*
skulderblad, ett	*Schulterblatt, das*
sköldkörtel, en	*Schilddrüse, die*
sköte, ett	*Schoß, der*
slida, en; vagina, en	*Scheide, die*
smak, en	*Geschmack, der*
smaka	*schmecken*
spädbarn, ett	*Säugling, der*
stimulus, ett	*Reiz, der*
storhjärna, en	*Telencephalon, das*

struphuvud, ett	*Kehlkopf, der*
struplock, ett	*Kehldeckel, der*
strålben, ett	*Radius, der*
städ, ett	*Amboss, der*
stämband, ett	*Stimmband, das*
svansben, ett	*Steißbein, das*
svett, en	*Schweiß, der*
syn, en; synförmåga, en	*Sehkraft, die*
system, ett	*System, das*
sädesledare, en	*Samenleiter, der*
ta bort -	*Kopfbein, das*
tand, en	*Zahn, der*
▪ framtand, en	*Schneidezahn, der*
▪ hörntand, en	*Eckzahn, der*
▪ kindtand, en; oxeltand, en	*Backenzahn, der*
tandkött, ett	*Zahnfleisch, das*
tarm, en	*Darm, der*
tarmben, ett	*Darmbein, das*
testikel, en	*Hoden, der*
tinning, en	*Schläfe, die*
tinningben, ett	*Schläfenbein, das*
tjock	*dick*
tjocktarm, en	*Dickdarm, der*
trombocyt, en	*Thrombozyt, der*
trumhinna, en	*Trommelfell, das*
tumme, en	*Daumen, der*
tunga, en	*Zunge, die*
tungben, ett	*Zungenbein, das*
tunntarm, en	*Dünndarm, der*
tå, en	*Zeh, der*
tårben, ett	*Tränenbein, das*
underben, ett	*Unterschenkel, der*
underkäke, en	*Unterkiefer, der*
urin, en	*Harn, der; Urin, der*
urinblåsa, en	*Harnblase, die*
urinledare, en	*Harnleiter, der*
urinrör, ett	*Harnröhre, die*
utsöndring, en	*Absonderung, die*
vad, en	*Wade, die*
vadben, ett	*Wadenbein, das*
vagina, en	*Vagina, die*
visdomstand, en	*Weisheitszahn, der*
vit blodkropp, en
vrist, en	*Sprunggelenk, das*
vrist, en	*Tarsus, der*
vulva, en	*Vulva, die*
vävnad, en	*Gewebe, das*
växa	*wachsen*
ytteröra, ett	*Ohrmuschel, die*
äggcell, en	*Eizelle, die*
äggledare, en	*Eileiter, der*
äggstock, en	*Eierstock, der*
ändtarm, en	*Mastdarm, der; Rektum, das*
öga, ett	*Auge, das*
ögonbryn, ett	*Augenbraue, die*
ögonfrans, en	*Augenwimper, die*
ögonglob, en	*Augapfel, der*
ögonlock, ett	*Augenlid, das; Lid, das*
öra, ett	*Ohr, das*
örontrumpet, en	*Ohrtrompete, die*
örsnibb, en	*Ohrläppchen, der*
överarmsben, ett	*Oberarmbein, das*
överkäke, en	*Oberkiefer, der*
överkäksben, ett	*Maxilla, die; Oberkieferbein, das*
överkäksben, ett	*Oberkieferbein, das; Maxilla, die*

2.6. Sjukdom och hälsa Krankheit und Gesundheit

abort, en	*Abtreibung, die*
AIDS, en; aids, en	*Aids, das*
akupunktur, en	*Akupunktur, die*
akut-p-piller, ett	*Notfallverhütung, die*
alkoholism, en	*Alkoholismus, der*
alkoholist, en	*Alkoholiker, der*
allergi, en	*Allergie, die*
allergiker, en	*Allergiker, der*
allergisk (mot)	*allergisch (gegen)*
allergolog, en	*Allergologe, der*
ambulans, en; utryckningsfordon, ett	*Rettungswagen, der*
amputation, en	*Amputation, die*
amputera	*amputieren*
andas	*atmen*
andas in	*einatmen*
andas ut	*ausatmen*
andning, en	*Atem, der*
anemi, en; blodbrist, en	*Anämie, die*
anestesi, en	*Anästhesie, die*
anfall, ett	*Anfall, der*
anorexia, en	*Anorexie, die; Magersucht, die*
antibiotikum, ett	*Antibiotikum, das*
antihistamin, ett	*Antihistaminikum, das*
apotek, ett	*Apotheke, die*
apotekare, en	*Apotheker, der*
aspirin, en	*Aspirin, das*

assistent, en	*Assistent, der*
astma, en	*Asthma, das*
astmatiker, en	*Asthmatiker, der*
astmatisk	*asthmatisch*
auskultation, en	*Abhorchen, das*
auskultera; lyssna (på)	*abhorchen*
autism, en	*Autismus, der*
avföring, en	*Abführung, die*
avsvimmad; medvetslös	*ohnmächtig*
avvänjning, en	*Entzug, der*
▪ gå på avvänjning	*auf Entzug sein*
bacill, en	*Bazillus, der*
bakterie, en	*Bakterie, die*
bakteriell	*bakteriell*
bandage, ett; förband, ett	*Bandage, die*
barnmorska, en	*Hebamme, die*
bedöva	*betäuben*
bedövning, en; narkos, en	*Betäubung, die*
bedövningsmedel, ett	*Betäubungsmittel, das*
behandling, en	*Behandlung, die*
benbrott, ett; fraktur, en	*Knochenbruch, der*
besvär, ett; åkomma, en	*Beschwerde, die*
bett, ett; stick, ett; sting, ett	*Stich, der*
biverkning, en	*Nebenwirkung, die*
blekna	*blass werden; erblassen*
bli blind	*erblinden*
bli sjuk	*krank werden*
blind	*blind*
blindhet, en	*Blindheit, die*
blod, ett	*Blut, das*
blodig	*blutig*
blåmärke, ett	*blauer Fleck*
blöda	*bluten*
blödarsjuka, en	*Hämophilie, die*
blödning, en	*Blutung, die*
bota; läka	*heilen*
botad; läkt	*geheilt*
breda ut (sig); sprida (sig)	*(sich) ausbreiten; (sich) verbreiten*
bronkit, en	*Bronchitis, die*
brott, ett; fraktur, en	*Fraktur, die*
bruten	*gebrochen*
bryta ihop; kollapsa	*zusammenbrechen*
bränna	*verbrennen*
▪ bränna sig	*sich verbrennen*
brännskada, en; brännsår, ett	*Verbrennung, die; Brandwunde, die*
bulimi, en	*Bulimie, die*
bår, en	*Tragbahre, die; Trage, die*
bärare, en	*Träger, der*
(var)böld, en; sår, ett	*Geschwür, das*
▪ magsår, ett	*Magengeschwür, das*
cancer, en	*Krebs, der*
cancerframkallande; carcinogen	*karzinogen*
dental-; tandläkar-	*zahnärztlich*
dermatolog, en; hudläkare, en	*Dermatologe, der*
dermatologi, en	*Dermatologie, die*
desinfektion, en	*Desinfektion, die*
desinficera	*desinfizieren*
diabetes, en	*Diabetes, der*
diabetes, en; sockersjuka, en	*Zuckerkrankheit, die*
diabetiker, en	*Diabetiker, der*
diagnos, en	*Diagnose, die*
diagnostisera	*diagnostizieren*
diagnostisk	*diagnostisch*
dialys, en	*Dialyse, die*
dialysera	*dialysieren*
diarré, en	*Durchfall, der*
diet, en	*Diät, die*
dietetisk; dietär	*diätetisch*
dietik, en	*Diätetik, die*
difteri, en	*Diphtherie, die*
doktor, en; läkare, en	*Arzt, der; Doktor, der*
dos, en	*Dosis, die*
dosera	*dozieren*
dragé, en	*Dragee, das; Dragée, das*
dropp, ett; infusion, en	*Infusion, die*
droppar pl	*Tropfen pl*
dö	*sterben*
död, en	*Tod, der*
dödlig	*tödlich*
döv	*taub*
dövhet, en	*Taubheit, die*
epidemi, en	*Seuche, die; Epidemie, die*
epilepsi, en	*Epilepsie, die*
farmaceut, en	*Pharmazeut, der; Pharmazeutin, die*
farmaci, en	*Pharmazie, die*
feber, en	*Fieber, das*
feberaktig; febril	*fieberhaft*
febrig	*fiebernd*

fetma, en	*Fettleibigkeit, die*
finne, en; kvissla, en	*Pickel, der*
fotsvamp, en	*Fußpilz, der*
frisk; hälsosam; kry	*gesund*
funktionshinder, ett; handikapp, ett	*Behinderung, die*
funktionshindrad; handikappad	*behindert*
fylla; plombera	*füllen*
föda	*gebären*
födelse, en	*Geburt, die*
förbinda; lägga bandage	*bandagieren; verbinden*
förbättring, en	*Besserung, die; Verbesserung, die*
▪ bli bättre; vara på bättringsvägen	*sich verbessern*
förebyggande	*vorbeugend*
förgiftning, en	*Vergiftung, die*
förhöjt blodtryck, ett; hypertoni, en	*erhöhter Blutdruck*
förkylning, en	*Erkältung, die*
▪ bli förkyld; förkyla sig	*sich erkälten*
förlamning, en; pares, en	*Lähmung, die*
förlora medvetandet; svimma	*ohnmächtig werden*
första hjälpen-låda, en	*Verbandskasten, der*
försvaga	*schwächen*
försämring, en	*Verschlimmerung, die*
▪ bli sämre; försämras	*sich verschlimmern*
geriatri(k), en	*Geriatrie, die*
geriatriker, en	*Geriater, der*
geriatrisk	*geriatrisch*
gips, ett	*Gips, der*
gipsbandage, ett; gipsförband, ett	*Gipsverband, der*
glaukom, en; grön starr, en	*Glaukom, das*
gnida	*reiben*
grå starr, en	*Katarakt, der*
gulsot, en	*Gelbsucht, die*
gynekolog, en	*Frauenarzt, der; Gynäkologe, der*
gynekologi, en	*Gynäkologie, die*
gynekologisk	*gynäkologisch*
göra ont	*weh tun*
halsbränna, en	*Sodbrennen, das*
halsfluss, en	*Angina, die; Tonsillitis, die*
halsmandel, en; tonsill, en	*Mandel, die*

hematom, en	*Hämatom, das*
hicka, en	*Schluckauf, der*
HIV, en	*HIV, das*
hjärnhinneinflammation, en	*Meningitis, die*
hjärtinfarkt, en	*Herzinfarkt, der*
hospis, ett	*Hospiz, das*
hosta	*husten*
hosta, en	*Husten, der*
hypokondri, en	*Hypochondrie, die*
hypokondriker, en	*Hypochonder, der*
häftig; stark	*heftig*
hälsa, en	*Gesundheit, die*
hälsotillstånd, ett	*Befinden, das; Verfassung, die*
höra dåligt; vara lomhörd	*nicht gut hören*
hösnuva, en	*Heuschnupfen, der*
illamående, ett	*Übelkeit, die*
immun	*immun*
immunisera; vaccinera (mot)	*immunisieren (gegen)*
immunitet, en	*Immunität, die*
infarkt, en	*Infarkt, der*
▪ hjärtinfarkt, en	*Herzinfarkt, der*
infektera; smitta	*infizieren*
infekterad; smittad	*angesteckt; infiziert*
infektion, en; infektionssjukdom, en	*Infektionskrankheit, die*
infektions-; infektiös; smittsam	*infektiös*
inflammation, en	*Entzündung, die*
▪ halsfluss, en	*Mandelentzündung, die*
▪ lunginflammation, en	*Lungenentzündung, die*
▪ strupkatarr, en	*Halsentzündung, die*
influensa, en	*Grippe, die*
(kirurgiskt) ingrepp, ett; operation, en	*Eingriff, der*
inhalation, en	*Inhalation, die*
inhalator, en	*Inhalator, der*
inhalera	*inhalieren*
injektion, en; spruta, en	*Injektion, die*
inre blödning, en	*innere Blutung, die*
invalid, en	*Invalide, der*
invaliditet, en	*Invalidität, die*
irritera	*reizen*
irriterad	*gereizt*
jour, en	*Dienst, der*
kapsel, en	*Kapsel, die*
kardiolog, en	*Kardiologe, der*
kardiologi, en	*Kardiologie, die*

kasta upp; kräkas; spy	*(sich) erbrechen; (sich) übergeben*
kikhosta, en	*Keuchhusten, der*
kirurg, en	*Chirurg, der*
kirurgi, en	*Chirurgie, die*
kirurgisk	*chirurgisch*
klia	*jucken*
klinik, en	*Klinik, die*
klinisk	*klinisch*
klåda, en	*Jucken, das*
kolera, en	*Cholera, die*
kollaps, en	*Kollaps, der*
koma, en	*Koma, das*
komplikation, en	*Komplikation, die*
kondition, en; tillstånd, ett	*Verfassung, die; Befinden, das*
konsultation, en; rådgivning, en	*Beratung, die*
konvalecens, en	*Rekonvaleszenz, die*
kris, en	*Krise, die*
kronisk	*chronisch*
krycka, en	*Krücke, die*
krympling, en	*Krüppel, der*
kräkning, en; uppkastning, en	*Erbrechen, das*
kur, en	*Kur, die*
kurera	*kurieren*
lab, ett; laboratorium, ett	*Labor, das; Laboratorium, das*
laborant, en	*Laborant, der; Laborantin, die*
lemlästa; stympa	*verstümmeln*
leukemi, en	*Leukämie, die*
lida (av)	*leiden (an)*
lindra	*lindern*
lindring, en	*Linderung, die*
lomhörd	*schwerhörig*
lunginflammation, en	
lyssna (på)	*abhören*
lägga in på sjukhus	*hospitalisieren*
läkemedel, ett	*Arzneimittel, das; Medikament, das*
magknip, en	*Bauchkneifen, das*
mag-tarmkatarr, en; magsjuka, en	*Magen-Darm-Grippe, die*
massage, en	*Massage, die*
massera	*massieren*
massör, en	*Masseur, der*
medel, ett	*Mittel, das*
medicin, en	*Medizin, die*
medicinsk	*medizinisch*
medvetande, ett	*Bewusstheit, die; Bewusstsein, die*
medveten; vid medvetande	*bewusst*
medvetslös	*bewusstlos*
medvetslöshet, en; svimning, en	*Ohnmacht, die*
▪ svimma	*in Ohnmacht fallen*
missbildad; obrukbar	*verkrüppelt*
mitella, en	*Armschlinge, die; Schlinge, die*
mottagning, en; praktik, en	*Praxis, die*
mottagningsrum, ett	*Arztzimmer, das*
mottagningssköterska, en	*Sprechstundenhilfe, die*
mässling, en	*Masern pl*
narkosläkare, en	*Anästhesist, der*
neurolog, en	*Neurologe, der*
neurologi, en	*Neurologie, die*
nysa	*niesen*
nål, en	*Nadel, die*
näsblod, ett	*Nasenblutung, die*
näsdroppar pl	*Nasentropfen pl*
obotlig sjukdom, en	
odontologi, en	*Odontologie, die*
offer, ett; skadad, en	*Opfer, das*
oftalmolog, en; ögonläkare, en	*Augenarzt, der*
oftalmologi, en	*Augenheilkunde, die; Ophtalmologie, die*
ohälsosam	*ungesund*
omkomma	*umkommen*
onkolog, en	*Onkologe, der*
onkologi, en	*Onkologie, die*
operation, en	*Operation, die*
operationsbord, ett	*Operationstisch, der*
operationssal, en	*Operationssaal, der*
operera	*operieren*
ordinera; skriva ut	*verschreiben*
orsak, en	*Ursache, die*
patient, en	*Patient, der; Patientin, die*
patogen	*pathogen*
patolog, en	*Pathologe, der*
patologi, en	*Pathologie, die*
pediatrik, en	*Pädiatrie, die*
pediatriker, en	*Pädiater, der*
pest, en	*Pest, die*
piller, ett	*Pille, die*
▪ akut-p-piller, ett; dagen-efter-piller, ett	*Antibabypille, die*

▪ p-piller, ett	*Pille danach*
plomb, en	*Plombe, die*
plågsam; smärtsam	*schmerzend; schmerzhaft*
plåster, ett	*Pflaster, das*
poliklinik, en	*Poliklinik, die*
portion, en	*Portion, die*
prevention, en	*Verhütung, die*
profylaktisk	*prophylaktisch*
profylax, en	*Prophylaxe, die*
protes, en	*Prothese, die*
prov, ett; test, ett	*Probe, die*
provsvar, ett	*Laborbefund, der*
psyke, ett	*Psyche, die*
psykiater, en	*Psychiater, der*
psykiatri, en	*Psychiatrie, die*
psykisk	*psychisch*
puls, en	*Puls, der*
påssjuka, en	*Mumps, der*
rabies, en	*Tollwut, die*
recept, ett	*Rezept, das*
reception, en	*Anmeldung, die*
▪ få en tid hos läkaren	*sich einen Arzttermin holen*
respirator, en	*Respirator, der*
rethosta, en	*Reizhusten, der*
reumatiker, en	*Rheumatiker, der*
reumatism, en	*Rheumatismus, der*
rysning, en	*Schauder, der; Schauer, der*
råd, ett	*Rat, der*
rädda	*retten*
räddning, en; undsättning, en	*Rettung, die*
röda hund	*Röteln pl*
röntga	*röntgen*
salva, en	*Salbe, die*
sammanbrott, ett	*Zusammenbruch, der*
sanatorium, ett	*Sanatorium, das*
scharlakansfeber, en	*Scharlachfieber, das*
simulant, en	*Simulant, der*
simulera	*simulieren*
sirap, en	*Sirup, der*
sjuk	*krank*
sjukdom, en	*Krankheit, die*
▪ cancer, en	*Krebserkrankung, die*
▪ hjärtsjukdom, en	*Herzkrankheit, die*
▪ infektionssjukdom, en	*Infektionskrankheit, die*
▪ obotlig sjukdom, en	*unheilbare Krankheit, die*
▪ sinnessjukdom, en	*Geisteskrankheit, die*
▪ sjösjuka, en	*Seekrankheit, die*
▪ åksjuka, en	*Reisekrankheit, die*
▪ ärftlig sjukdom, en	*Erbkrankheit, die*
sjukdom, en; åkomma, en	*Leiden, das*
sjukdomsframkallande	*krankheitserregend*
sjukdomsförlopp, ett	*Krankheitsverlauf, der*
sjukhus, ett	*Krankenhaus, das*
sjuklig	*kränklich; krankhaft*
sjuksköterska, en	*Krankenschwester, die; Krankenpfleger, der*
skada	*schaden*
skada, en	*Schaden, der*
skada; såra	*verletzen*
▪ skada sig	*sich verletzen*
skadad	*verletzt*
skadlig	*schädlich*
skalpell, en	*Skalpell, das*
skrubbsår, ett	*Hautabschürfung, die*
skärsår, ett; snitt, ett	*Schnittwunde, die; Schnitt, der*
slag, ett	*Schlag, der*
slaganfall, ett; stroke, en	*Schlaganfall, der*
sluka; svälja	*schlucken*
smitta	*anstecken*
smittsam	*ansteckend*
smärta, en; värk, en	*Schmerz, der*
▪ ha ont i halsen	*Halsweh haben*
▪ halsont	*Halsschmerzen*
▪ huvudvärk, en	*Kopfschmerzen*
▪ magknip, ett; magont, ett	*Bauchschmerzen*
▪ magknip, ett; magont, ett	*Magenschmerzen*
▪ tandvärk, en	*Zahnschmerzen*
▪ öronvärk, en	*Ohrenschmerzen*
smärtsam	*schmerzlich*
snuva, en	*Schnupfen, der*
specialist, en	*Spezialist, der*
sprida sig	*(sich) verbreiten; (sich) ausbreiten*
spruta, en	*Spritze, die*
steril	*steril*
sterilisera	*sterilisieren*
stetoskop, ett	*Stethoskop, das*
stickande	*reißend; stechend*
stickande	*stechend; reißend*
stimulans, en	*Stimulans, das*
stimulera	*stimulieren*
stolpiller, ett	*Zäpfchen, das*
stråla; strålbehandla	*bestrahlen*

strålbehandling, en — *Bestrahlung, die*
stuka; vricka — *verstauchen; vertreten*
stukad; vrickad — *verstaucht; vertreten*
stukning, en; vrickning, en — *Verstauchung, die*
stum — *stumm*
stumhet, en — *Stummheit, die*
ställa diagnos — *▪ Diagnose stellen*
subfebril — *subfebril*
svaghet, en — *Schwäche, die; Schwächung, die*
svampinfektion, en — *Mykose, die*
svullen — *angeschwollen*
svullna — *anschwellen*
svullna (upp) — *schwellen*
svullnad, en — *Anschwellung, die; Schwellung, die*
svulst, en — *Geschwulst, die*
svälja — *verschlucken*
symptom, ett — *Symptom, das*
sår, ett — *Verletzung, die*
sår, ett — *Wunde, die*
▪ förbinda såret; lägga om såret — *Wunde verbinden*
▪ rengöra såret — *Wunde reinigen*
såra — *verwunden*
sårad — *verwundet*
sårbar — *verletzbar; verwundbar*
söm, en — *Naht, die*
sömnlös — *schlaflos*
sömnlöshet, en — *Schlaflosigkeit, die*
tablett, en — *Tablette, die*
tandfyllning, en — *Zahnfüllung, die*
tandläkarassistent, en — *Zahnarztassistent, der*
tandläkare, en — *Zahnarzt, der*
tandsköterska, en — *Zahnarzthelferin, die*
temperatur, en — *Temperatur, die*
terapeut, en — *Therapeut, der*
terapeutisk — *therapeutisch*
terapi, en — *Therapie, die*
termometer, en — *Thermometer, das*
transfusion, en — *Transfusion, die*
tuberkolos, en — *Tuberkulose, die*
tumör, en — *Tumor, der*
tyfus, en — *Typhus, der*
undersöka — *untersuchen*
undersökning, en — *Untersuchung, die*
undervikt, en — *Untergewicht, das*
utslag, ett — *Ausschlag, der*
utvecklingsstörd — *entwicklungsgestört*
vaccin, ett — *Impfstoff, der*
▪ MPR-vaccin, ett — *Impfstoff gegen Masern, Mumps und Röteln*
vaccination, en — *Impfung, die*
vaccinera — *impfen*
var, ett — *Eiter, der*
vara (sig) — *eitern*
vara lomhörd — *schwerhörig sein*
varböld, en — *Abszess, der*
vattkoppor pl — *Wasserpocken, die*
virus, ett — *Virus, der*
vitamin, ett — *Vitamin, das*
vricka — *verrenken*
vård, en — *Pflege, die*
vårda — *pflegen*
vårdcentral, en; öppenvårdsmottagning, en — *Ambulatorium, das*
väntrum, ett — *Wartezimmer, das*
värk, en — *Reißen, das*
värka; göra ont — *schmerzen*
öron-näsa-halsläkare, en — *HNO-Arzt, der; Hans-Nase-Ohren-Arzt, der*
överläkare, en — *Oberarzt, der*
övervikt, en — *Übergewicht, das*

2.7. Vardagsliv - Tägliche Leben

2.7.1. Inköp - Einkauf

affär, en; butik, en — *Geschäft, das; Laden, der*
antal, ett — *Anzahl, die*
artikel, en; vara, en — *Artikel, der*
avbetalning, en — *Rate, die*
avdelning, en — *Abteilung, die*
basar, en — *Basar, der*
betjäna — *bedienen*
betjäning, en — *Bedienung, die*
billig — *billig*
blomsterhandel, en — *Blumengeschäft, das*
bokhandel, en — *Buchhandlung, die*
boutique, en; modebutik, en — *Boutique, die*
bristfällig; defekt — *mangelhaft*
butik, en; affär, en — *Geschäft, das; Laden, der*
byta ut — *austauschen*
check, en — *Scheck, der*
defekt, en; fel, ett — *Mangel, der*

delikatess, en; delikatessaffär, en	*Delikatessen, die*
detaljhandel, en	*Detailhandel, der*
disk, en	*Ladentisch, der*
dyr	*teuer*
efterfrågan, en	*Nachfrage, die*
erbjuda	*anbieten*
erbjudande, ett	*Angebot, das*
etikett, en	*Etikett, das*
expedit, en; försäljare, en	*Verkäufer, der; Verkäuferin, die*
faktura, en	*Faktur(a), die*
fynd, ett; kap, ett	*Schnäppchen, das*
färg, en	*Farbe, die*
föreståndare, en; ledare, en	*Leiter, der*
förpacka; packa ner	*verpacken*
förpackning, en	*Verpackung, die*
förskott, ett	*Vorschuss, der*
försäljning, en	*Verkauf, der*
garanti, en	*Garantie, die*
gratis	*gratis; kostenlos*
grosshandel, en	*Großhandel, der*
grossisthandel, en	*Großhandlung, die*
handel, en	*Handel, der*
handla	*handeln*
höja; öka	*erhöhen*
höjning; ökning	*Erhöhung, die*
importera	*importieren*
importerad	*importiert*
ingång, en	*Eingang, der*
inhemsk	*inländisch*
inköp, ett	*Einkauf, der*
kartong, en	*Karton, der*
kassa, en	*Kasse, die*
kassör, en	*Kassierer, der*
katalog, en	*Katalog, der*
klaga	*klagen*
klaga; reklamera	*(sich) beschweren*
klagomål, ett; reklamation, en	*Beschwerde, die*
klient, en	*Klient, der*
kontanter pl	*Bargeld, das*
kosta	*kosten*
kostnad, en; omkostnad, en	*Kosten pl; Unkosten pl*
kund, en	*Kunde, der*
kundtjänst, en	*Kundenabteilung, die*
kundvagn, en	*Einkaufswagen, der*
kvalitet, en	*Qualität, die*
kvittens, en	*Quittung, die*
kvitto, ett	*Kassenbon, der; Kassenzettel, der*
kö, en	*Schlange, die*
köpa	*kaufen*
köpa; handla	*einkaufen*
köpare, en	*Käufer, der*
köpslå; pruta	*feilschen*
leverans, en	*Lieferung, die*
leverera	*liefern*
marknad, en	*Markt, der*
marknadsplats, en; torg, ett	*Marktplatz, der*
minska; sänka	*reduzieren*
modell, en; sort, en	*Sorte, die*
märke, ett	*Marke, die*
mönster, ett	*Muster, das*
nedsättning, en; sänkning, en	*Senkung, die*
packa ner; slå in	*einpacken*
pengar pl	*Geld, das*
pris, ett	*Preis, der*
▪ gå ner i pris	*mit dem Preis runtergehen*
▪ sätta ner priset	*den Preis reduzieren*
produkt, en	*Produkt, das*
prova	*anprobieren*
provision, en	*Provision, die*
provrum, ett	*Ankleidekabine, die; Umkleidekabine, die*
rabatt, en	*Preisnachlass, der; Rabatt, der*
rea, en; utförsäljning, en	*Ausverkauf, der*
reducerad; sänkt	*reduziert*
reklamation, en	*Reklamation, die*
räkna ihop	*zusammenzählen*
räkning, en	*Rechnung, die*
självbetjäning, en	*Selbstbedienung, die*
skatt, en	*Steuer, die*
skyltfönster, ett	*Schaufenster, das*
slutsålt	*ausverkauft*
sortiment, ett	*Sortiment, das*
sparsam	*sparsam*
storlek, en	*Größe, die*
stormarknad, en	*Supermarkt, der*
sälja	*verkaufen*
sänka; sätta ner	*herabsetzen; senken*
tillgänglig	*verfügbar*
urval, ett	*Auswahl, die*
utbyte, ett	*Austausch, der*
utgång, en	*Ausgang, der*
utrusta	*ausstatten*

vara, en	*Ware, die*
varuhus, ett	*Kaufhaus, das; Warenhaus, das*
vikt, en	*Gewicht, das*
välja ut	*auswählen*
värde, ett	*Wert, der*
växel pl	*Wechselgeld, das*

2.7.2. Livsmedel och drycker Lebensmittel und Getränke

2.7.2.1. Mat - Essen

aptit, en	*Appetit, der*
aptitlig	*appetitlich*
backning, en; påfyllning, en; påtår, en	*Nachschlag, der*
baguette, en	*Baguette, die*
baguette, en	*Stangenbrot, das*
bak, ett; bakning, en	*Backen, das*
baka	*backen*
bakverk, ett	*Gebäck, das*
biff, en	*Beefsteak, das*
blanda; mixa	*mischen*
bryna	*anbraten*
bröd, ett	*Brot, das*
brödskiva, en	*Brotscheibe, die*
brödskorpa, en	*Brotkruste, die; Brotrinde, die*
buljong, en	*Brühe, die*
bulle, en	*Wecken, der*
deg, en	*Teig, der*
dessert, en; efterrätt, en	*Dessert, das*
dessert, en; efterrätt, en	*Nachtisch, der; Nachspeise, die*
dietisk; dietär	*diätetisch*
djupfrysa	*tiefkühlen*
djupfryst	*tiefgefroren*
doppa	*tunken*
dricka	*trinken*
durkslag, ett; sil, en	*Durchschlag, der*
eldfast	*feuerfest*
en nypa salt	*Prise Salz, die*
fett, ett	*Fett, das*
fettsnål; lätt-	*fettarm*
flott, ett; ister, ett	*Schmalz, das*
fralla, en; småfranska, en	*Brötchen, das*
fralla, en; småfranska, en	*Weckerl, das*
frukost, en	*Frühstück, das*
frysta grönsaker pl	*Gefriergemüse, das*
fullkornsbröd, ett; grovt bröd, ett	*Vollkornbrot, das*
fylla	*füllen*
fyllning, en	*Füllung, die*
förrätt, en	*Vorspeise, die*
förtära	*verzehren*
gelé, en	*Gelee das/der*
godis, ett; sötsak, en	*Süßigkeiten pl*
grill, en	*Grill, der*
grädde, en	*Rahm, der; Sahne, die*
gräddfil, en	*saure Rahm, der*
gräddtårta, en	*Sahnetorte, die*
gröt, en	*Brei, der*
gulasch, en	*Gulasch, das/der*
hacka	*hacken*
havregrynsgröt, en	*Haferbrei, der*
het; varm	*heiß*
hyvla	*hobeln*
jäsa	*aufgehen; gären*
jäst, en	*Hefe, die*
kaka, en	*Kuchen, der*
kall	*kalt*
keso, en	*Hüttenkäse, der*
ketchup, en	*Ketchup, der*
kex, ett	*Keks, der*
klimp, en	*Mehlkloß, der*
knåda	*kneten*
knäckebröd, ett	*Knäckebrot, das*
kock, en	*Koch, der*
koka	*kochen*
kokkonst, en	*Kochkunst, die*
konservera	*konservieren*
konsumera	*konsumieren*
korv, en	*Wurst, die*
kotlett, en	*Kotelett, das*
kroppkaka, en	*Kartoffelkloß, der*
kryddad	*gewürzt*
kryddig	*würzig*
kryddost, en	*Kümmelkäse, der*
kvarg, en	*Quark, der*
kvällsmat, en; middag, en	*Abendbrot, das; Abendessen, das*
kyla	*kühlen*
köttbulle, en	*Fleischklößchen, das*
köttfärs, en	*Hackbraten, der*
lagat mål mat, ett	*warme Mahlzeit, die*
ljust bröd, ett	*Brotwecken, der*
lunch, en	*Lunch, der*
läcker	*lecker*
makaron, en	*Makkaroni, der*

margarin, ett	*Margarine, die*
marmelad, en	*Konfitüre, die; Marmelade, die*
mat, en	*Essen, das; Speise, die*
mejeriprodukter pl	*Milchprodukte pl*
mixa	*mixen*
mixer, en	*Mixer, der*
mjuk	*weich*
mjöl, ett	*Mehl, das*
mjölk, en	*Milch, die*
måltid, en	*Mahlzeit, die*
okokt	*ungekocht*
olivolja, en	*Olivenöl, das*
olja, en	*Öl, das*
omelett, en	*Omelett, das*
ost, en	*Käse, der*
pannkaka, en	*Pfannkuchen, der*
pasta, en	*Pasta, die*
peppra	*pfeffern*
pikant	*pikant*
pommes frites pl	*Pommes frittes pl*
pudding, en	*Pudding, der*
pumpernickel, en	*Pumpernickel, der*
puré, en	*Püree, das*
ris, ett	*Reis, der*
rostat bröd, ett; toast, en	*Toast, der*
rå	*roh*
rågbröd, ett	*Roggenbrot, das; Schwarzbrot, das*
rågmjöl, ett	*Roggenmehl, das*
rätt, en	*Gang, der*
rödbetssoppa, en	*Roten-Rüben-Suppe, die*
röka	*räuchern*
röra om	*umrühren*
salt	*salzig*
salta	*salzen*
skala	*schälen*
skarp; stark	*scharf*
skorpa, en	*Zwieback, der*
skära	*schneiden*
smaka	*schmecken*
smaklös	*geschmacklos*
smälta	*schmelzen*
smör, ett	*Butter, die*
smöra	*schmieren*
smörgås, en	*belegte Butterbrot, das*
socker, ett	*Zucker, der*
sockerkaka, en	*Topfkuchen, der*
soppa, en	*Suppe, die*
spaghetti pl	*Spaghetti pl*
stek, en	*Braten, der*
steka	*braten*
strö	*streuen*
sur	*sauer*
surna	*sauer werden*
sval	*kühl*
svamp, en	*Pilz, der*
sylt, en	*Eingemachte, das*
söt	*süß*
söta	*süßen*
tina (upp)	*auftauen*
tjockflytande	*dickflüssig*
tårta, en	*Torte, die*
upptinad	*aufgetaut*
varm	*warm*
vegetarisk	*vegetarisch*
vetemjöl, ett	*Weizenmehl, das*
vispgrädde, en	*Schlagsahne, die*
vitt bröd, ett	*Weißbrot, das; Weizenbrot, das*
värma upp	*aufwärmen*
ångkoka	*dämpfen; dünsten*
ångkokt	*gedünstet*
ägg, ett	*Ei, das*
äggröra, en	*Rührei, das*
ärtsoppa, en	*Erbsensuppe, die*
äta	*essen*

2.7.2.2. Drycker - Getränke

alkholfri dryck	*alkoholfreies Getränk*
alkoholhaltig dryck	*alkoholisches Getränk*
ananasjuice, en	*Ananassaft, der*
apelsinjuice, en	*Orangensaft, der*
cappucino, en	*Cappuccino, der*
champagne, en	*Champagner, der*
choklad, en	*Kakao, der*
citrontee, ett	*Zitronentee, der*
dricka	*trinken*
drickchoklad, en; varm choklad, en	*heiße Schokolade, die*
dryck, en	*Getränk, das*
espresso, en	*Espresso, der*
fatöl	*Bier vom Fass*
fika, en	*Kaffeetrinken, das*
grönt te, ett	*grüner Tee*
iskaffe, en	*Eiskaffee, der*
juice, en; saft, en	*Saft, der*
kaffe latte, en; latte, en	*Caffè Latte, der*
kaffe med mjölk	*Milchkaffee, der*
kaffe, ett	*Kaffee, der*

▪ koffeinfritt kaffe *koffeinfreier Kaffee*
▪ svart kaffe *schwarzer Kaffee*
kolsyrat mineralvatten, ett *Sprudelwasser, das*
lemonad, en; saft, en *Limonade, die*
ljust öl, ett; pilsner, en *helle Bier, das*
läsk, en *Brause, die*
milkshake, en *Milchshake, das/der*
mineralvatten, ett *Mineralwasser, das*
▪ kolsyrat mineralvatten *Mineralwasser mit Kohlensäure*
▪ mineralvatten utan kolsyra *Mineralwasser ohne Kohlensäure*
mjölk, en *Milch, die*
must, en *Süßmost, der*
rom, en *Rum, der*
sekt, en *Sekt, der*
sodavatten, ett *Sodawasser, das*
svart te, ett *Schwarztee, der*
te, ett *Tee, der*
▪ med socker *mit Zucker*
▪ utan socker *ohne Zucker*
tomatjuice, en *Tomatensaft, der*
vatten, ett *Wasser, das*
whisky, en *Whisky, der*
vin, ett *Wein, der*
▪ glögg, en *Glühwein*
▪ halvtorrt vin *halbtrockener Wein*
▪ rödvin *Rotwein*
▪ mousserande vin *Schaumwein*
▪ dessertvin *Süßwein*
▪ torrt vin *trockener Wein*
▪ vitt vin *Weißwein*
vitt te, ett *weißer Tee*
vodka, en *Wodka, der*
yoghurt, en *Jog(h)urt der/die/das*
äppeljuice, en *Apfelsaft, der*
öl, ett *Bier, das*

2.7.2.3. Frukt - Früchte

ananas, en *Ananas, die*
apelsin, en *Apfelsine, die; Orange, die*
aprikos, en *Aprikose, die*
avokado, en *Avocado, die*
bigarrå, en; sötkörsbär, ett *Süßkirsche, die*
björnbär, ett *Brombeere, die*
blåbär, ett *Heidelbeere, die*
bär, ett *Beere, die*
citron, en *Zitrone, die*
clementin, en *Klementine, die*
dadel, en *Dattel, die*
druva, en *Traube, die*
fikon, ett *Feige, die*
frukt, en *Frucht, die; Obst, das*
fruktkött, ett *Fruchtfleisch, das*
färsk *frisch*
grapefrukt, en *Grapefruit, die*
hallon, ett *Himbeere, die*
hjortron, ett *Multbeere, die*
jordgubbe, en *Erdbeere, die*
kapkrusbär, ett; physalis, en *Kapstachelbeere, die*
kiwi, en *Kiwi, die*
kumquat, en *Kumquat, die*
kärna, en *Kern, der*
kärna, en *Stein, der*
körsbär, ett *Kirsche, die*
lime, en *Limette, die*
lingon, ett *Preiselbeere, die*
litchie, en *Litchi, die; Litschi, die*
mandarin, en *Mandarine, die*
mango, en *Mango, die*
melon, en *Melone, die*
mogen *reif*
nektarin, en *Nektarine, die*
nöt, en▪ jordnöt, en▪ jordnöt, en▪ kokosnöt, en▪ valnöt, en *Nuss, dieErdnuss, dieErdnuss, dieKokosnuss, dieWalnuss, die*
oliv, en *Olive, die*
omogen *unreif*
papaya, en *Papaya, die*
passionsfrukt, en *Maracuja, die*
persika, en *Pfirsich, der*
plommon, ett *Pflaume, die*
pomelo, en *Pampelmuse, die*
päron, ett *Birne, die*
skal, ett *Schale, die*
svart vinbär, ett *schwarze Johannisbeere, die*
vattenmelon, en *Wassermelone, die*
vinbär, ett *Johannisbeere, die*
vindruva, en *Weintraube, die*
äpple, ett *Apfel, der*

2.7.2.4. Grönsaker - Gemüse

aubergine, en; äggplanta, en *Aubergine, die*
beta, en *Bete, die*

bittergurka, en	*Bittergurke, die*
blomkål, en	*Blumenkohl, der; Karfiol, der*
broccoli, en	*Brokkoli, der*
böna, en	*Bohne, die*
champignon, en	*Champignon, der*
cikoria, en	*Zichorie, die*
endiv, en	*Endivie, die*
grönkål, en	*Grünkohl, der*
gurka, en	*Gurke, die*
huvudsallat, en	*Kopfsalat, der*
inlagd gurka, en	*eingelegte Gurke, die*
isbergssallat, en	*Eissalat, der*
jams, en	*Jamswurzel, die*
johannesbröd, ett	*Johannisbrot, das*
kantarell, en	*Pfifferling, der*
karljohan(ssvamp), en; stensopp, en	*Steinpilz, der*
kinakål, en	*Chinakohl, der*
kronärtskocka, en	*Artischocke, die*
kål, en	*Kohl, der*
kålrot, en	*Kohlrübe, die; Steckrübe, die*
(gul) lök, en	*Zwiebel, die*
majrova, en	*weiße Rübe, die*
majs, en	*Mais, der*
mangold, en	*Mangold, der*
morot, en	*Karotte, die; Mohrrübe, die*
palsternacka, en	*Pastinake, die*
paprika, en	*Paprika, der*
pepparrot, en	*Meerrettich, der*
persilja, en	*Petersilie, die*
potatis, en	*Kartoffel, die*
pumpa, en	*Kürbis, der*
purjolök, en	*Porree, der*
rabarber, en	*Rhabarber, der*
rosenkål, en	*Rosenkohl, der*
rättika, en	*Rettich, der*
rödbeta, en	*rote Rübe, die*
rödkål, en	*Rotkohl, der*
rödlök, en	*rote Zwiebel, die*
salladslök, en	*Frühlingszwiebel, die*
sallat, en	*Salat, der*
savoykål, en	*Wirsing, der; Wirsingkohl, der*
schalottenlök, en	*Schalotte, die*
selleri, en	*Sellerie der/die*
sparris, en	*Spargel, der*
spenat, en	*Spinat, der*
squash, en; zucchini, en	*Zucchini, der*
svamp, en	*Pilz, der*
sötpotatis, en	*Süßkartoffel, die*
tomat, en	*Tomate, die*
tryffel, en	*Trüffel, die*
vitkål, en	*Weißkohl, der*
vitlök, en	*Knoblauch, der*
ärta, en	*Erbse, die*

2.7.2.5. Örter och kryddor
Kräuter und Gewürze

anis, en	*Anis, der*
basilika, en	*Basilikum, das*
cayennepeppar, en; kajennpeppar, en	*Cayennepfeffer, der*
chili, en	*Chili, der*
chutney, en	*Chutney, das*
citrongräs, ett	*Zitronengras, das*
curry, en	*Curry das/der*
dill, en	*Dill, der*
dragon, en	*Estragon, der*
enbär, ett	*Wacholder, der*
gräslök, en	*Schnittlauch, der*
gurkmeja, en	*Kurkuma, die*
ingefära, en	*Ingwer, der*
kakao, en	*Kakao, der*
kanel, en	*Zimt, der*
kapris, en	*Kaper, die*
kardemumma, en	*Kardamom das/der*
koriander, en	*Koriander, der*
kryddnejlika, en	*Gewürznelke, die*
kryddpeppar, en	*Nelkenpfeffer, der; Piment das/der*
kummin, en	*Kümmel, der*
lagerblad, ett	*Lorbeerblatt, das*
libbsticka, en	*Liebstöckel, der*
mejram, en	*Majoran, der*
muskotnöt, en	*Muskatnuss, die*
mynta, en	*Minze, die*
oregano, en	*Oregano, der*
peppar, en	*Pfeffer, der*
pepparrot, en	*Meerrettich, der*
persilja, en	*Petersilie, die*
rosmarin, en	*Rosmarin, der*
saffran, en	*Safran, der*
salt, en	*Salz, das*
salvia, en	*Salbei, der/die*
senap, en	*Senf, der*
socker, ett	*Zucker, der*
stjärnanis, en	*Echte Sterneanis, der*
svartpeppar, en	*Schwarze Pfeffer, der*

timjan, en	*Thymian, der*
vanilj, en	*Vanille, die*
vinäger, en	*Weinessig, der*
vitlök, en	*Knoblauch, der*
ängssyra, en	*Sauerampfer, der*
ättika, en	*Essig, der*

2.7.2.6. Kött - Fleisch

anka, en	*Ente, die*
bacon, ett	*Bacon, der*
biff, ett	*Beefsteak, das*
fläsk, ett	*Speck, der*
fläskkarré, en	*Schweinekamm, der*
fläskkött, ett	*Schweinefleisch, das*
fågel, en	*Geflügel, das*
fårkött, ett	*Hammelfleisch, das*
gås, en	*Gans, die*
hästkött, ett	*Pferdefleisch, das*
höna, en	*Huhn, das*
hönskött, ett	*Huhnfleisch, das*
kalkon, en	*Truthahn, der*
kalkonkött, ett	*Truthahnfleisch, das*
kalvkött, ett	*Kalbfleisch, das*
korv, en	*Wurst, die*
kotlett, en	*Kotelett, das*
kyckling, en	*Hühnchen, das*
köttfärs, en	*Gehackte, das; Hackfleisch, das*
lammkött, ett	*Lammfleisch, das*
liten korv, en	*Würstchen, das*
nötkött, ett	*Rindfleisch, das*
revbensspjäll, ett	*Rippenfleisch, das*
salami, en	*Salami, die*
skinka, en	*Schinken, der*
vilt, ett; viltkött, ett	*Wild, das*

2.7.2.7. Fisk och skaldjur Fische und Meeresfrüchte

abborre, en	*Barsch, der*
asp, en	*Rapfen, der*
blåmussla, en	*Miesmuschel, die*
bläckfisk, en	*Pfeilkalmar, der; Tintenfisch, der*
braxen, en	*Brachse, die*
böckling, en	*Bückling, der*
fisk, en	*Fisch, der*
flundra, en	*Scholle, die; Flunder, die*
forell, en	*Forelle, die*
gädda, en	*Hecht, der*
gös, en	*Zander, der*
hummer, en	*Hummer, der*
hälleflundra, en	*Heilbutt, der*
karp, en	*Karpfen, der*
krabba, en	*Krabbe, die*
kräfta, en	*Krebs, der*
lake, en	*Quappe, die*
langust, en	*Languste, die*
lax, en	*Lachs, der*
löja, en	*Ukelei, der*
makrill, en	*Makrele, die*
mussla, en	*Muschel, die*
mört, en	*Rotauge, das*
ostron, ett	*Auster, die*
ruda, en	*Karausche, die*
räka, en	*Garnele, die*
sardin, en	*Sardine, die*
sej, en	*Seelachs, der*
sik, en	*Felchen, der*
sill, en	*Hering, der*
skarpsill, en	*Sprotte, die*
snigel, en	*Schnecke, die*
strömming, en	*Strömling, der; Ostseehering, der*
sutare, en	*Schleie, die*
tonfisk, en	*Thunfisch, der*
torsk, en	*Dorsch, der*
ål, en	*Aal, der*

2.7.3. Personlig hygien Persönliche Hygiene

ansiktsmask, en	*Gesichtsmaske, die*
bad, ett	*Bad, das*
bada	*(sich) baden*
badkar, ett	*Badewanne, die*
balsam, ett	*Balsam, der*
bastu, en	*Sauna, die*
binda, en	*Binde, die*
bodylotion, en; hudkräm, en	*Bodylotion, die*
borsta	*bürsten*
borste, en	*Bürste, die*
briljantin, en	*Brillantine, die*
dagkräm, en	*Tagescreme, die*
deo, en; deodorant, en	*Deodorant, das; Deostift, der*
depilator, en	*Depilator, der*
desinfektion, en	*Desinfektion, die*

desinficera	*desinfizieren*
doft, en	*Duft, der*
dofta	*duften*
dusch, en	*Dusche, die*
duscha	*duschen*
duschkräm, en	*Duschgel, das*
eyeliner, en	*Eyeliner, der*
fotkräm, en	*Fußcreme, die*
foundation, en	*Grundierung, die*
frisyr, en	*Frisur, die; Haarschnitt, der*
fukta	*feuchten*
fuktighetsgivande	*feuchtigkeitsspendend*
färga	*färben*
färgning, en	*Färbung, die*
färgschampo, ett	*Farbshampoo, das*
handduk, en	*Handtuch, das*
handkräm, en	*Handcreme, die*
henna, en	*Henna, die*
hy, en	*Teint, der*
hygien, en	*Hygiene, die*
hygienisk	*hygienisch*
(hår)balsam, ett	*Pflegespülung, die*
hår, ett	*Haar, das*
hårborste, en	*Haarbürste, die*
hårfärg, en	*Haarfarbe, die*
hårgelé, en	*Haargel, das*
hårspray, en	*Haarspray, das*
kam, en	*Kamm, der*
kamma	*kämmen*
kamma håret	*(die) Haare kämmen*
kamma sig	*(sich) kämmen*
klippa	*schneiden*
kosmetika pl	*Kosmetika pl*
kosmetikum, ett	*Kosmetikum, das*
kosmetisk	*kosmetisch*
kosmetolog, en	*Kosmetikerin, die*
kräm, en	*Creme, die*
lack, ett	*Lack, der*
lipliner, en	*Lipliner, der*
lock, en	*Haarsträhne, die*
läppstift, ett	*Lippenstift, der*
make-up remover, en; sminkborttagningsmedel, ett	*Make-up-Entferner, der*
make-up, en	*Make-up, das*
manikyr, en	*Maniküre, die*
mascara, en	*Wimperntusche, die*
maskara, en	*Mascara, die*
massage, en	*Massage, die*
massera	*massieren*
massör, en	*Masseur, der*
mjäll, ett	*Schuppen pl*
mjölk, en	*Milch, die*
munhygien, en; munvård, en	*Mundpflege, die*
nagelborste, en	*Nagelbürste, die*
nagelfil, en	*Nagelfeile, die*
nagellack, ett	*Nagellack, der*
nagellacksborttagning, en	*Nagellackentferner, der*
nattkräm, en	*Nachtcreme, die*
näsduk, en	*Taschentuch, das*
olja, en	*Öl, das*
ondulering, en	*Ondulation, die*
papiljott, en	*Lockenwickler, der*
parfym, en	*Parfüm, das*
parfymera	*parfümieren*
parfymeri, ett	*Parfümerie, die*
pedikyr	*Pediküre, die*
peeling, en	*Peeling, das*
pincett, en	*Pinzette, die*
puder, ett	*Puder, der*
puderdosa, en	*Puderdose, die*
raka sig	*(sich) rasieren*
rakapparat, en	*Rasierapparat, der*
rakblad, ett	*Rasierklinge, die*
raklödder, ett	*Rasierschaum, der*
rakning, en	*Rasieren, das*
rakvatten, ett	*Rasierwasser, das*
ren	*rein*
rengöra; rensa	*reinigen*
rengöringspeeling, en	*Reinigungspeeling, das*
renhet, en	*Reinheit, die*
roll-on deodorant, en	*Deoroller, der*
rouge, en	*Rouge, das*
rynka, en	*Falte, die*
sax, en	*Schere, die*
schampoo, ett	*Shampoo, das*
skumbad, ett	*Schaumbad, das*
skölja; spola	*spülen*
sminka sig	*(sich) schminken*
sminkväska, en	*Kosmetiktasche, die*
smuts, en	*Schmutz, der*
smutsig	*schmutzig*
sola sig	*(sich) sonnen*
solbränna, en	*Sonnenbräune, die*
spegel, en	*Spiegel, der*
sprejdeodorant, en	*Deospray, das*
ta bort hår	*enthaaren*
talk, en	*Talk, der*
tampong, en	*Tampon, der*
tandborste, en	*Zahnbürste, die*
tandkräm, en	*Zahnpaste, die*

tandtråd, en — *Zahnseide, die*
trött — *müde*
tvål, en — *Seife, die*
tvätt, en — *Wäsche, die*
tvätta sig — *(sich) waschen*
tvättsvamp, en — *Schwamm, der*
tvättvatten, ett — *Waschwasser, das*
vadd, en — *Watte, die*
vax, ett — *Wachs, das*
vård, en — *Pflege, die*
vårda — *pflegen*
vårdad — *gepflegt*
vårdad — *wohlgepflegt*
ögonskugga, en — *Lidschatten, der*

2.7.4. Kläder - Kleidung

badbyxor pl — *Badehose, die*
basker, en — *Baskenmütze, die*
BH, en — *BH, der*
bikini, en — *Bikini, die*
blazer, en; kavaj, en — *Sakko, der*
blixtlås, ett — *Reißverschluss, der*
blus, en — *Bluse, die*
boxershorts pl — *Boxershorts, die*
bysthållare, en — *Büstenhalter, der*
byxa, en — *Hose, die*
byxben, ett — *Hosenbein, das*
bälte, ett; skärp, ett — *Gürtel, der*
dräkt, en — *Kostüm, das*
ficka, en; väska, en — *Tasche, die*
fluga, en — *Fliege, die*
foder, ett — *Unterfutter, das*
förklädnad, en — *Verkleidung, die*
galosch, en — *Gummischuh, der*
gylf, en — *Hosenschlitz, der*
halsduk, en; skarf, en — *Halstuch, das*
handske, en — *Handschuh, der*
hatt, en — *Hut, der*
jacka, en; kavaj, en — *Jacke, die*
jeans pl — *Jeans pl*
kalsong, en — *Unterhose, die*
kappa, en; rock, en — *Mantel, der*
kapuschong, en — *Kapuze, die*
kjol, en — *Rock, der*
klack, en — *Absatz, der*
kläder pl — *Kleider pl*
klädsel, en; kläder pl — *Kleidung, die*
klänning, en — *Kleid, das*
knapp, en — *Knopf, der*
korsett, en — *Korsett, das*
kostym, en — *Anzug, der*
krage, en — *Kragen, der*
minikjol, en — *Minirock, der*
mode, ett — *Mode, die*
modern — *modern*
morgonrock, en — *Schlafrock, der*
mössa, en — *Mütze, die*
overall, en — *Overall, der*
paraply, ett — *Regenschirm, der*
polokrage, en — *Rollkragen, der*
pullover, en — *Pullover, der*
pyjamas, en — *Pyjama, der*
päls, en — *Pelz, der*
sandal, en — *Sandale, die*
schal, en; sjal, en — *Schal, der*
shorts pl — *Shorts, die*
skjorta, en — *Hemd, das*
sko, en — *Schuh, der*
skodon, ett — *Schuhwerk, das*
skosnöre, ett — *Schnürsenkel, der*
slag, ett — *Umschlag, der*
slips, en — *Krawatte, die; Schlips, der*
socka, en — *Socke, die*
strumpa, en — *Strumpf, der*
strumpbyxa, en — *Strumpfhose, die*
stövel, en — *Stiefel, der*
trosa, en — *Slip, der*
träningsoverall, en — *Sportanzug, der*
t-shirt, en — *T-Shirt, das*
underkjol, en — *Unterrock, der*
underkläder pl — *Unterwäsche, die*
undertröja, en — *Unterhemd, das*
uniform, en — *Uniform, die*
väst, en — *Weste, die*
ärm, en — *Ärmel, der*

2.8. Utbildning och arbeite Ausbildung und Arbeit

abstrahera — *abstrahieren*
administration, en — *Administration, die*
akademi, en — *Akademie, die*
analys, en — *Analyse, die; Analytik, die*
analysera — *analysieren*
analytiker, en — *Analytiker, der*
analytisk — *analytisch*
ansträngning, en — *Anstrengung, die*
ansökan, en; ansökning, en — *Bewerbung, die*

anta; förmoda	*annehmen; vermuten*
antagande, ett; antagning, en	*Annahme, die*
antagande, ett; förmodan, en	*Vermutung, die*
anteckning, en	*Notiz, die*
anteckningsblock, en	*Notizbuch, das*
arbeta	*arbeiten*
arbete, ett	*Arbeit, die*
arbetsam; flitig	*arbeitsam*
arbetsgivare, en	*Arbeitgeber, der*
arbetslös	*arbeitslos*
arbetslöshet, en	*Arbeitslosigkeit, die*
argument, ett	*Argument, das*
argumentation, en	*Argumentation, die*
argumentera	*argumentieren*
arvode, ett; lön, en	*Gehalt, der*
atlas, en; kartbok, en	*Atlas, der*
auktoritet, en	*Autorität, die*
aula, en	*Aula, die*
avancerad; utvecklad	*fortgeschritten*
bedöma; värdera	*beurteilen*
bedömning, en; värdering, en	*Beurteilung, die*
befordra	*befördern*
befordran, en	*Beförderung, die*
begrepp, ett	*Begriff, der*
begripa; förstå	*begreifen*
begåvning, en; kvalifikation, en	*Befähigung, die*
bekräfta	*bestätigen*
bekräftelse	*Bestätigung, die*
beskriva	*beschreiben*
beskrivning, en	*Beschreibung, die*
betyg, ett	*Note, die; Zensur, die*
bevis, ett	*Beweis, der*
bevisa	*beweisen*
bibliotek, ett	*Bibliothek, die; Bücherei, die*
bibliotekarie, en	*Bibliothekar, der/Bibliothekarin, die*
blyertspenna, en	*Bleistift, der*
bristfällig; undermålig	*mangelhaft*
chef, en	*Chef, der*
chef, en; ledare, en	*Leiter, der*
debatt, en	*Debatte, die*
debattera	*debattieren*
definiera	*definieren*
definition, en	*Definition, die*
dekan, en	*Dekan, der*
didaktik, en	*Didaktik, die*
didaktiker, en	*Didaktiker, der*
didaktisk	*didaktisch*
diktamen, en	*Diktat, das*
diplom, ett	*Diplom, das*
diskussion, en	*Besprechung, die*
diskussion, en	*Diskussion, die*
diskutera	*diskutieren*
doktor, en	*Doktor, der*
doktorsgrad, en	*Doktorgrad, der*
effekt, en	*Effekt, der*
elev, en	*Schüler, der; Schülerin, die*
erfara; få reda på	*erfahren*
erfarenhet, en	*Erfahrung, die*
evolution, en	*Evolution, die*
examination, en; prov, ett	*Prüfung, die*
examinera; kontrollera; pröva	*prüfen*
expedition, en	*Expedition, die*
experiment, ett	*Experiment, das*
experimentera	*experimentieren*
fackman, en; specialist, en	*Fachmann, der*
faktum, ett	*Faktum, das*
fakultet, en	*Fakultät, die*
falsk; felaktig	*falsch*
falskhet, en	*Falschheit, die*
fas, en	*Phase, die*
fastslå; konstatera	*feststellen*
fastställande, ett; konstaterande, ett; uttalande, ett	*Feststellung, die*
fel, ett	*Fehler, der*
felfri	*fehlerfrei*
filosof, en	*Philosoph, der*
filosofera	*philosophieren*
filosofisk	*philosophisch*
flitig	*fleißig*
forska (efter)	*forschen (nach)*
forskande; granskande	*forschend*
forskare, en	*Forscher, der*
forskning, en	*Forschung, die*
framgång, en	*Erfolg, der*
framsteg, ett	*Fortschritt, der*
fråga, en	*Frage, die*
frånvaro, en	*Abwesenheit, die*
fundament, ett; grund, en	*Fundament, das*
fundamental; grundläggande	*fundamental*
fuska; skriva av	*abspicken; spicken*

fusklapp, en	*Spickzettel, der*
följd, en; konsekvens, en	*Folge, die*
föreläsning, en	*Vorlesung, die*
▪ hålla en föreläsning	*eine Vorlesung halten*
förklara	*erklären*
förklaring, en	*Erklärung, die*
förlika; kompromissa	*vergleichen*
förlikning, en; kompromiss, en	*Vergleich, der*
förnuft, ett; förstånd, ett	*Verstand, der*
förstå	*verstehen*
förståelse, en	*Begreifen, das; Verstehen, das*
förutse	*voraussehen*
förvaltning, en	*Verwaltung, die*
genombrott, ett	*Durchbruch, der*
grundforskning, en	*Grundforschung, die*
grundläggande	*grundlegend*
grundval, en	*Grundlage, die*
gåta, en	*Rätsel, das*
gåtfull	*rätselhaft*
habilitation, en	*Habilitation, die*
handbok, en; manual, en	*Handbuch, das*
honorar, ett	*Honorar, das*
humanist, en	*Humanist, der*
humanistisk	*humanistisch*
hypotes, en	*Hypothese, die*
hypotetisk	*hypothetisch*
högskola, en	*Hochschule, die*
iaktta; observera	*beobachten*
iakttagelse, en; observation, en	*Beobachtung, die; Observation, die*
idé, en	*Idee, die*
inställning, en	*Einstellung, die*
intellekt, ett	*Intellekt, der*
intellektuell	*intellektuell*
intellektuell, en	*Intellektueller, der*
intuition, en	*Intuition, die*
intuitiv	*intuitiv*
jobbintervju, en	*Bewerbungsgespräch, das*
kandidat, en; sökande, en	*Bewerber, der*
konkludera	*konkludieren*
konsekvens, en	*Konsequenz, die*
kontrakt, ett	*Vertrag, der*
kontrovers, en	*Kontroverse, die*
kontroversiell	*kontrovers*
korrekt	*korrekt*
kulspetspenna, en	*Kugelschreiber, der*
kunskap, en	*Kenntnis, die*
kunskap, en; vetande; ett	*Wissen, das*
kvalifikation, en	*Qualifikation, die*
källa, en	*Quelle, die*
labb, ett; laboratorium, ett	*Labor, das; Laboratorium, das*
laborant, en	*Laborant, der*
lov, ett; semester, en	*Ferien pl*
lära sig	*lernen*
lära; lära ut	*lehren*
lärare, en	*Lehrer, der*
lärarinna, en	*Lehrerin, die*
läsesal, en	*Lesesaal, der*
läsår, ett	*Schuljahr, das*
lön, en	*Lohn, der*
löneförhöjning, en	*Gehaltserhöhung, die*
lösa	*lösen*
lösa upp	*auflösen*
lösning, en	*Auflösung, die*
lösning, en	*Lösung, die*
meritförteckning, en; curriculum vitae; CV, ett	*Lebenslauf, der*
metod, en	*Methode, die*
metodisk	*methodisch*
metodologi, en	*Methodologie, die*
metodologisk	*methodologisch*
motstridig	*widersprechend*
motsättning, en	*Gegensatz, der*
mål, ett	*Ziel, das*
närvaro, en	*Anwesenheit, die*
offentliggöra	*veröffentlichen*
omstridd	*umstritten*
ordväxling, en	*Wortwechsel, der*
original, ett	*Original, das*
originell	*originell*
passare, en	*Zirkel, der*
paus, en; rast, en	*Pause, die*
pedagog, en	*Pädagoge, der*
pedagogisk	*pädagogisch*
pennskrin, ett	*Federmappe, die*
plikt, en	*Pflicht, die*
praxis, en	*Praxis, die*
princip, en	*Prinzip, das*
problem, ett	*Problem, das*
problematisk	*problematisch*
professur, en	*Professur, die*
projekt, ett	*Projekt, das*
publicera	*publizieren*

rapport, en; redogörelse, en	*Bericht, der*
referens, en; rekommendation, en	*Zeugnis, das*
regel, en	*Regel, die*
resultat, ett	*Ergebnis, das*
riktig, rätt	*richtig*
räkna	*zählen*
sammanfatta	*zusammenfassen*
sammanfattning, en	*Zusammenfassung, die*
sann	*wahr*
sanning, en	*Wahrheit, die*
sannolik; trolig	*wahrscheinlich*
sannolikhet	*Wahrscheinlichkeit, die*
schema, ett; timplan, en	*Stundenplan, der*
semester, en	*Urlaub, der*
sen	*spät*
▪ bli försenad	*sich verspäten*
siffra, en	*Ziffer, die*
skola, en	*Schule, die*
skolavgift, en; terminsavgift, en	*Schulgebühr, die*
skrift, en	*Schrift, die*
skriva	*schreiben*
slump, en; tillfällighet, en	*Zufall, der*
slumpartad; tillfällig	*zufällig*
slutledning, en; slutsats, en	*Schlussfolgerung, die*
stift, ett	*Stift, der*
student, en; person som gått ut gymnasiet	*Abiturient, der/Abiturientin, die*
studenthem, ett	*Studentenwohnheim, das*
studera	*studieren*
studium, ett	*Studium, das*
ställa in	*einstellen*
svar, ett	*Antwort, die*
svara	*antworten*
▪ bekräfta; svara ja; svara jakande	*mit ja antworten*
▪ neka; svara nej; svara nekande	*mit nein antworten*
system, ett	*System, das*
tal, ett	*Zahl, die*
tala om; diskutera	*besprechen*
tanke, en	*Gedanke, der*
tavla, en; svarta tavlan	*Tafel, die*
teoretisk	*theoretisch*
teori, en	*Theorie, die*
terminologi	*Terminologie, die*
tes, en	*These, die*
test, ett	*Test, der*
testa	*testen*
tolka	*interpretieren*
tolkning, en	*Interpretation, die*
tvivel, ett	*Zweifel, der*
tvivelaktig	*zweifelhaft*
tvivla (på)	*zweifeln (an)*
tänka (på)	*denken (an)*
tänkare, en	*Denker, der*
undantag, ett	*Ausnahme, die*
undersöka	*untersuchen*
undersökning, en	*Untersuchung, die*
universitet, ett	*Universität, die*
uppfinna	*erfinden*
uppfinnare, en	*Erfinder, der*
uppfinning, en	*Erfindung, die*
upptäcka	*entdecken*
upptäckare, en	*Entdecker, der*
upptäckt, en	*Entdeckung, die*
utbildning, en	*Ausbildung, die*
utforska	*erforschen*
utmärkelse, en	*Auszeichnung, die*
veta	*wissen*
vetenskap, en	*Wissenschaft, die*
vetenskaplig	*wissenschaftlich*
vetenskaplig forskning, en	*wissenschaftliche Forschung, die*
vetenskapsman, en	*Wissenschaftler, der*
vis	*weise*
visdom, en	*Weisheit, die*
värdera	*bewerten*
väsentlig	*wesentlich*
övertyga	*überzeugen*
övertygelse, en	*Überzeugung, die*
övningsbok, en	*Übungsbuch, das*

2.9. Hus och lägenhet
Haus und Wohnung

adress, en	*Adresse, die; Anschrift, die*
allé, en	*Allee, die*
altan, en	*Altan, der*
arkitekt, en	*Architekt, der*
arkitektonisk	*architektonisch*
armstöd, ett	*Armlehne, die*
askkopp, en	*Aschenbecher, der*
assiett, en	*Dessertteller, er; Frühstücksteller, der*

av trä *hölzern*
bad, ett; badrum, ett *Bad, das*
badkar, ett *Badewanne, die; Wanne, die*
badrumsmatta, en *Bademattte, die*
badrumsvåg, en *Personenwaage, die*
bakgård, en *Hinterhof, der*
bakugn, en *Backofen, der*
balkong, en *Balkon, der*
bestick, ett *Besteck, das*
besticklåda, en *Besteckschublade, die*
bidé, en *Bidet, das*
bokhylla, en *Bücherregal, das*
bordsskiva, en *Tischplatte, die*
bostad, en *Wohnsitz, der*
brandvarnare, en *Rauchmelder, der*
bricka, en *Tablett, das*
brödrost, en *Toaster, der*
byggnad, en *Gebäude, das*
byrålåda, en *Schubfach, das; Schublade, die*
dammsugare, en *Staubsauger, der*
dessertbestick, ett *Dessertbesteck, das*
diskmaskin, en *Spülmaschine, die*
doppvärmare, en *Tauchsieder, der*
dukning, en; kuvert, ett *Gedeck, das*
dusch, en *Dusche, die*
duschhandtag, ett *Handbrause, die*
duschkabin, en *Duschkabine, die*
dyna, en *Keilkissen, das*
dörr, en *Tür, die*
dörrvred, ett; handtag, ett *Türklinke, die*
eldstad, en *Feuerherd, der*
elspis, en *Elektroherd, der*
elvisp, en *Handrührer, der*
fasad, en *Fassade, die*
fat, ett; skål, en *Schüssel, die*
filt, en *Decke, die*
fontän, en *Springbrunnen, der*
fotända, en *Fußende, das*
fruktskål, en *Obstschale, die*
frys, en; frysbox, en *Gefrierschrank, das; Tiefkühlschrank, der*
frysfack, ett *Gefrierfach, das; Kühlfach, das*
fåtölj, en; länstol, en *Polstersessel, der*
fönster, ett *Fenster, das*
gaffel, en *Gabel, die*
galge, en *Kleiderbügel, der*
garage, ett *Garage, die*
garderob, en *Garderobe, die*
gardin, en *Gardine, die*
gardinstång, en *Gardinenstange, die*
gasspis, en *Gasherd, der*
gata, en *Straße, die*
glasdörr, en *Glastür, die*
grill, en *Grill, der*
grillspett, ett *Grillspieß, der*
gryta, en *Kessel, der*
gryta, en; kastrull, en; kokkärl, ett *Kochtopf, der*
grytlapp, en *Topflappen, der*
hall, en *Vorhalle, die*
hall, en; tambur, en *Diele, die*
handdukshängare, en *Handtuchhalter, der*
handdusch, en *Handdusche, die*
handfat, ett; tvättfat, ett *Waschbecken, das*
heltäckningsmatta, en *Teppichboden, der*
hem, ett *Heim, das*
hiss, en *Aufzug, der; Fahrstuhl, der; Lift, der*
hus, ett *Haus, das*
▪ enfamiljshus, ett; villa, en *Einfamilienhaus, das*
▪ parhus, ett *Doppelhaus, das*
hushåll, ett *Haushalt, der*
huvudkudde, en *Kopfkissen, das*
huvudända, en *Kopfende, das*
hydda, en *Hütte, die*
hyllplan, ett *Einlegeboden, der*
hyra, en *Hausmiete, die; Miete, die*
hyresgäst, en *Mieter, der*
hyresrum, ett *Mietzimmer, das*
högtalare, en *Lautsprecherbox, die*
hörnskåp, ett *Eckschrank, der*
ingång, en; port, en *Pforte, die; Tor, das*
juicepress, en *Saftpresse, die*
kabel-TV, en *Kabelfernsehen, das*
kaffekanna, en *Kaffeekanne, die*
kaffekokare, en *Kaffeemaschine, die*
kaffekopp, en *Kaffeetasse, die*
kaffekvarn, en *Kaffeemühle, die*
kaffeservis, en *Kaffeegeschirr, das*
kakel, ett *Wandkachel, die*
kakelugn, en *Kachelofen, der*
kanna, en *Kanne, die*
kastrull, en *Kasserolle, die*
klosett, en *Klosett, das*
klädhängare, en *Kleiderhaken, der*
klädskåp, ett *Kleiderschrank, der*
kniv, en *Messer, das*

▪ brödkniv, en	*Brotmesser, das*
▪ fiskkniv, en	*Fischmesser, das*
▪ grönsakskniv, en	*Gemüsemesser, das*
▪ kockkniv, en	*Kochmesser, das*
▪ köttkniv, en	*Fleischmesser, das*
▪ skalkniv, en	*Schälmesser, das*
knivblock, ett	*Messerblock, der*
kokplatta, en	*Kochplatte, die*
kollektiv, ett	*Wohngemeinschaft, die*
kommun, en	*Stadtbezirk, der*
kontor, ett	*Büro, das*
kopp, en	*Häferl, das*
kopp, en	*Tasse, die*
korgstol, en	*Korbstuhl, der*
kryddhylla, en	*Gewürzregal, das*
kvarter, ett	*Wohnblock, der*
kvarter, ett; stadsdel, en	*Viertel, das*
kylskåp, ett	*Kühlschrank, der*
kök, ett	*Küche, die*
köksbord, ett	*Küchentisch, der*
kökshandduk, en	*Geschirrtuch, das*
kökshylla, en	*Geschirregal, das*
kökspall, en	*Küchenhocker, der*
köksskåp, ett	*Geschirrschrank, der*
köksstol, en	*Küchenstuhl, der*
köttallrik, en	*Bratenplatte, die*
köttgryta, en	*Fleischtopf, der*
köttyxa, en	*Fleischbeil, das; Hackbeil, das*
lakan, ett	*Betttuch, das*
▪ (under)lakan, ett	*Bettlacken, das*
ledstång, en; räcke, ett	*Handlauf, der*
lock, ett	*Deckel, der*
lås, ett	*Türschloss, das*
lägenhet, en	*Wohnung, die*
▪ enrumslägenhet, en; etta, en	*Einzimmerwohnung, die*
▪ lägenhet, en	*Etagenwohnung, die*
▪ sutterängvåning, en	*Souterrainwohnung, die*
▪ vindsvåning, en	*Dachwohnung, die*
▪ ägarlägenhet, en	*Eigentumswohnung, die*
läslampa, en	*Leselampe, die*
madrass, en	*Matratze, die*
matberedare, en	*Küchenmaschine, die*
matbord, ett	*Esstisch, der*
matrum, ett; matsal, en	*Speisezimmer, das*
matsal, en	*Esszimmer, das*
matta, en	*Teppich, der*
mattvätt, en	*Teppichkehrmaschine, die*
mikro, en; mikrovågsugn, en	*Mikrowelle, die; Mikrowellenherd, der*
mjölkkanna, en	*Milchkanne, die*
modern	*modern*
mur, en	*Mauer, die*
nötknäckare, en	*Nussknacker, der*
ostbricka, en	*Käseplatte, die*
osthyvel, en	*Käseheber, der*
ostkupa, en	*Käseglocke, die*
panel, en	*Holztäfelung, die; Wandpaneele pl*
panna, en	*Pfanne, die*
parabolantenn, en	*Satellitenschüssel, die*
paraplyställ, ett	*Schirmständer, der*
pelare, en	*Pfeiler, der*
porslin, ett; servis, en	*Geschirr, das*
port, en	*Tor, das*
porttelefon, en	*Sprechanlage, die*
proppskåp, ett	*Sicherungskasten, der*
radhus, ett	*Reihenhaus, das*
rum, en	*Stube, die; Zimmer, das*
ryggstöd, ett	*Rückenlehne, die*
serveringsbord, ett	*Anrichte, die*
serveringstallrik, en	*Grundteller, der*
servett, en	*Serviette, die*
servis, en	*Essgeschirr, das*
sked, en	*Löffel, der*
▪ dessertsked, en	*Kuchenlöffel, der*
▪ kaffesked, en	*Kaffeelöffel, der*
▪ soppslev, en	*Schöpflöffel, der*
▪ tesked, en	*Teelöffel, der*
sköljplats, en	*Spülplatz, der*
slev, en	*Kochlöffel, der; Rührlöffel, der*
smörbytta, en	*Butterdose, die*
sockerskål, en	*Zuckerdose, die*
soffa, en	*Couch, die; Sofa, das*
soffbord, ett	*Couchtisch, der*
soppskål, en; soppterrin, en	*Suppenschüssel, die*
sopptallrik, en	*Suppenteller, der*
sopskyffel, en	*Kehrschaufel, die*
sovrum, ett	*Schlafzimmer, das*
spegel, en	*Spiegel, der*
spis, en	*Küchenherd, der*
stad, en	*Stadt, die*
stadsdel, en	*Stadtteil, der*
stekgryta, en	*Bratentopf, er*
stekpanna, en	*Bratpfanne, die*
stenlagd	*gepflastert*
stereo, en; stereoanläggning, en	*Stereoanlage, die*

stol, en	*Stuhl, der*
stolsdyna, en	*Sitzkissen, das*
strykbräda, en	*Bügelbrett, das*
strykjärn, ett	*Bügeleisen, das*
strykrum, ett	*Bügelraum, der*
såssnipa, en	*Sauciere, die; Soßenschüssel, die*
sällskapsrum, ett; uppehållsrum, ett	*Aufenthaltsraum, der*
säng, en	*Bett, das*
▪ dubbelsäng, en	*Doppelbett, das*
▪ enkelsäng, en	*Einzelbett, das*
sänglåda, en	*Bettkasten, der*
sängmatta, en	*Bettvorleger, der*
sängstomme, en	*Bettgestell, das*
tak, ett	*Dach, das; Decke, die*
takbelysning, en	*Deckenleuchte, die*
takvåning, en	*Penthaus, das*
tallrik, en	*Teller, der*
▪ (mat)tallrik, en	*Essteller, der*
▪ flat tallrik, en	*flache Teller*
▪ flat tallrik, en	*tiefer Teller*
tefat, ett	*Untertasse, die*
tekanna, en	*Teekanne, die*
telefon, en	*Telefon, das*
termos, en	*Isolierkanne, die*
terrass, en	*Terrasse, die*
titthål, ett	*Guckloch, das*
toa, en	*Klo, das*
toalett, en	*Toilette, die*
toalettpappershållare, en	*Toilettenpapierhalter, der*
toalettsits, en	*Klosettbrille, die*
toalettskål, en	*Klosettbecken, das*
toalettskål, en	*Klosettschüssel, die*
torkställning, en	*Abtropfbrett, das; Abtropfständer, der*
trottoar, en	*Bürgersteig, der*
trottoarkant, en	*Bordkante, die*
tryckkokare, en	*Dampfkochtopf, der; Schnellkocher, der*
trädgård, en	*Garten, der*
TV, en; tv-apparat, en	*Fernseher, der*
tvålkopp, en	*Seifenschale, die*
tvättmaskin, en	*Waschmaschine, die*
tvättstuga, en	*Waschraum, der*
tårtspade, en	*Kuchenheber, der*
täcke, ett	*Bettdecke, die*
underskåp, ett	*Unterschrank, der*
universalduk, en	*Allzwecktuch, das*
utluftsventil, en	*Abluftöffnung, die*
vardagsrum, ett	*Wohnzimmer, das*
vattenkittel, en	*Wasserkessel, der*
vattenkokare, en	*Wasserkocher, der*
vattenkran, en	*Wasserhahn, der*
wc, ett	*WC., das*
veranda, en	*Veranda, die*
vinglas, ett	*Weinglas, das*
visp, en	*Schlagbesen, der*
väckarklocka, en	*Wecker, der*
väg, en	*Landstraße, die; Straße, die; Weg, der*
vägg, en	*Wand, die*
väggskåp, ett	*Hängeschrank, der*
ärmbräda, en	*Ärmelbrett, das*
överkast, ett	*Steppdecke, die*

3. Natur och miljö - Natur und Umwelt

3.1. Naturvård - Naturschutz

använda; utnyttja; återvinna	*verwerten*
användning, en; utnyttjande, ett; återvinning, en	*Verwertung, die*
artificiell; konstgjord	*künstlich*
asbest, en	*Asbest, der*
ask, en; burk, en	*Dose, die*
atmosfär, en	*Atmosphäre, die*
atmosfärisk	*atmosphärisch*
avfall, ett	*Abfall, der*
avgas, en	*Abgas, das*
avlopp, ett; avloppssystem, ett	*Kanalisation, die*
avloppsvatten, ett; spillvatten, ett	*Abwasser, das*
bakterie, en	*Bakterie, die*
batteri, ett	*Batterie, die*
bekämpningsmedel, ett; pesticid, en	*Pestizid, das*
bestånd, ett	*Bestand, der*
biocenos, en	*Biozönose, die*
biologi, en	*Biologie, die*
biologisk	*biologisch*
biologisk nedbrytning, en	*Biodegradation, die*
biomassa, en	*Biomasse, die*
biosfär, en	*Biosphäre, die*
bly, ett	*Blei, das*
brand, en	*Brand, der*
bryta ned; utarma	*degradieren*
bränsle, ett	*Brennstoff, der*

▪ fossilt bränsle, ett	*fossile Brennstoff, der*
cancerframkallande	*karzinogen; krebserzeugend*
damm, ett	*Staub, der*
dieselolja, en	*Dieselöl, das*
död, en	*Tod, der*
▪ dödsolycka, en	*tödlicher Unfall*
dödlig	*tödlich*
ej förorenad	*unverseucht*
ekolog, en	*Ökologe, der*
ekologi, en	*Ökologie, die*
ekologisk	*ökologisch*
ekosfär, en	*Ökosphäre, die*
ekosystem, ett	*Ökosystem, das*
elverk, ett	*Elektrizitätswerk, das*
erosion, en	*Erosion, die*
fabrik, en	*Fabrik, die*
fara, en	*Gefahr, das*
farlig	*gefährlich*
filter, ett	*Filter, der*
flod, en	*Flut, die*
forska	*forschen*
forskning, en	*Forschung, die*
fotogen, en	*Petroleum, das*
freon, ett	*Freon, das*
förbjuda	*verbieten*
förbud, ett	*Verbot, das*
förebygga	*vorbeugen*
förebyggande, ett	*Vorbeugung, die*
förgifta	*vergiften*
förgiftad	*vergiftet*
förgiftning, en	*Vergiftung, die*
förnya	*erneuern*
förnyelsebar	*erneuerbar*
förorena; smutsa ned	*verunreinigen*
förorenad; nedsmutsad	*verschmutzt; verseucht*
förorening, en	*Verschmutzung, die*
förpackning, en	*Verpackung, die*
förstöra	*zerstören*
förstöra; utplåna; ödelägga	*vernichten*
förstörelse, en	*Zerstörung, die*
förstörelse, en; utrotning, en; ödeläggelse, en	*Destruktion, die*
försvinna	*schwinden*
försvinnande, ett	*Schwund, der*
försämra; förvärra	*verschlimmern*
försämring, en	*Verschlimmerung, die*
gas, en	*Gas, das*
geometrisk	*geometrisch*
gift, ett	*Gift, das*
giftig	*giftig*
grön	*grün*
grönområde, ett	*Grünanlage, die*
gödsel, en	*Dünger, der*
göra åverkan på; skada	*beschädigen*
hjälp, en	*Hilfe, die*
hjälpa	*helfen*
hota	*bedrohen*
hota	*drohen*
hydrosfär, en	*Hydrosphäre, die*
högvatten, ett	*Hochwasser, das*
industri, en	*Industrie, die*
industriell	*industriell*
inte förnyelsebar	*nicht erneubar*
inverka	*einwirken*
jord, en; mark, en	*Boden, der; Erdboden, der*
katalysator, en	*Katalysator, der*
katastrof, en	*Katastrophe, die*
katastrofal	*katastrophal*
kemi, en	*Chemie, die*
kemikalie, en	*Chemikalien pl*
kemisk	*chemisch*
klimat, ett	*Klima, das*
kol, ett	*Kohle, die*
koldioxid, en	*Kohlendioxid, das*
kolmonoxid, en	*Kohlenmonoxid, das*
kompost, en	*Kompost, der*
kraftverk, ett	*Kraftwerk, das*
kvicksilver, ett	*Quecksilber, das*
källa, en	*Quelle, die*
larm, ett	*Lärm, der*
luft, en	*Luft, die*
luftförorening, en	*Luftverschmutzung, die*
makulatur, en	*Makulatur, die*
miljö-	*Umwelt-*
miljö, en	*Umwelt, die*
miljövänlig	*umweltfreundlich*
motverka	*entgegenwirken*
motverkan, en	*Entgegenwirkung, die*
natur, en	*Natur, die*
naturreservat, ett	*Reservat, das*
naturskyddsområde, ett; naturreservat, ett	*Naturschutzgebiet, das; Reservat, das*
nedbrytbar	*abbaubar*
nedbrytning, en; utarmning, en	*Degradation, die*
oskadlig	*unschädlich*
ozon, ett	*Ozon, der*
park, en	*Park, der*

plast, en	*Kunststoff, der*
radioaktiv	*radioaktiv*
radioaktivitet, en	*Radioaktivität, die*
reducera	*reduzieren*
reduktion, en	*Reduktion, die*
regeneration, en	*Regeneration, die*
regenerera	*regenerieren*
ren	*rein; sauber*
rena	*reinigen*
rengöringsmedel, ett	*Detergent, das*
rening, en	*Reinigung, die*
reningsverk, ett	*Kläranlage, die*
returpapper, ett	*Altpapier, das*
ryka	*rauchen*
råolja, en	*Rohöl, das*
råvara, en	*Rohstoff, der*
rädda	*retten*
räddning, en	*Rettung, die*
rök, en	*Rauch, der*
separera; sortera	*aussondern*
skada, en; skadegörelse, en	*Beschädigung, die*
skadedjur, ett	*Schädling, der*
skadlig	*schädlich*
skog, en	*Wald, der*
skogplantering, en	*Bewalden, das*
skrot, ett	*Schrott, der*
skrotupplag, ett	*Schrottplatz, der*
skräp, ett; sopor pl	*Müll, der*
skydd, ett	*Schutz, der*
skydda	*schonen; schützen*
skyddad	*geschützt*
smog, en	*Smog, der*
smutsa ned	*beschmutzen*
soptipp, en	*Mülldeponie, die*
sot, ett	*Ruß, der*
stråla	*strahlen*
strålning, en	*Ausstrahlung, die*
sur	*sauer*
svavel, ett	*Schwefel, der*
syntetisk	*synthetisch*
syra, en	*Säure, die*
syre, ett	*Sauerstoff, der*
teknologi, en	*Technologie, die*
toxin, ett	*Toxin, das*
toxisk	*toxisch*
undersöka	*untersuchen*
undersökning, en	*Untersuchung, die*
uppvärmning, en	*Erwärmung, die*
utdöd	*ausgestorben*
utforska	*erforschen*
utforskande, ett	*Erforschung, die*
utlopp, ett	*Ausfluss, der*
utsläpp, ett	*Emission, die*
utstråla	*ausstrahlen*
vatten, ett	*Wasser, das*
värld, en	*Welt, die*
värma upp	*erwärmen*
ånga, en	*Dunst, der*
överbefolkad	*übervölkert*
överbefolkning, en	*Überbevölkerung, die*
överleva	*überleben*
överlevnad, en	*Überleben, das*
översvämning, en	*Überschwemmung, die*

3.2. Växter - Pflanzen

akacia, en	*Akazie, die*
alg, en	*Alge, die*
art, en	*Art, die*
ask, en	*Esche, die*
aster, en	*Aster, die*
avel, en	*Zucht, die*
avla	*züchten*
azalea, en	*Azalee, die; Azalie, die*
bark, en	*Rinde, die*
begonia, en	*Begonie, die*
bevattna	*berieseln*
björk, en	*Birke, die*
björnbär, ett	*Brombeere, die*
blad, ett	*Blatt, das*
blomkalk, en	*Blumenkelch, der*
blomma	*blühen*
blomma över; vissna	*verblühen*
blomma, en	*Blume, die*
blomstra; florera	*florieren*
blomställning, en	*Blütenstand, der*
bok, en	*Buche, die*
botanik, en	*Botanik, die*
botanisk	*botanisch*
brännässla, en; nässla, en	*Brennnessel, die*
buske, en	*Strauch, der*
bär, ett	*Beere, die*
bördig; fruktbar	*fruchtbar*
dahlia, en	*Dahlie, die*
djungel, en	*Dschungel, das/der*
ek, en	*Eiche, die*
ekollon, en	*Eichel, die*
falla	*fallen*
flora, en	*Flora, die*
fläder, en	*Holunder, der*
fotosyntes, en	*Photosynthese, die*

frukt, en	*Frucht, die*
frö, ett	*Samen, das*
fält, ett; åker, en	*Feld, das*
glänta, en	*Lichtung, die*
gran, en	*Fichte, die; Tanne, die*
granbarr, ett	*Tannennadel, die*
gren, en; kvist, en	*Ast, der; Zweig, der*
gräs, ett	*Gras, das*
grönsak, en	*Gemüse, das*
gödsel, en	*Dünger, der*
gödsla	*düngen*
hassel, en	*Hasel, die*
häck, en; snår, ett	*Hecke, die*
kamomill, en	*Kamille, die*
kastanj, en	*Kastanienbaum, der*
knopp, en	*Knospe, die*
knoppas	*knospen*
kotte, en	*Zapfen, der*
krokus, en	*Krokus, der*
kronblad, ett	*Kronblatt, das*
kärna, en	*Kern, der*
lilja, en	*Lilie, die*
liljekonvalj, en	*Maiglöckchen, das*
lind, en	*Linde, die*
ljung, en	*Heidekraut, das*
lund, en	*Wäldchen, das*
lönn, en	*Ahorn, der*
magnolia, en	*Magnolie, die*
mogen	*reif*
mogna	*reifen*
mossa, en	*Moos, das*
mullbärsträd, ett	*Maulbeerbaum, der*
narciss, en	*Narzisse, die*
natur, en	*Natur, die*
näckros, en	*Seerose, die (weiße)*
näckros, en	*Wasserrose, die*
ogräs, ett	*Unkraut, das*
omogen	*unreif*
ormbunke, en	*Farn, der*
orörd	*unberührt*
pelargonia, en	*Pelargonie, die*
pil, en; vide, en	*Weide, die*
pistill, en	*Stempel, der*
planta, en; växt, en	*Pflanze, die*
plantera	*pflanzen*
platan, en	*Platane, die*
plocka	*pflücken*
pollen, ett	*Pollen, der*
pollinera	*bestäuben*
poppel, en	*Pappel, die*
primula, en	*Primel, die*
rabatt, en	*Beet, das*
rabatt, en	*Blumenbeet, das*
rensa ogräs	*jäten*
ros, en	*Rose, die*
rot, en	*Wurzel, die*
rödklint, en	*Flockenblume, die*
rönn, en	*Eberesche, die*
savann, en	*Savanne, die*
skog, en	*Wald, der*
skogsbruk, ett	*Forstwirtschaft, die*
skogsplantering, en	*Bewalden, das*
stickling, en	*Steckling, der*
stjälk, en; stängel, en	*Stängel, der; Stengel, der*
strå, ett	*Halm, der*
stubbe, en	*Stumpf, der*
styvmorsviol, en	*Stiefmütterchen, das*
ståndare, en	*Staubblatt, das*
svamp, en	*Pilz, der*
tall, en	*Kiefer, die*
tistel, en	*Distel, die*
torka ut	*austrocknen*
tryffel, en	*Trüffel, die*
träd, ett	*Baum, der*
trädgård, en	*Garten, der*
▪ botanisk trädgård	*botanischer Garten*
tulpan, en	*Tulpe, die*
tundra, en	*Tundra, die*
tusensköna, en	*Tausendschön, das*
tät	*dicht*
undervegetation, en	*Unterholz, das*
urskog, en	*Urwald, der*
vallmo, en	*Mohn, der*
vatten, ett	*Wasser, das*
vild	*wild*
viol, en	*Veilchen, das*
växa	*wachsen*
växtlighet, en	*Vegetation, die*
ympa	*pfropfen*
äng, en	*Wiese, die*
ört, en	*Kraut, das*

3.3. Naturfenomen — Naturerscheinungen

blixt, en	*Blitz, der*
blåsa	*blasen*
blåsa	*wehen*
blåsig	*windig*
brand, en	*Brand, der*
▪ anlägga en brand; tända eld på	*Brand stiften*

brandman, en	*Feuerwehrmann, der*
brunn, en	*Brunnen, der*
bränna	*brennen*
bunker, en	*Bunker, der*
byig	*böig*
bäck, en	*Bach, der*
cyklon, en	*Zyklon, der*
damm, en; fördämning, en	*Damm, der*
dike, ett	*Graben, der*
drunkna	*ertrinken*
dy, en; gyttja, en; slamm, ett	*Schlamm, der*
ebb, en; lågvatten, ett	*Ebbe, die*
eld, en	*Feuer, das*
eldfast	*feuerfest*
evakuera	*evakuieren*
evakuering, en	*Evakuierung, die*
fara, en	*Gefahr, die*
farlig	*gefährlich*
flamma, en; låga, en	*Flamme, die*
flod, en; högvatten, ett	*Flut, die*
flod, en; älv, en	*Fluss, der; Strom, der (Fluss)*
flyta	*schwimmen*
fors, en; vattenfall, ett	*Wasserfall, der*
fyrverkeri, ett	*Feuerwerk, das*
förbränna	*verbrennen*
förstöra; ödelägga	*zerstören*
förstörelse, en; ödeläggelse, en	*Zerstörung, die*
glöd, en	*Glut, die*
gnista, en	*Funke, der*
gå under	*untergehen*
hav, ett	*Meer, das*
hav, ett; sjö, en	*See, die*
hydrosfär, en	*Hydrosphäre, die*
högvatten, ett	*Hochwasser, das*
is, en	*Eis, das*
isflak, ett	*Eisscholle, die*
kraftig; stark	*kräftig*
kväva	*ersticken*
källa, en	*Quelle, die*
lavin, en; snöskred, ett	*Lawine, die*
luft, en	*Luft, die*
luftström, en	*Luftstrom, der*
lägereld, en	*Lagerfeuer, das*
mordbrand, en	*Brandstiftung, die*
mordbrännare, en	*Brandstifter, der*
nedbränd	*niedergebrannt*
ocean, en	*Ozean, der*
orkan, en	*Orkan, der*
oväder, ett	*Gewitter, das*
oväder, ett	*Unwetter, das*
pump, en	*Pumpe, die*
pumpa	*pumpen*
regnvatten, ett	*Regenwasser, das*
rinna över	*überlaufen*
rycka upp; slita upp	*ausreißen*
sjunka	*sinken*
slang, en	*Schlauch, der*
släcka	*löschen*
smälta	*schmelzen*
stark	*stark*
storm, en	*Sturm, der*
stormflod, en	*Sturmflut, die*
stormig	*gewitterig; stürmisch*
ström, en	*Strom, der*
svag	*schwach*
svämma över	*überschwemmen*
sänka	*versenken*
tjärn, en	*Teich, der*
torka ut	*austrocknen*
torka, en	*Dürre, die*
vatten, en	*Wasser, das*
vattentät	*wasserdicht*
vind, en	*Wind, der*
vulkan, en	*Vulkan, der*
våg, en	*Welle, die*
åskledare, en	*Blitzableiter, der*

3.4. Väder och klimat
Wetter und Klima

anemometer, en	*Anemometer, das*
anomali, en; onormalt väder, ett	*Anomalie, die*
atmosfär, en	*Atmosphäre, die*
atmosfärisk, en	*atmosphärisch*
avvikelse, en; variation, en	*Schwankung, die*
barometer, en	*Barometer, das*
bergskred, ett	*Bergsturz, der*
blankis, en; blixthalka, en	*Glatteis, das*
blixt, en	*Blitz, der*
blixtnedslag, ett	*Blitzschlag, der*
blixtra	*blitzen*
blåsa	*wehen*
blåsig	*windig*
blöt; våt	*nass*
bris, en	*Brise, die*
bränna	*brennen*

byig	*böig*
dimma, en	*Nebel, der*
dimmig	*nebelig*
disig	*diesig*
dugga; småregna	*nieseln*
duggregn, ett	*Nieselregen, der; Sprühregen, der*
dundra; åska	*donnern*
ekvatorial	*äquatorial*
fall, ett	*Fall, der*
fastlands-	*festländisch*
fenomen, ett	*Phänomen, das*
flod, en; älv, en	*Strom, der (Fluss)*
front, en	*Front, die*
frost, en	*Frost, der*
frysa	*frieren*
frysa till	*zufrieren*
fuktig	*feucht*
fuktighet, en	*Feuchtigkeit, die*
grad, en	*Grad, der*
gå ned	*untergehen*
gå upp; stiga upp	*aufgehen*
hagel, ett	*Hagel, der*
hal	*glitschig*
het	*heiß*
hetta, en	*Hitze, die*
himmel, en	*Himmel, der*
högtryck, ett	*Hochdruck, der*
höjning, en	*Erhöhung, die*
instabil	*unstabil*
is, en	*Eis, das*
iskall	*eiskalt; eisig*
jordskred, ett	*Erdrutsch, der*
kallfront, en	*Kaltfront, die*
klar; strålande	*heiter*
klarna (upp); ljusna	*(sich) aufklären*
klimat-	*klimatisch*
klimat, ett	*Klima, das*
klimatforskare, en; klimatolog, en	*Klimatologe, der*
klimatförändring, en	*Klimawechsel, der*
klimatologi, en	*Klimatologie, die*
kontinental	*kontinental*
kvalmig; tryckande	*schwül*
kyla, en; svalka, en	*Kühle, die*
kylig	*frostig*
kylig; sval	*kühl*
lavin, en; snöskred, ett	*Lawine, die*
lerras, ett	*Schlammlawine, die*
lugn; stilla	*ruhig*
lågtryck, ett	*Tief, das*
meteorolog, en	*Meteorologe, der*
meteorologi, en	*Meteorologie, die*
mild	*mild*
moln, ett	*Wolke, die*
molnfri	*wolkenlos*
molnigt; mulet	*bewölkt*
molntäcke, ett	*Bewölkung, die*
mulen	*bedeckt*
mulna	*(sich) bewölken*
mätning, en	*Messung, die*
nattfrost, en	*Nachtfrost, der*
oförutsägbar	*unvoraussehbar*
orkan, en	*Orkan, der*
oväder, ett	*Unwetter, das*
polarfront, en	*Polarfront, die*
ras, ett	*Rutsch, der; Lawine, die*
rasa	*rasen; toben*
regn, ett	*Regen, der*
regna	*regnen*
regnbåge, en	*Regenbogen, der*
regndroppe, en	*Regentropfen, der*
regnig	*regnerisch*
regnväder, ett	*Regenwetter, das*
ren	*rein; sauber*
riktning, en	*Richtung*
rimfrost, en	*Raureif, der*
rimfrost, en	*Reif, der*
skina	*scheinen*
skugga, en	*Schatten, der*
(regn)skur, en	*Schauer, der*
▪ övergående skurar pl	*vorübergehende Schauer*
smälta	*schmelzen*
snö, en	*Schnee, der*
snöa	*schneien*
snöyra, en	*Schneegestöber, das*
sol, en	*Sonne, die*
solig	*sonnig*
stiltje, en	*Windstille, die*
storm, en	*Sturm, der*
stormig	*stürmisch*
ström, en	*Strom, der*
störtregn, ett; ösregn, ett	*Platzregen, der*
subtropisk	*subtropisch*
synlig	*sichtbar*
temperatur, en	*Temperatur, die*
tempererad	*gemäßigt*
termometer, en	*Thermometer, das*
torka, en	*Dürre, die*
torka, en	*Trockenheit, die*
tornado, en	*Tornado, der*
torr	*dürr*

torr	*trocken*
tropisk	*tropisch*
tryck, ett	*Druck, der*
tryckande hetta, en	*Schwüle, die*
töväder, ett	*Tauwetter, das*
uppklarnande, ett	*Aufheiterung, die*
varm	*warm*
varmfront, en	*Warmfront, die*
vattenpuss, en; vattenpöl, en	*Wasserpfütze, die*
vind, en	*Wind, der*
vindstilla	*windstill*
virvelstorm, en	*Wirbelsturm, der*
vräka ned; ösregna	*gießen (in Strömen gießen)*
väder, ett	*Wetter, das*
▪ gråväder, ett	*trübe Wetter, das*
väderlekstjänst, en	*Wetterdienststelle, die*
väderprognos, en	*Wettervorhersage, die*
väderstation, en; meteorologisk station, en	*Wetterstation, die*
värme, en	*Wärme, die*
värmebölja, en	*Hitzewelle, die*
zon, en	*Zone, die*
åska, en	*Donner, der*
åskväder, ett	*Gewitter, das*
ösregn, ett	*Gussregen, der*
översvämning, en	*Überschwemmung, die*

3.5. Djur - Tiere

anka, en	*Ente, die*
antilop, en	*Antilope, die*
apa, en	*Affe, der*
bi, ett	*Biene, die*
bison(oxe), en	*Bison, der*
björn, en	*Bär, der*
boskap, en; kreatur, ett	*Vieh, das*
bäver, en	*Biber, der*
chimpans, en	*Schimpanse, der*
delfin, en	*Delphin, der*
djur, ett	*Tier, das*
duva, en	*Taube, die*
däggdjur, ett	*Säugetier, das*
ekorre, en	*Eichhörnchen, das*
emu, en	*Emu, der*
fasan, en	*Fasan, der*
fisk, en	*Fisch, der*
fjäderfä, ett	*Geflügel, das*
fjäril, en	*Schmetterling, der*
fladdermus, en	*Fledermaus, die*
flodhäst, en	*Nilpferd, das*
fluga, en	*Fliege, die*
fågel, en	*Vogel, der*
fästing	*Zecke, die*
gam, en	*Geier, der*
get, en	*Geiß, die*
get, en	*Ziege, die*
getabock, en	*Geißbock, der; Ziegenbock, der*
geting, en	*Wespe, die*
giraff, en	*Giraffe, die*
gnagare, en	*Nagetier, das*
gorilla, en	*Gorilla, der*
gris, en	*Schwein, das*
groda, en	*Frosch, der*
gås, en	*Gans, die*
gök, en	*Kuckuck, der*
hackspett, en	*Specht, der*
haj, en	*Hai, der*
hamster, en	*Hamster, der*
hankatt, en	*Kater, der*
hare, en	*Hase, der*
hingst, en	*Hengst, der*
hjort, en	*Hirsch, der*
honkatt, en; katt, en	*Katze, die*
huggorm, en	*Kreuzotter, die*
hund, en	*Hund, der*
hyena, en	*Hyäne, die*
häst, en	*Pferd, das*
höna, en	*Henne, die*
höna, en	*Huhn, das*
igel, en	*Egel, der*
igelkott, en	*Igel, der*
insekt, en	*Insekt, das*
isbjörn, en	*Eisbär, der*
jakthund, en	*Jagdhund, der*
kalkon, en	*Truthahn, der*
kamel, en	*Kamel, das*
kanariefågel, en	*Kanarienvogel, der*
kanin, en	*Kaninchen, das*
ko, en	*Kuh, die*
koala, en	*Koala, der*
korp, en	*Rabe, der*
kråka, en	*Krähe, die*
kräldjur, ett; reptil, en	*Kriechtier, das*
kyckling, en	*Küken, das*
känguru, en	*Känguru, das*
lamm, ett	*Lamm, das*
lax, en	*Lachs, der*
lejon, ett	*Löwe, der*

lejoninna, en	*Löwin, die*
leopard, en	*Leopard, der*
lo, en; lodjur, ett	*Luchs, die*
mus, en	*Maus, die*
mygga, en	*Mücke, die*
myra, en	*Ameise, die*
märr, en; sto, ett	*Stute, die*
noshörning, en	*Nashorn, das*
nyckelpiga, en	*Marienkäfer, der*
näktergal, en	*Nachtigall, die*
orm, en	*Schlange, die*
oxe, en	*Ochs, der*
padda, en	*Kröte, die*
panter, en	*Panther, der*
papegoja, en	*Papagei, der*
pingvin, en	*Pinguin, der*
puma, en	*Puma, der*
påfågel, en	*Pfau, der*
ren, en	*Rentier, das*
rådjur, ett	*Reh, das*
råtta, en	*Ratte, die*
räv, en	*Fuchs, der*
skalbagge, en	*Käfer, der*
sköldpadda, en	*Schildkröte, die*
sparv, en	*Spatz, der*
spindel, en	*Spinne, die*
stork, en	*Storch, der*
struts, en	*Strauß, der*
svala, en	*Schwalbe, die*
svan, en	*Schwan, der*
syrsa, en	*Grille, die*
säl, en	*Robbe, die*
säl, en	*Seehund, der*
tiger, en	*Tiger, der*
tordyvel, en	*Mistkäfer, der*
torsk, en	*Dorsch, der*
trana, en	*Kranich, der*
tupp, en	*Hahn, der*
uggla, en	*Eule, die*
val, en	*Wal, der*
varg, en	*Wolf, der*
vildkatt, en	*Wildkatze, die*
vildsvin, ett	*Wildschwein, das*
zebra, en	*Zebra, das*
åsna, en	*Esel, der*
älg, en	*Elch, der*
ödla, en	*Eidechse, die*
örn, en	*Adler, der*

4. Datorer och media
Computer und Medien

4.1. Datatermer och internet
Computer und Internet

administratör, en	*Administrator, der*
applikation, en; program, ett	*Anwendung, die*
autosvar, ett	*automatische Beantwortung, die*
batteri, ett	*Akku, der*
bildskärm, en	*Bildschirm, der*
bildskärm, en; monitor, en	*Monitor, der*
bit, en	*Bit, das*
blogg, en	*Blogg, das*
brandvägg, en	*Firewall, die*
byte, en	*Byte, das*
bärbar	*tragbar*
bärbar dator, en; laptop, en	*Laptop, das*
cd-brännare, en	*CD-Brenner, der*
cd-läsare, en	*CD-Laufwerk, das*
chatta	*chatten*
chip, ett	*Chip, der*
chipset, ett	*Chipsatz, der*
cookie, en	*Cookie, das*
data pl	*Daten pl*
dator, en	*Computer, der; Rechner, der*
demodulator, en	*Demodulator, der*
dialogruta, en	*Dialogfenster, das*
diskett, en	*Diskette, das*
domän, en	*Domain, die*
e-brevlåda, en; mailbox, en	*Mailbox, die*
enhet, en	*Einheit, die*
e-post, en	*E-Mail, das/die*
e-postadress, en	*E-Mail-Adresse, die*
e-postansvarig, en	*Postmeister, der*
e-postlista, en; sändlista, en	*Mailingliste, die*
FAQ; Frågor och svar; Vanliga frågor	*häufig gestellte Fragen; FAQ*
fil, en	*Datei, die*
fjärrinloggning, en	*Fernzugriff, der*
fläkt, en	*Ventilator, der*
formatera	*formatieren*
formatering, en	*Formatieren, das*
grafik, en	*Grafik, die*
grafikkort, ett	*Grafikkarte, die*

(användar)gränssnitt, ett	*Schnittstelle, die;*
hastighet, en	*Geschwindigkeit, die*
hemsida, en	*Homepage, die*
huvudsida, en	*Hauptseite, die*
hypertext, en	*Hypertext, der*
hårddisk, en	*Festplatte, die*
hårdvara, en	*Hardware, die*
ikon, en	*Icon, das*
installation, en	*Installation, die*
installera	*installieren*
inställning, en; konfiguration, en	*Konfiguration, die*
internet, ett	*Internet, das*
kabel, en	*Kabel, das*
kapacitet, en	*Kapazität, die*
kompabilitet	*Kompatibilität, die*
kompatibel	*kompatibel*
konfigurera; ställa in	*konfigurieren*
konto, ett	*Account, der; Konto, das*
kopia, en	*Kopie, die*
koppling, en	*Verbindung, die*
kort, ett	*Karte, die*
kryptering, en	*Verschlüsselung, die*
källkod, en	*Quelltext, der*
ladda ner	*herunterladen*
ladda upp	*hochladen*
licens, en	*Lizenz, die*
ljudkort, ett	*Soundkarte, die*
länk, en	*Link, der*
lösenord, ett	*Passwort, das*
mikrofon, en	*Mikrofon, das*
mikroprocessor, en	*Mikroprozessor, der*
minne, ett	*Speicher, der*
mjukvara, en	*Software, die*
mobil, en; mobiltelefon, en	*Handy, das*
modem, ett	*Modem, das/der*
moderkort, ett	*Hauptplatine, die*
modul, en	*Modul, der*
modulator, en	*Modulator, der*
mus, en	*Maus, die*
musmatta, en	*Mousepad, das*
netikett, en	*Netiquette, die*
nordbrygga, en	*Northbridge, die*
nätdel, en	*Netzteil, das*
nätet; webben; www	*weltweites Netzwerk, das; WWW*
pixel, en	*Pixel, das*
port, en	*Port, der*
processor, en	*Prozessor, der*
protokoll, ett	*Protokoll, das*
punkt, en	*Punkt, der*
router, en	*Router, der*
räknare, en	*Zähler, der*
scanner, en	*Scanner, der*
server, en	*Server, der*
skrivare, en	*Drucker, der*
skrivbord, ett	*Desktop, der*
skräppost, en	*Spam-Mail, die*
skärmsläckare, en	*Bildschirmschoner, der*
skärmupplösning, en	*Auflösungsvermögen, das*
sms:a	*simsen*
snabel-a, ett	*@ At-Zeichen, das*
sydbrygga, en	*Southbridge, die*
system, ett	*System, das*
systemadministratör, en	*Systemverwalter, der*
sökmotor, en	*Suchmaschine, die*
tangent, en	*Taste, die*
tangentbord, ett	*Tastatur, die*
tråd, en	*Forumsthread, der*
uppdatering, en	*Aktualisierung, die*
usb-minne, ett	*USB-Stick, der*
webbansvarig, en	*Webmaster, der*
webbläsare, en	*Webbrowser, der*
webbsida, en	*Webpage, die*
virtuell verklighet, en	*virtuelle Realität, die*

4.2. Radio och TV

Radio und Fernsehen

abbonent, en	*Abonnent, der*
abonnemang, ett; licens, en	*Abonnement, das*
antenn, en	*Antenne, die*
dokumentär	*dokumentarisch*
dokumentärfilm, en	*Dokumentarfilm, der*
elektrisk	*elektrisch*
film, en	*Film, der*
fjärrkontroll, en	*Fernbedienung, die*
frekvens, en	*Frequenz, die*
författare, en	*Schriftsteller, der*
höra; lyssna	*hören*
informativ	*informativ*
informera	*informieren*
interferens, en	*Interferenz, die*
intervju, en	*Interview, das*
intervjuare, en	*Interviewer, der*
journalist, en	*Journalist, der; Journalisten, die*

journalistik, en *Journalistik, die*
kabel-tv, en *Kabelfernsehen, das*
kamera, en *Kamera, die*
kanal, en *Kanal, der*
knapp, en *Taste, die*
kommentator, en *Kommentator, der*
kommentera *kommentieren*
konsert, en *Konzert, das*
korrespondent, en *Korrespondent, der*
kritik, en *Kritik, die*
kritiker, en *Kritiker, der*
kritisera, en *kritisieren*
ljud, ett *Klang, der; Ton, der*
ljudstyrka, en; volym, en *Lautstärke, die*
lyssnare, en *Hörer, der*
mass- *massen-; massenhaft*
media pl *Medien pl*
mikrofon, en *Mikrophon, das*
mono *mono*
mottagare, en *Empfänger, der*
mottagning, en *Empfang, der*
musik, en *Musik, die*
musikalisk *musikalisch*
nyhet, en *Nachricht, die*
nyheterna pl *Nachrichten pl*
parabolantenn, en *Satellitenschüssel, die*
politisk *politisch*
populär *populär*
presentera *präsentieren*
producent, en *Produzent, der*
producera *produzieren*
produktion, en *Produktion, die*
program, ett *Programm, das; Sendung, die*
programledare, en *Moderator, der*
(radio)lyssnare, en *Rundfunkhörer, der*
radio, en *Radio, das*
radioapparat, en *Rundfunkgerät, das*
radiofrekvens, en *Radiofrequenz, die*
radiomottagare, en *Rundfunkempfänger, der*
radiostation, en *Rundfunkstation, die*
radiostation, en; radiosändare, en *Rundfunksender, der*
radioteater, en *Hörspiel, das*
rapport, en *Bericht, der*
rapportera *berichten*
redaktion, en *Redaktion, die*
redaktör, en *Redakteur, der*
reklam, en *Werbung, die*
reportage, ett *Reportage, die*
reporter, en *Reporter, der*
skärm, en *Schirm, der*
slå av; stänga av *ausschalten*
slå på; sätta på *einschalten*
soffprogram, ett; talkshow, en *Talkshow, die*
stereo *stereo*
studio, en *Studio, das*
störning, en *Störung, die;*
sända *senden*
sändare, en *Sender, der*
ta emot *empfangen*
(tv-)tittare, en *Zuschauer, der*
TV, en *Fernsehen, das*
TV, en; TV-apparat, en *Fernseher, der*
TV-mottagare, en *Fernsehempfänger, der*
tv-serie, en *Fernsehserie, die*
tvålopera, en *Seifenoper, die*
underhållande *unterhalten*
underhållning, en *Unterhaltung, die*
utbildnings- *Bildungs-*

4.3. Pressen - Presse

album, ett *Album, das*
annons, en *Annonce, die; Anzeige, die*
annonsera; göra reklam *annoncieren*
antikvariat, ett *Antiquariat, das*
artikel, en *Artikel, der*
auktorisera *autorisieren*
auktorisering, en *Autorisation, die*
avdelning, en *Abteilung, die*
bild, en; illustration, en *Bild, das*
bildreportage, ett *Fotoreportage, die*
blaska, en *Käseblatt, das*
broschyr, en *Broschüre, die*
bulletin, en *Bulletin, das*
censor, en; granskare, en *Zensor, der*
censur, en *Zensur, die*
censurera *zensieren*
citat, ett *Zitat, das*
citera *zitieren*
dagstidning, en *Tageszeitung, die*
distribution, en *Vertrieb, der*
essä, en *Essay, das/der*
exemplar, ett *Exemplar, das*
falsk; fiktiv *fiktiv*
fiktion, en *Fiktion, die*
format, ett *Format, das*

fotnot, en	*Fußnote, die*
fotograf, en	*Fotograf, der*
fotografi, ett	*Fotografie, die*
följetong, en	*Feuilleton, das*
författare, en	*Autor, der*
författarskap, ett	*Autorschaft, die*
förteckning, en; lista, en	*Verzeichnis, das*
händelse, en	*Ereignis, das*
illustration, en	*Abbildung, die*
illustration, en	*Illustration, die*
illustrera	*illustrieren*
illustrerad	*illustriert*
information, en	*Information, die*
informativ	*informativ*
informera (om); upplysa om	*informieren*
intervju, en	*Interview, das*
journalist, en	*Journalist, der; Journalistin, die*
journalistik, en	*Journalistik, die*
katalog, en; lista, en	*Katalog, der*
kiosk, en	*Kiosk, der*
korrektur, ett	*Korrektur, die*
korrespondens, en	*Korrespondenz, die*
korrespondent, en	*Korrespondent, der*
korsord, ett	*Kreuzworträtsel, der*
kritik, en	*Kritik, die*
kritiker, en	*Kritiker, der*
kritisera	*kritisieren*
kritisk	*kritisch*
kungörelse, en; tillkännagivande, ett	*Verkündigung, die*
kunngöra; tillkännage	*bekanntmachen*
kvartalstidskrift, en	*Vierteljahresschrift, die*
ledare, en	*Leitartikel, der*
lexikon, ett	*Lexikon, das*
läsa	*lesen*
läsare, en	*Leser, der*
månadstidning, en	*Monatsschrift, die*
nummer, ett	*Nummer, die*
ny rad, en	*neue Zeile*
nyhet, en	*Neuigkeit, die*
nyhetsbyrå, en	*Agentur, die*
offsettryck, ett	*Offsetdruck, der*
papper, ett	*Papier, das*
prenumeration, en	*Abo, das*
prenumerera på	*abonnieren*
press, en	*Presse, die*
pressfotograf, en	*Pressefotograf, der*
påhittad	*erdichtet*
rad, en	*Zeile, die*
recensent, en	*Rezensent, der*
recensera	*rezensieren*
recension, en	*Rezension, die*
redaktion, en	*Redaktion, die*
redaktionell	*redaktionell*
redaktör, en	*Redakteur, der*
redigera	*bearbeiten*
reportage, ett	*Reportage, die*
reporter, en	*Reporter, der*
(tidnings)rubrik, en	*Schlagzeile, die*
rättelse, en	*Berichtigung, die*
sensation, en	*Sensation, die*
sensationell	*sensationell*
sida, en	*Seite, die*
skrift, en	*Schrift, die*
skriva	*schreiben*
skrivare, en	*Drucker, der*
spalt, en	*Spalte, die*
(tecknad) serie, en	*Comics pl*
text, en	*Text, der*
tidning, en	*Zeitung, die*
(tidnings)rubrik, en	*Schlagzeile, die*
tidskrift, en	*Zeitschrift, die*
tillkännage	*verkünden*
titel, en	*Titel, der*
trycka	*drucken*
tryckeri, ett	*Druckerei, die*
tryckfel, ett	*Druckfehler, der*
tryckning, ett	*Druck, der*
typ, en	*Type, die*
upplaga, en	*Auflage, die*
uppseendeväckande	*aufsehenerregend*
utgivare, en	*Herausgeber, der*
utgåva, en	*Ausgabe, die*
veckotidning, en	*Wochenblatt, das*
återförsäljare, en	*Verbreiter, der*

5. Fritid - Freizeit

5.1. Hobby - Hobby

aktiv	*aktiv*
aktivitet, en	*Aktivität, die*
aktivitet, en; verksamhet, en	*Tätigkeit, die*
album, ett	*Album, das*
anhängare, en; supporter, en	*Anhänger, der*
avguda	*vergöttern*
avkoppling, en	*Entspannung, die*
avslappnad	*entspannend*

bedriva	*betreiben*
bedriva; utöva	*treiben*
besöka; titta på	*besichtigen*
betrakta	*betrachten*
betraktande, ett	*Betrachtung, die*
bio, en	*Kino, das*
bok, en	*Buch, das*
boll, en	*Ball, der*
brevväxla	*(im) Briefwechsel stehen*
brevväxling, en; korrespondens, en	*Briefwechsel, der*
bridge, en	*Bridge, das*
brodera	*sticken*
broderi, ett	*Stickerei, die*
dans, en	*Tanz, der*
dansa	*tanzen*
datorspel, ett	*Computerspiel, das*
disko, ett	*Disco, die*
diskotek, ett	*Diskothek, die*
dyka	*tauchen*
dykning, en	*Tauchen, das*
entusiasm, en	*Enthusiasmus, der*
entusiast, en	*Enthusiast, der*
entusiastisk	*enthusiastisch*
fascination, en	*Faszination, die*
fascinera	*faszinieren*
fascinerande	*faszinierend*
favorit, en	*Favorit, der*
fest, en	*Party, die*
fest, en; firande, ett	*Feier, die*
festa	*feiern*
filateli, en	*Briefmarkenkunde, die*
filatelist, en	*Philatelist, der*
filatelist, en; frimärkssamlare, en	*Briefmarkensammler, der*
fiska; meta	*angeln*
fiske, ett	*Fischerei, die*
fotboll, en	*Fußball, der*
fotoalbum, ett	*Fotoalbum, das*
framförande, ett; föreställning, en	*Vorstellung, die*
frimärke, ett	*Briefmarke, die*
gilla; tycka om	*gern haben; mögen*
gymnastik, en	*Gymnastik, die; Turnen, das*
gymnastisera; utöva gymnastik	*turnen*
helg, en	*Wochenende, das*
hobby, en	*Hobby, das*
händelse, en	*Ereignis, das*
idrott, en; sport, en	*Sport, der*
▪ idrotta; sporta	*Sport treiben*
internet, ett	*Internet, das*
intressant	*interessant*
intresse, ett	*Interesse, das*
intressera (sig för något); vara intresserad av	*(sich für etwas) interessieren*
jakt, en	*Jägerei, die*
jogga	*joggen*
joggning, en	*Jogging, das*
jägare, en	*Jäger, der*
kamera, en	*Fotoapparat, der*
klippbok, en	*Sammelbuch, das*
klättring, en	*Klettern, das*
kolonilott, en; koloniträdgård, en	*Kleingarten, der*
kolonilottsinnehavare, en; kolonist, en	*Schrebergärtner, der*
koloniträdgård, en	*Schrebergarten, der*
konst, en	*Kunst, die*
koppla av; slappna av	*(sich) entspannen*
korsord, ett	*Kreuzworträtsel, der*
kortspel, ett	*Kartenspiel, das*
laga mat	*kochen*
lek, en; spel, ett	*Spiel, das*
leka; spela	*spielen*
lekplats, en	*Spielplatz, der*
lopp, ett	*Lauf, der*
läsa	*lesen*
läsning, en	*Lesen, das*
löpa; springa	*laufen*
matlagning, en	*Kochen, das*
måla	*malen*
måleri, ett	*Malen, das*
måleri, ett	*Malerei, die*
numismatik, en	*Numismatik, die*
numismatiker, en	*Numismatiker, der*
omtyckt; populär	*beliebt*
opera, en	*Oper, die*
passion, en	*Leidenschaft, die*
promenad, en	*Spaziergang, der*
promenera	*spazieren*
roa sig	*(sich) amüsieren*
samla (på)	*sammeln*
samlare, en	*Sammler, der*
samling, en	*Sammlung, die*
schackspel, ett	*Schachspiel, das*
se på; titta på	*ansehen*
semester, en	*Urlaub, der*
skida, en	*Ski, der*
skidåkning, en	*Skisport, der*

sysselsättning, en; verksamhet, en	*Beschäftigung, die*
tid, en	*Zeit, die*
tidskrävande	*zeitfordernd*
tillbe	*anbeten*
tillbringa	*verbringen*
trädgård, en	*Garten, der*
träna	*trainieren*
turism, en	*Tourismus, der*
turistindustri, en	*Touristik, die*
underhållning, en	*Unterhaltung, die*
utställning, en	*Ausstellung, die*
vandra	*wandern*
vandring, en	*Wanderung, die*
öva	*üben*
övning, en	*Übung, die*

5.2. Idrott - Sport

40 lika; deuce (Tennis)	*Einstand, der*
aerobics, en	*Aerobic, das*
alpinism, en	*Alpinusmus, der*
alpinist, en; bergsbestigare, en	*Bergsteiger, der*
amatör, en	*Amateur, der*
amatörmässig	*amateurhaft*
anfall, ett; attack, en	*Attacke, die; Angriff, der*
anfallare, en; forward, en	*Stürmer, der*
angripa	*angreifen*
atlet, en	*Athlet, der*
avbytare, en; reserv, en	*Ersatzspieler, der*
avstängning, en	*Suspension, die*
back, en; försvarsspelare, en	*Verteidiger, der*
backhoppare, en	*Skispringer, der*
badminton, en	*Badminton, das*
badminton, en	*Federball, der*
bana, en	*Bahn, die*
baseball, en	*Baseball, der*
basket, en	*Basketball, der*
basketspelare, en	*Basketballspieler, der*
bergsbestigning, en	*Bergbesteigung, die*
bergsport, en	*Bergsport, der*
besegra; slå	*besiegen*
bestämmelse, en	*Vorschrift, die*
bodybuilding, en; kroppsbyggnad, en	*Bodybuilding, das*
boll, en	*Ball, der*
bom, en; miss, en	*Fehlschuss, der*
bomma; missa	*fehlschießen*
bordtennis, en	*Tischtennis, das*
bowling, en; kägelspel, ett	*Kegelspiel, das*
bowlingbana, en; kägelbana, en	*Kegelbahn, die*
boxa	*boxen*
boxare, en	*Boxer, der*
boxning, en	*Boxen, das*
brottare, en	*Ringer, der*
brottning, en	*Ringen, das*
brädsegling, en; vindsurfning, en	*Windsurfing, das*
bröstsim, ett	*Brustschwimmen, das*
bågskytt, en	*Bogenschütze, der*
bågskytte, ett	*Bogenschießen, das*
crawl, en	*Kraul, das*
cricket, en	*Kricket, das*
cykelsport, en	*Radsport, der*
cykla	*Rad fahren*
cyklist, en	*Radfahrer, der*
deltagare, en	*Teilnehmer, der*
diska; diskvalificera	*disqualifizieren*
diskad; diskvalificerad	*disqualifiziert*
diskus, en	*Diskus, der*
diskuskastning, en	*Diskuswerfen, das*
diskvalificering, en	*Disqualifizierung, die*
domare, en	*Schiedsrichter, der*
dopning, en	*Doping, das*
dribbla	*dribbeln*
dubbel, en	*Doppel, das*
entusiast, en	*Enthusiast, der*
fallskärm, en	*Fallschirm, der*
fallskärmshoppare, en	*Fallschirmspringer, der*
fallskärmshoppning, en	*Fallschirmspringen, das*
fan, ett; supporter, en	*Fan, der*
fart, en; hastighet, en	*Geschwindigkeit, die*
femkamp, en	*Fünfkampf, der*
final, en	*Finale, das*
fiske, ett	*Fischerei, die*
form, en	*Form, die*
fort; snabb	*schnell*
fotboll, en	*Fußball, der*
fotbollsspelare, en	*Fußballer, der*
foul, en	*Foul, das*
foula	*foulen*
friidrott, en	*Leichtathletik, die*
friidrottare, en	*Leichtathlet, der*
fånga	*fangen*
fäktare, en	*Fechter, der*
fäktning, en	*Fechten, das*

förlora	*verlieren*
förlorare, en	*Besiegte, der*
förlust, en; nederlag, ett	*Niederlage, die*
försprång, ett	*Vorsprung, der*
försvar, ett	*Abwehr, die*
försvara (sig)	*(sich) verteidigen*
försök, ett	*Versuch, der*
game, ett	*Spiel, das (Tennis)*
ge upp; bryta	*ausscheiden*
golf, en	*Golf, der*
gymnast, en	*Gymnastiker, der*
gymnast, en	*Turner, der*
gymnastik, en	*Gymnastik, die*
gymnastik, en	*Turnen, das*
gå om; passera	*überholen*
gå vidare; kvalificera (sig)	*(sich) qualifizieren*
göra ... besviken	*enttäuschen*
halvlek, en; halvtid, en	*Halbzeit, die*
heja på	*anfeuern*
(is)hockey, en	*Hockey, das*
(is)hockeyspelare, en	*Hockeyspieler, der*
hopp, ett	*Sprung, der*
hoppa	*springen*
hörna, en	*Eckball, der*
i god form	*leistungsfähig*
idrott, en; sport, en	*Sport, der*
▪ utöva en sport	*Sport treiben*
idrottsarena, en; idrottsplats, en	*Sportfeld, das*
idrottsman, en	*Sportler, der; Sportlerin, die*
idrottsplats, en	*Sportplatz, der*
ihärdig; uthållig	*ausdauernd*
instruktör, en	*Instrukteur, der*
(is)hockey, en	*Hockey, das*
(is)hockeyspelare, en	*Hockeyspieler, der*
joggning, en	*Jogging, das*
judo, en	*Judo, das*
judoka, en	*Judoka, der*
jury, en	*Jury, die*
kapacitet, en	*Leistungsfähigkeit, die*
kapten, en	*Kapitän, der*
karate, en	*Karate, das*
kast, ett	*Wurf, der*
kasta	*werfen*
klubba, en; racket, en; slagträ, ett	*Schläger, der*
knockout, en	*Knockout, der*
konkurrens, en; tävling, en	*Wettbewerb, der*
konkurrens, en; tävling, en	*Wettstreit, der*
konkurrera	*konkurrieren*
konkurrera (med); tävla (med)	*wetteifern*
konståkning, en	*Eiskunstlauf, der*
kraft, en; styrka, en	*Kraft, die*
kraftig; stark	*kräftig*
kroppsbyggare, en	*Bodybuilder, der*
kula, en	*Kugel, die*
kulstötning, en	*Kugelstoß, der*
kval, ett; kvalmatch, en	*Ausscheidung, die*
kälkåkning, en; rodel, en	*Schlittenfahren, das*
kämpa (om); rivalisera	*rivalisieren*
lag, ett	*Mannschaft, die*
leda	*leiten*
lopp, ett	*Lauf, der; Rennen, das*
löpa; springa	*laufen*
löparbana, en	*Laufbahn, die*
löpare, en	*Läufer, der*
maratonlopp, ett	*Marathonlauf, der*
maratonlöpare, en	*Marathonläufer, der*
match, en; tävling, en	*Spiel, das*
medalj, en	*Medaille, die*
medaljör, en	*Medaillengewinner, der*
mittfältare, en	*Mittelfeldspieler, der*
motståndare, en	*Gegner, der*
mål, ett	*Tor, das; Ziel, das*
målstolpe, en	*Torpfosten, der*
målvakt, en	*Torwart, der*
mästare, en	*Meister, der*
mästerlig	*meisterhaft*
mästerskap, ett	*Meisterschaft, die*
nät, ett	*Netz, das*
oavgjort; remi, en (Schach)	*Remis, das*
offside, en	*Abseits, das*
omgång, en; runda, en	*Durchgang, der*
omklädningsrum, ett	*Umkleideraum, der*
passion, en	*Leidenschaft, die*
passning, en	*Pass, der*
paus, en	*Pause, die*
pingis, en; pingpong, en	*Pingpong, das*
plan, en	*Spielfeld, das*
poäng, en	*Punkt, der*
professionell	*professionell*
professionell idrottsman, en	*Berufssportler, der*
proffs, ett	*Profi, der*

rapportera *berichten*
regel, en *Regel, die*
rekord, ett *Rekord, der*
rekordinnehavare, en *Rekordhalter, der*
repris, en; upprepning, en *Wiederholung, die*
resultat, ett *Ergebnis, das*
ribba, en *Torlatte, die*
ridsport, en *Reitsport, der*
rival, en *Rivale, der*
ro *rudern*
rodd, en *Rudern, das*
roddare, en *Ruderer, der*
rugby, en *Rugby, das*
ryttare, en *Reiter, der*
sakta in; sakta ned *verlangsamen*
segelsport, en *Segelsport, der*
seger, en *Sieg, der*
segla *segeln*
segra; vinna *siegen*
semifinal, en *Semifinale, das*
serva *aufschlagen*
serve, en *Aufschlag, der*
set, ett *Satz, der*
sikta *zielen*
simma *schwimmen*
simmare, en *Schwimmer, der*
simning, en *Schwimmen, das*
singel, en *Einzel, das*
skida, en *Ski, der*
skidsport, en *Skisport, der*
skidåkare, en *Skiläufer, der*
skjuta *schießen*
skott, ett *Schuss, der*
skridskobana, en *Eisbahn, die*
skridskoåkning, en *Eislauf, der*
skynda på; öka farten *beschleunigen*
skytt, en *Schütze, der*
skytte, ett *Schießen, das*
slag, ett *Schlag, der*
slalom, en *Slalom, das*
slå *schlagen*
släggkastning, en *Hammerwerfen, das*
snooker, en *Snooker, das*
snowboard, en *Snowboard, das*
spark, en; stöt, en *Stoß, der*
sparka *kicken*
speedway, en *Speedway, der*
spela *spielen*
spela oavgjort *unentschieden spielen*
spelare, en *Spieler, der*
spjut, ett *Speer, der*
spjutkastning, en *Speerwerfen, das*
sportreportage, ett; sportnyheter pl *Sportbericht, der*
sportslig *sportlich*
springa *rennen*
sprinter, en *Sprinter, der*
sprinterlöpning, en *Sprint, der*
stafett, en *Stafette, die*
stark *stark*
start, en *Start, der*
stoppur, ett *Stoppuhr, die*
straffspark, en *Elfmeter, der*
straffspark, en *Strafstoß, der*
styrka, en *Stärke, die*
stänga av *suspendieren*
surfare, en *Surfer, der*
surfing, en *Surfing, das*
tennis, en *Tennis, das*
tennisbana, en *Tennisplatz, der*
tennisspelare, en *Tennisspieler, der*
tiokamp, en *Zehnkampf, der*
tjuvstart, en *Fehlstart, der*
tresteg, ett *Dreisprung, der*
trestegshoppare, en *Dreispringer, der*
träffande *treffend*
träffsäker *treffsicher*
träna *trainieren*
tränare, en *Trainer, der*
träning, en *Training, das*
turnering, en *Turnier, das*
tävling, en *Wettkampf, der*
tävlingscyklist, en *Radsportler, der*
tävlingsdans, en *Tanzsport, der*
uppvärmning, en *Erwärmung, die*
vinna *gewinnen*
vinnare, en *Gewinner, der*
volleyboll, en *Volleyball, der*
volleybollspelare, en *Volleyballspieler, der*
värma upp *aufwärmen*
öva *üben*
övning, en *Übung, die*

5.3. Resor - Reise

affisch, en; anslag, ett *Plakat, das*
anhållan, en; begäran, en *Bitte, die*
ankomma; anlända; komma fram *ankommen*
ankomst, en *Ankunft, die*
anmäla *anmelden*

annullera	*annullieren*
anslutning, en; förbindelse, en	*Verbindung, die*
attraktion, en	*Attraktion, die*
attraktiv	*attraktiv*
avanmäla	*abmelden*
avanmälan, en	*Abmeldung, die*
avbeställa	*stornieren*
avbeställa; avboka	*abbestellen*
avfärd, en; avresa, en	*Abreise, die*
avgift, en	*Gebühr, die*
avgå; gå	*abfahren*
avgång, en	*Abfahrt, die*
avresa; resa bort	*abreisen*
bad, ett	*Bad, das*
badkar, ett	*Badewanne, die*
badrum, ett	*Badezimmer, das*
bagage, ett	*Gepäck, das*
bagage, ett	*Reisegepäck, das*
bagageinlämning, en	*Gepäckschalter, der*
bar, en	*Bar, die*
bassäng, en	*Wasserbecken, das*
bastu, en	*Sauna, die*
(be)skydd, ett	*Schutz, der*
bekväm; skön	*bequem*
beställning, en	*Bestellung, die*
besöka; granska; titta på	*besichtigen*
besökare, en	*Besucher, der; Besucherin, die*
betala	*bezahlen; zahlen*
betalning, en	*Bezahlung, die; Zahlung, die*
betjäna; expediera; servera	*bedienen*
betjäning, en; tjänst, en	*Dienst, der*
biljett, en	*Fahrschein, der; Ticket, das*
▪ stämpla biljetten	*die Fahrkarte entwerten*
biljett, en; inträdesbiljett, en	*Eintrittskarte, die*
biljettkontor, ett; kassa, en	*Kasse, die*
biljettkontrollant, en; konduktör, en	*Schaffner, der; Schaffnerin, die*
billig; rimlig	*billig*
blankett, en; formulär, ett	*Formular, das*
boka	*buchen*
bokning, en	*Buchung, die*
bord, ett	*Tisch, der*
borttappad; förlorad	*verloren*
bottenvåning, en; gatuplan, ett	*Erdgeschoss, das*
bra; god	*gut*
broschyr, en	*Broschüre, die*
buffé, en	*Büfett, das*
buss, en	*Bus, der*
byte, ett	*Umsteigen, das*
båt, en	*Boot, das*
campa	*campen*
camping, en	*Camping, das*
campingplats, en	*Campingplatz, der*
chartra	*chartern*
cockpit, en	*Cockpit, das*
damväska, en; handväska, en	*Damentasche, die*
datum, ett	*Datum, das*
deltagare, en	*Teilnehmer, der*
diplomat, en	*Diplomat, der*
dokumentmapp, en	*Dokumentenmappe, die*
dra tillbaka; återkalla	*rückbuchen*
dricks, en; dricks-pengar pl	*Trinkgeld, das*
dusch, en	*Dusche, die*
duscha	*duschen*
dygn, ett	*Tag und Nacht*
dyr	*teuer*
dyrbar; värdefull	*kostbar*
efternamn, ett	*Familienname, der*
eländig; usel	*jämmerlich*
erbjudande, ett	*Angebot, das*
exotisk	*exotisch*
exportera; föra ut	*exportieren*
fastland, ett	*Festland, das*
finna; hitta	*finden*
flyga	*fliegen*
flygare, en	*Flieger, der*
flygbiljett, en	*Flugschein, der*
flygblad, ett	*Flugblatt, das*
flygkapten, en	*Flugkapitän, der*
flygning, en; flygresa, en	*Flug, der*
flygplats, en	*Flughafen, der*
frukost, en	*Frühstück, das*
fråga	*fragen*
fråga, en	*Frage, die*
färja, en	*Fähre, die*
fönster, ett	*Fenster, das*
förare, en; guide, en; vägvisare, en	*Führer, der*
förbereda	*vorbereiten*
förberedelse, en	*Vorbereitung, die*

fördelaktig	*vorteilhaft*
fördelaktig; förmånlig	*günstig*
föreskrift, en	*Vorschrift, die*
förlora; tappa bort	*verlieren*
förlust, en	*Verlust, der*
försenad	*verspätet*
försening, en	*Verspätung, die*
försäkring, en	*Versicherung, die*
förtulla	*verzollen*
förtullad	*verzollt*
garderob, en	*Garderobe, die*
garderob, en; klädskåp, ett	*Kleiderschrank, der*
ge	*geben*
genomsökning, en; visitation, en	*Durchsuchung, die*
▪ kroppsvisitation, en	*körperliche Durchsuchung*
granska; kontrollera	*prüfen*
gratis	*gratis*
gratis; kostnadsfri	*kostenlos*
gräns, en	*Grenze, die*
gränsövergång, en	*Grenzübergang, der*
guidad tur, en; visning, en	*Führung, die*
gå förbi; passera	*vorbeigehen*
gå ut; utgå	*ausgehen*
göra ren; rengöra	*reinigen*
hall, en	*Halle, die*
handduk, en	*Handtuch, das*
hemkomst, en; återkomst, en	*Rückkehr, die*
hiss, en	*Aufzug, der; Fahrstuhl, der*
hittad	*gefunden*
hotell, ett	*Hotel, das*
hotelldirektör, en	*Hotelkaufmann, der*
hotellägare, en	*Hotelier, der*
husrum, ett; logi, en	*Unterkunft, die*
hyra	*mieten*
hyra ut	*vermieten*
hämta	*abholen*
hämta	*holen*
importera; föra in	*importieren*
information, en	*Information, die*
informera	*informieren*
inhemsk; inrikes-	*inländisch*
inkvartera	*einquartieren*
inkvartering, en	*Einquartierung, die*
inredning, en	*Einrichtung, die*
interiör, en	*Interieur, das*
järnväg, en	*(Eisen~)bahn, die*
järnvägsstation, en; tågstation, en	*Bahnhof, der*
kantin, en	*Kantine, die*
kapten, en	*Kapitän, der*
karta, en	*Karte, die*
katalog, en	*Katalog, der*
klaga	*klagen*
klagomål, ett; reklamation, en	*Beschwerde, die*
klubb, en	*Klub, der*
kontroll, en	*Kontrolle, die*
kontrollera	*kontrollieren*
kosta	*kosten*
kryssning, en	*Kreuzfahrt, die*
kund, en	*Kunde, der*
kupé, en	*Abteil, das*
kurort, en	*Kurort, der*
kypare, en; servitör, en	*Kellner, der*
köpa	*kaufen*
laglig; legal	*legal*
lakan, ett	*Laken, das*
land, ett	*Land, das*
landa	*landen*
landning, en	*Landung, die*
landningsbana, en	*Landebahn, die*
ledig	*unbesetzt*
leta efter	*etwas suchen*
leta; söka	*suchen*
lifta	*trampen*
liftare, en	*Tramper, der*
liftning, en	*Trampen, das*
lokalisering, en	*Lokalisation, die*
lokförare, en	*Lokführer, der*
luftkonditionerad	*klimatisiert*
luftkonditionering, en	*Klimaanlage, die*
lugn, ett; tystnad, en	*Stille, die*
lunch, en	*Lunch, der*
lunch, en	*Mittagessen, das*
lyx, en	*Luxus, der*
låta	*lassen*
lägenhet, en; (hotell) svit, en	*Appartement, das*
lönsam	*lohnend*
madrass, en	*Matratze, die*
matsal, en	*Esszimmer, das*
matställe, ett	*Gaststätte, die*
megafon, en	*Megaphon, das*
mellanlandning, en	*Zwischenlandung, die*
meny, en	*Speisekarte, die; Menü, das*
mervärdesskatt, en; moms, en	*Mehrwertsteuer, die*

metropol, en	*Metropole, die*
middag, en	*Abendessen, das*
middag, en; mitt på dagen	*Mittag, der*
motell, ett	*Motel, das*
motorväg, en	*Autobahn, die*
måltid, en	*Mahlzeit, die*
namnteckning, en; underskrift, en	*Unterschrift, die*
natt, en	*Nacht, die*
nota, en; räkning, en	*Rechnung, die*
nummer, ett	*Nummer, die*
nyckel, en	*Schlüssel, der*
nöjd; tillfreds	*zufrieden*
ombud, ett; represen-tant, en	*Vertreter, der*
omkostnad, en; utgift, en	*Unkosten pl*
organiserad	*organisiert*
packa	*packen*
packa upp	*auspacken*
paket, ett	*Paket, das*
pakethållare, en	*Gepäckträger, der*
parkeringsplats, en	*Parkplatz, der*
pass, ett	*Pass, der*
passagerare, en	*Passagier, der*
pengar pl	*Geld, das*
pensionat, en	*Pension, die*
perrong, en; plattform, en	*Bahnsteig, der*
personal, en	*Personal, das*
pilot, en	*Pilot, der*
placera	*unterbringen*
plan, en	*Plan, der*
plats, en	*Platz, der*
portfölj, en	*Aktentasche, die*
portier, en	*Portier, der*
pris, ett	*Preis, der*
privat	*privat*
prospekt, ett	*Prospekt, der*
pub, en	*Pub, das*
rast, en	*Rast, die; Ruhe, die*
reception, en	*Anmeldung, die*
reception, en	*Rezeption, die*
receptionist, en	*Empfangschef, der*
rekommendation,en	*Empfehlung, die*
rekommendera	*empfehlen*
ren	*sauber*
resa	*reisen*
resa, en	*Reise, die*
resebyrå, en	*Reisebüro, das*
resenär, en	*Reisende, der*
restaurang, en	*Restaurant, das*
resväska, en	*Koffer, der*
resväska, en	*Reisekoffer, der*
riktning, en	*Richtung, die*
rum, ett	*Zimmer, das*
ryggstöd, ett	*Rücklehne, die*
ryggsäck, en	*Rucksack, der*
råd, ett	*Ratschlag, der*
sak, en	*Sache, die*
salong, en	*Salon, der*
segla	*segeln*
semester, en	*Urlaub, der*
semesterfirare, en	*Feriengast, der; Urlau-ber, der*
semesterort, en	*Ferienort, der; Urlaubs-ort, der*
signatur, en	*Signatur, die*
simbassäng, en	*Schwimmbecken, das*
simma	*schwimmen*
sittplats, en	*Sitzplatz, der*
självbetjäning, en	*Selbstbedienung, die*
skada	*schaden*
skadad	*beschädigt*
(be)skydd, ett	*Schutz, der*
smuggla	*schmuggeln*
smugglare, en	*Schmuggler, der*
smuggling, en	*Schmuggel, der*
soffa, en	*Sofa, das*
solarium, ett	*Solarium, das*
sovrum, ett	*Schlafzimmer, das*
stad, en	*Stadt, die*
standard, en	*Norm, die*
stjäla	*stehlen*
stjärna, en	*Stern, der*
strand, en	*Strand, der*
stulen	*geklaut, gestohlen*
städerska, en	*Hausangestellte, die*
städerska, en	*Zimmermädchen, das*
ställe, ett	*Stelle, die*
säng, en	*Bett, das*
sängkläder pl	*Bettwäsche, die*
säsong, en	*Saison, die*
söka igenom; visitera	*durchsuchen*
ta	*nehmen*
tariff, en; taxa, en	*Tarif, der*
T-bana, en; tunnel-bana, en	*U-Bahn (Untergrund-bahn), die*
telefon, en	*Telefon, das*
terminal, en	*Terminal, der*
till fots	*zu Fuß*
tillstånd, ett	*Genehmigung, die*
tilltalande	*anziehend*

tillåta — *erlauben*
tillåtelse, en — *Erlaubnis, die*
tillägg, ett; tilläggsavgift, en — *Zuschlag, der*
toalett, en — *Toilette, die*
trafik, en — *Verkehr, der*
transit, en — *Transit, der*
transport, en — *Transport, der*
transportera — *transportieren*
trappa, en — *Treppe, die*
tripp, en; tur, en — *Trip, der*
tull, en — *Zoll, der*
tulldeklaration, en — *Abfertigungsschein, der; Zolldeklaration, die*
tullkontroll, en — *Zollkontrolle, die*
tullstation, en — *Zollamt, das*
tulltjänsteman, en — *Zollbeamte, der; Zollbeamtin, die*
turist, en — *Tourist, der*
turistbuss, en — *Reisebus, der*
turistisk — *touristisch*
TV, en; tv-apparat, en — *Fernsehapparat, der*
tvätteri, ett — *Wäscherei, die*
tåg, ett — *Zug, der*
▪ anslutningståg, ett — *Anschlusszug, der*
tält, ett — *Zelt, das*
uppehåll, ett — *Aufenthalt, der*
uppehålla (sig) — *(sich) aufhalten*
uppvärmning, en; värme, en — *Heizung, die*
urval, ett; val, ett — *Auswahl, die*
utflyktsdeltagare, en — *Ausflügler, der*
uthyrning, en — *Vermieten, das*
utländsk — *ausländisch*
utrustning, en — *Ausstattung, die*
utsikt, en — *Aussicht, die*
vandrarhem, ett — *Jugendherberge, die*
vara, en — *Ware, die*
vikt, en — *Gewicht, das*
vila (sig) — *(sich) ausruhen*
visum, ett — *Visum, das*
väg, en — *Weg, der*
vägvisare, en — *Wegweiser, der*
välja ut — *auswählen*
vänthall, en; väntsal, en — *Warteraum, der*
värdshus, ett — *Gasthaus, das*
väska, en — *Tasche, die*
yllefilt, en — *Wolldecke, die*
övergång, en; övergångsställe, ett — *Übergang, der*
övernatta — *übernachten*
övernattning, en — *Übernachtung, die*
överviktigt bagage, ett — *Übergepäck, das*

5.4. Böcker och litteratur
Bücher und Literatur

akt, en — *Akt, der; Aufzug, der*
allegori, en — *Allegorie, die*
ambitiös; äregirig — *ehrgeizig*
analysera — *analysieren*
anonym — *anonym; ungenannt*
anspelning, en — *Anspielung, die*
antik — *antik*
antiken — *Antike, die*
antikvariat, ett — *Antiquariat, das*
antikvariatsinnehavare, en — *Antiquar, der*
antologi, en — *Anthologie, die*
apokryf, en — *Apokryph, das*
artikel, en — *Artikel, der*
avsnitt, ett; stycke, ett — *Abschnitt, der*
ballad, en — *Ballade, die*
band, ett; inbindning, en — *Einband, der*
barock — *barock*
barocken — *Barock, das/der*
bearbeta — *bearbeiten*
bearbetning — *Bearbeitung, die*
berätta — *erzählen*
berättare, en — *Erzähler, der*
berättelse, en — *Erzählung, die*
beskriva — *beschreiben*
beskrivning, en — *Beschreibung, die*
bi-; sekundär — *zweitrangig*
bibel, en — *Bibel, die*
bibliografi, en — *Bibliographie, die*
bibliotek, en — *Bibliothek, die*
bibliotekarie, en — *Bibliothekar, der; Bibliothekarin, die*
biblisk — *biblisch*
binda in — *einbinden*
biograf, en; levnadstecknare, en — *Biograph, der*
biografi, en — *Biographie, die*
biografisk — *biographisch*
bok, en — *Buch, das*
bokhandel, en — *Buchhandlung, die*
bokhandlare, en — *Buchhändler, der*
bokomslag, ett — *Buchdeckel, der*
budskap, ett — *Botschaft, die*

bästsäljare, en	*Bestseller, der*
citat, ett	*Zitat, das*
citera	*zitieren*
dagbok, en	*Tagebuch, das*
deckare, en; kriminalroman, en	*Krimi, der*
dedicera; tillägna	*widmen*
dedikation, en; tillägnan, en	*Widmung, die*
degression, en	*Degression, die*
dialog, en	*Dialog, der*
dikt, en	*Gedicht, das*
diktare, en; poet, en	*Dichter, der*
distikon, ett; tvårading, en	*Zweizeiler, der*
dokumentär; dokumentär-	*dokumentarisch*
dokumentärroman, en	*Dokumentarbuch, das*
drama, ett	*Drama, das*
dramatiker, en	*Dramatiker, der*
dramatisk	*dramatisch*
e-bok, en	*E-Buch, das*
eftertanke, en	*Nachdenken, das*
eftertryck, ett	*Nachdruck, der*
eftertänksam; tankfull	*gedankenvoll*
epigram, ett	*Epigramm, das*
epik, en	*Epik, die*
epiker, en	*Epiker, der*
episk	*episch*
epitet, ett	*Epitheton, das*
epos, ett	*Epos, das*
essä, en	*Essay, der*
essäist, en; essäförfattare, en	*Essayist, der*
estetik, en	*Ästhetik, die*
estetisk	*ästhetisch*
fabel, en	*Fabel, die*
facklitteratur, en	*Sachbuch, das*
faktum, ett	*Tatsache, die*
fantastisk	*fabelhaft*
fiktion, en	*Fiktion, die*
fiktiv	*fiktiv*
form, en	*Form, die*
fotnot, en	*Fußnote, die*
författare, en	*Autor, der*
författare, en; skribent, en	*Schriftsteller, der*
författarinna, en	*Autorin, die*
författarinna, en; skribent, en	*Schriftstellerin, die*
författarskap, ett	*Autorschaft, die*
förlag, ett	*Verlag, der*
förläggare, en	*Verleger, der*
förord, ett	*Vorwort, das*
ge en titel	*betiteln*
ge ut; utge	*herausgeben*
genre, en	*Genre, das*
handbok, en	*Handbuch, das*
handling, en	*Handlung, die*
historia, en	*Geschichte, die*
historisk	*historisch*
hjälte, en	*Held, der*
humor, en	*Humor, der*
humoristisk	*humoristisch*
hymn, en	*Hymne, die*
höjdpunkt, en; kulmen, en	*Höhepunkt, der*
idé, en	*Idee, die*
ideologi, en	*Ideologie, die*
illustration, en	*Illustration, die*
illustrera	*illustrieren*
imitation, en	*Imitation, die*
imitatör, en	*Imitator, der*
imitera	*imitieren*
inledning, en; introduktion, en	*Einführung, die*
innehåll, ett	*Inhalt, der*
innovation, en	*Innovation, die*
innovativ	*innovativ*
inspiration, en	*Inspiration, die*
inspirera	*inspirieren*
inspirerande	*anregend*
inspirerande	*inspirierend*
intressant	*interessant*
intrig, en	*Intrige, die*
kapitel, ett	*Kapitel, das*
karakteristisk	*charakteristisch*
karaktär, en	*Charakter, der*
karaktäristik, en	*Charakteristik, die*
klagovisa, en	*Klagelied, das*
klassiker, en	*Klassiker, der*
klassisk	*klassisch*
klassisk epok, en	*Klassik, die*
komedi, en	*Komödie, die*
komisk	*komisch*
kommentar, en	*Kommentar, der*
kommentera	*kommentieren*
komposition, en; struktur, en	*Komposition, die*
koncept, ett	*Konzept, das*
konst, en	*Kunst, die*
konstnär, en	*Künstler, der; Künstlerin, die*
konstnärlig	*künstlerisch*

kontext, en	*Kontext, der*
kontroversiell	*kontrovers*
kriminell	*kriminell*
kritik, en	*Kritik, die*
kritiker, en	*Kritiker, der*
kritisk	*kritisch*
kulminationspunkt, en	*Kulminationspunkt, der*
kärleksdikt, en	*Liebesgedicht, das*
legend, en	*Legende, die*
legendarisk	*legendär*
lektyr, en	*Lektüre, die*
lexikon, ett	*Lexikon, das*
litteratur, en	*Literatur, die*
litterär	*literarisch*
ljudbok, en	*Hörbuch, das*
lovsång, en; ode, ett	*Ode, die*
lyrik, en	*Lyrik, die*
lyriker, en	*Lyriker, der*
lyrisk	*lyrisch*
läsa	*lesen*
läsare, en	*Leser, der*
medeltid, en	*Mittelalter, das*
melodram, en	*Melodrama, das*
melodramatisk	*melodramatisch*
metafor, en	*Metapher, die*
modernism, en	*Modernismus, der*
modernist, en	*Modernist, der*
modernistisk	*modernistisch*
monolog, en	*Monolog, der*
moral, en; sensmoral, en	*Moral, die*
moralisk	*moralisch*
motiv, ett	*Motiv, das*
mottagare, en	*Empfänger, der*
motto, ett	*Motto, das*
myt, en	*Mythus, der*
mytisk	*mythisch*
mål, ett	*Ziel, das*
mästerverk, ett	*Meisterstück, das*
namnlös	*namenlos*
naturalism, en	*Naturalismus, der*
naturalistisk	*naturalistisch*
novell, en	*Novelle, die*
novellförfattare, en	*Novellist, der*
novellistisk	*novellistisch*
ny upplaga, en	*Neuauflage, die*
omstridd	*umstritten*
onomatopoesi, en	*Onomatopöie, die*
overklig	*unwirklich*
oxymoron, en	*Oxymoron, das*
papper, ett	*Papier, das*
parabel, en	*Parabel, die*
parafras, en	*Paraphrase, die*
parafrasera	*paraphrasieren*
pergament, ett	*Pergament, das*
personifiera	*personifizieren*
personifikation, en	*Personifikation, die*
plagiat, ett	*Plagiat, das*
poesi, en	*Poesie, die*
poetik, en	*Poetik, die*
poetisk	*poetisch*
positivism, en	*Positivismus, der*
poäng, en	*Pointe, die*
prolog, en	*Prolog, der*
prosa, en	*Prosa, die*
prosaist, en	*Prosaschriftsteller, der*
pseudonym, en	*Pseudonym, das*
publicering, en	*Veröffentlichung, die*
publikation, en	*Publikation, die*
påhittad; uppdiktad	*erfunden*
rad, en	*Zeile, die*
realism, en	*Realismus, der*
recensent, en	*Rezensent, der*
recensera	*rezensieren*
recension, en	*Rezension, die*
redaktör, en	*Redakteur, der*
redigera	*redigieren*
reflektion, en	*Reflexion, die*
renässansen	*Renaissance, die*
retorik, en	*Rhetorik, die*
retorisk	*rhetorisch*
rim, ett	*Reim, der*
rimma	*reimen*
romans, en	*Romanze, die*
romantik, en	*Romantik, die*
romantisk	*romantisch*
rytm, en	*Rhythmus, der*
saga, en	*Märchen, das*
saga, en	*Saga, die*
sago-; sagolik	*märchenhaft*
samling, en	*Sammlung, die*
sammanfatta	*zusammenfassen*
sammanfattning, en	*Zusammenfassung, die*
satir, en	*Satire, die*
satirisk	*satirisch*
scen, en	*Szene, die*
sedlig	*sittlich*
sentimental	*sentimental*
sida, en	*Seite, die*
självbiografi, en	*Autobiografie, die*
självbiografi, en	*Selbstbiographie, die*
självbiografisk	*autobiografisch; selbstbiographisch*
skriva	*schreiben*

skrivande, ett	*Schreiben, das*
slut, ett	*Schluss, der*
sonett, en	*Sonett, das*
spänning, en	*Spannung, die*
stil, en	*Stil, der*
strof, en	*Strophe, die*
struktur, en	*Struktur, die*
sång, en	*Lied, das*
sägen, en	*Sage, die*
teater, en	*Theater, das*
teatralisk	*theatralisch*
tema, ett	*Thema, das*
tematik, en	*Thematik, die*
tematisk	*thematisch*
tendens, en	*Tendenz, die*
teori, en	*Theorie, die*
tes, en	*These, die*
text, en	*Text, der*
titel, en	*Titel, der*
topos, ett	*Topos, der*
tragedi, en	*Tragödie, die*
tragikomedi, en	*Tragikomödie, die*
tragikomisk	*tragikomisch*
tragisk	*tragisch*
transkription, en	*Transkription, die*
trilogi, en	*Trilogie, die*
trist; (lång)tråkig	*langweilig*
tryck, ett	*Druck, der*
trycka	*drücken*
tryckfel	*Druckfehler, der*
undertitel, en	*Untertitel, der*
upplaga, en	*Auflage, die*
upplaga, en; utgåva, en	*Ausgabe, die*
upplysningen; upplysningstiden	*Aufklärung, die*
utgåva, en	*Herausgabe, die*
utkast, ett	*Entwurf, der*
verk, ett	*Werk, das*
vers, en	*Vers, der*
versrad, en	*Verszeile, die*
äventyr, ett	*Abenteuer, das*
överraskande	*überraschend*
överraskning, en	*Überraschung, die*
översikt, en	*Abriss, der*
översätta	*übersetzen*
översättning, en	*Übersetzung, die*

5.5. Film och teater - Kino und Theater

ackompanjemang, ett	*Begleitung, die*
ackompanjera	*begleiten*
affisch, en	*Plakat, das*
akt, en	*Akt, der*
allvarlig	*ernsthaft*
amatör-	*Amateur-*
applåd, en	*Applaus, der*
applådera	*applaudieren*
assistent, en; medhjälpare, en	*Assistent, der*
balett, en	*Ballett, das*
balkong, en; rad, en	*Balkon, der*
bearbeta	*bearbeiten*
bearbetning, en	*Bearbeitung, die*
berättelse, en	*Erzählung, die*
besätta; tillsätta	*besetzen*
bifall, ett	*Beifall, der*
biljett, en; inträdesbiljett, en	*Eintrittskarte, die*
bio, en	*Kino, das*
biobesökare, en	*Kinogänger, der*
biobiljett, en	*Kinokarte, die*
biroll, en	*Nebenrolle, die*
byta kläder; byta om	*(sich) umkleiden*
byta kläder; byta om	*(sich) umziehen*
dans, en	*Tanz, das*
dansa	*tanzen*
dekor, en	*Dekoration, die*
dialog, en	*Dialog, der*
drama, ett; skådespel, ett	*Drama, das*
dramatiker, en	*Dramatiker, der*
dramatisk	*dramatisch*
dramaturgi, en	*Dramaturgie, die*
epilog, en	*Epilog, der*
extranummer, ett	*Zugabe, die*
fiasko, ett	*Fiasko, das*
figur, en; gestalt, en	*Gestalt, die*
film, en	*Film, der*
filmfestival, en	*Filmfestival, das*
filmindustri, en	*Filmindustrie, die*
filmmanuskript, ett; manus, ett	*Drehbuch, das*
foajé, en	*Foyer, das*
framförande, ett; uppträdande, ett	*Auftreten, das*
framgång, en	*Erfolg, der*
framställa	*darstellen*
föreställning, en	*Vorstellung, die*

författare, en	*Autor, der; Schriftsteller, der*
författarinna, en	*Autorin, die; Schriftstellerin, die*
författarskap, ett	*Autorschaft, die*
galleri, ett	*Galerie, die*
garderob, en	*Garderobe, die; Kleiderablage, die*
grotesk, en	*Groteske, die*
handling, en	*Handlung, die*
historia, en	*Geschichte, die*
hjälte, en	*Held, der*
huvud-	*haupt-*
händelse, en	*Ereignis, das*
ingång, en	*Eingang, der*
innovation, en	*Innovation, die*
innovativ	*innovativ*
intrig, en	*Intrige, die*
iscensätta; sätta upp	*inszenieren*
kabaré, en	*Kabarett, das*
katarsis, en	*Katharsis, die*
klassiker, en	*Klassiker, der*
klassisk	*klassisch*
klassisk epok, en	*Klassik, die*
kläder pl	*Kleider pl*
komedi, en	*Komödie, die*
komik, en	*Komik, die*
komiker, en	*Komiker, der*
komisk	*komisch*
konstnär, en	*Künstler, der*
konstnärinna, en	*Künstlerin, die*
konstnärlig	*künstlerisch*
koreografi, en	*Choreographie, die*
kostym, en; scenkläder pl	*Kostüm, das*
kuliss, en	*Kulissen pl*
kör, en	*Chor, der*
loge, en	*Loge, die*
manusförfattare, en	*Szenarist, der*
mellanakt, en	*Zwischenakt, der*
melodram, en	*Melodrama, das*
melodramatisk	*melodramatisch*
mimare, en; pantomimartist, en	*Mime, der*
modernistisk	*modernistisch*
monolog	*Monolog, der*
motiv, ett	*Motiv, das*
mottagande, ett	*Empfang, der*
mottagare, en	*Empfänger, der*
musik, en	*Musik, die*
musikal, en	*Musical, das*
mästerverk, ett	*Meisterstück, das*
parkett, en	*Parkett, das*
peruk, en	*Perücke, die*
premiär, en	*Premiere, die*
producent, en	*Produzent, der*
program, ett	*Programm, das*
prolog, en	*Prolog, der*
publik, en	*Publikum, das*
rad, en	*Reihe, die*
rampfeber, en	*Lampenfieber, das*
recitation, en	*Rezitation, die*
recitera	*rezitieren*
regi, en	*Regie, die*
regianvisning, en	*Didaskalien pl*
regissera	*Regie führen*
regissör, en	*Regisseur, der*
rekvisita pl	*Requisit, das*
repertoar, en; spelplan, en	*Repertoire, das*
repetition, en	*Probe, die*
ridå, en	*Vorhang, der*
roa; underhålla	*amüsieren*
roa; underhålla	*vergnügen*
roll, en	*Rolle, die*
rollbesättning, en	*Besetzung, die*
rollframställning, en	*Darstellung, die*
scen, en	*Auftritt, der; Bühne, die; Szene, die*
scenbild, en; sceneri, ett	*Szenerie, die*
scenograf, en	*Bühnenbildner, der*
scenografi, en	*Bühnenbild, das*
sittplats, en	*Sitzplatz, der*
sjunga	*singen*
sketch, en	*Sketch, der*
skådespel, ett	*Schauspiel, das*
skådespelare, en	*Darsteller, der; Schauspieler, der*
skådespelarkonst, en	*Spielen, das*
skådespelerska, en	*Schauspielerin, die*
spel, ett	*Spiel, das*
spela	*spielen*
spänning, en	*Spannung, die*
statist, en	*Statist, der*
sufflör, en	*Souffleur, der*
sång, en	*Singen, das*
sångare, en	*Sänger, der*
ta emot	*empfangen*
teater, en	*Theater, das*
teateraffisch, en	*Theaterzettel, der*
teaterbiljett, en	*Theaterkarte, die*
tragedi, en	*Tragödie, die*
tragikomedi, en	*Tragikomödie, die*

tragikomisk *tragikomisch*
tragisk *tragisch*
uppföra *aufführen*
uppsättning, en *Inszenierung, die*
uppträda *auftreten*
utgång, en *Ausgang, der*
vaktmästare, en *Platzanweiser, der*
verk, ett *Werk, das*
åskådare, en *Zuschauer, der*

5.6. Musik - Musik

ackompanjemang, ett *Akkompagnement, das; Begleitung, die*
ackompanjera *akkompanieren; begleiten*
ackord, ett *Akkord, der*
akustik, en *Akustik, die*
akustisk *akustisch*
alt, en *Alt, der*
amatör, en *Amateur, der*
amfiteater, en *Amphitheater, das*
applåd, en *Applaus, der*
applådera *applaudieren*
aria, en *Arie, die*
arr, ett; arrangemang, ett *Arrangement, das*
avantgarde, ett *Avantgarde, die*
band, ett *Band, die*
baryton, en *Bariton, der*
bas, en *Bass, der*
basklav, en *Bassschlüssel, der; F-Schlüssel, der*
bifall, ett *Beifall, der*
blues, en *Bluesmusik*
cd, en *CD*
cd-skiva *CD-Platte*
cellist, en *Cellist, der*
cello, en *Cello, das*
da capo *da capo*
dans, en *Tanz, der*
dansare, en *Tänzer, der*
dansmusik *Tanzmusik*
dansös, en *Tänzerin, die*
decibel, en *Dezibel, das*
dirigent, en *Dirigent, der*
dirigera *dirigieren*
disco, en *Discomusik*
dragspel, ett *Ziehharmonika, die*
dur, en (durskala, en) *Dur, das (Durskala, die)*
eko, ett *Echo, das*
elektronisk *elektronisch*
elektronisk musik *elektronische Musik*
extranummer, ett *Zugabe, die*
fiol, en; violin, en *Geige, die*
fjärdedelsnot, en *Viertelnote, die*
flöjt, en *Flöte, die*
flöjtist, en *Flötist, der*
folkmusik *Volksmusik*
folkmusik, en *Volksmusik, die*
förstärkare, en *Verstärker, der*
gitarr, en *Gitarre, die*
▪ akustisk gitarr *akustische Gitarre*
▪ basgitarr; elbas, en *Bass-Gitarre*
▪ elgitarr, en *E-Gitarre; elektrische Gitarre*
▪ klassisk gitarr *klassische Gitarre*
gitarrist, en *Gitarrist, der*
grammofonskiva *Schallplatte*
harpa, en *Harfe, die*
hymn, en *Hymne, die*
hårdrock, en *Hard Rock Musik*
hög *laut*
högtalare, en *Lautsprecher, der*
höra *hören*
hörlur, en *Kopfhörer, der*
inspelning, en *Aufnahme, die*
instrument, ett *Instrument, das*
▪ blåsinstrument *Blasinstrument*
▪ musikinstrument *Musikinstrument*
▪ slagverk, ett *Schlaginstrument*
▪ stråkinstrument *Streichinstrument*
▪ stränginstrument *Saiteninstrument*
▪ träblåsinstrument *Holzblasinstrument*
intervall, ett *Intervall, das*
jazz, en *Jazzmusik; Jazz, der*
jazzband, ett *Jazzband, die*
kammarmusik *Kammermusik*
kassett, en *Kassette, die*
klang, en *Klang, der*
klang, en; ton, en *Ton, der*
klarinett, en *Klarinette, die*
klassisk musik *klassische Musik*
klav, en *Schlüssel, der*
klinga; låta *klingen*
klinka *klimpern*
komponera *komponieren*
kompositör, en; tonsättare, en *Komponist, der*
konsert, en *Konzert, das*
konstfärdighet, en; skicklighet, en *Kunstfertigkeit, die*
konstnär, en *Künstler, der*

konstnärlig	*künstlerisch*
koral, en	*Choral, der*
kors, ett; korsförteck-en, ett	*Kreuz, das*
kritik, en	*Kritik, die*
kritiker, en	*Kritiker, der*
kritisera	*kritisieren*
kvartett, en	*Quartett, das*
kvintett, en	*Quintett, das*
kör, en	*Chor, der*
körmusik	*Chormusik*
låt, en; sång, en; visa, en	*Lied, das*
låta	*lauten*
mandolin, en	*Mandoline, die*
melodi, en	*Melodie, die*
melodisk	*melodisch*
mikrofon, en	*Mikrophon, das*
modern musik; nutida musik	*moderne Musik*
moll, en	*Moll, das*
munspel, ett	*Mundharmonika, die*
musik, en	*Musik, die*
musiker, en	*Musiker, der*
musikstycke, ett	*Musikstück, das*
musikverk, ett	*Musikwerk, das*
mästerverk, ett	*Meisterstück, das*
not, en	*Note, die*
nynna	*summen*
oktav, en	*Oktave, die*
opera, en	*Oper, die*
operett, en	*Operette, die*
organist, en	*Organist, der*
orgel, en	*Orgel, die*
orgelmusik	*Orgelmusik*
orkester, en	*Orchester, das*
▪ blåsorkester	*Blasorchester*
▪ kammarorkester	*Kammerorchester*
▪ stråkorkester	*Streichorchester*
▪ symfoniorkester	*Symphonieorchester*
orkestermusik	*▪ Orchestermusik*
ouvertyr, en	*Ouvertüre, die*
ovation, en	*Ovation, die*
partitur, ett	*Partitur, die*
paus, en	*Pause, die*
pianist, en	*Pianist, der*
piano, ett	*Klavier, das*
plektrum, ett	*Plektron, das*
popmusik	*Popmusik*
publik, en	*Publikum, das*
publiken	*Zuschauer pl*
punk, en	*Punkmusik*
rap, en	*Rapmusik*
recensera	*rezensieren*
recension, en	*Rezension, die*
refräng, en	*Refrain, der*
reggae, en	*Reggae*
repertoar, en	*Repertoire, das*
resonans, en	*Resonanz, die*
rock, en	*Rockmusik*
rytm, en	*Rhythmus, der*
rytmisk	*rhythmisch*
saxofon, en	*Saxophon, das*
sextett, en	*Sextett, das*
sjunga	*singen*
▪ sjunga falskt	*falsch singen*
skala, en	*Skala, die*
skiva, en	*Platte, die*
slagverk, ett; trumset, ett	*Schlagzeug, das*
slagverkare, en; trum-mis, en	*Schlagzeuger, der*
solist, en	*Solist, der*
solo, ett	*Solo, das*
sonat, en	*Sonate, die*
sopran, en	*Sopran, der*
soul, en	*Soulmusik*
spel, ett	*Spiel, das*
spela	*spielen*
spela in	*einspielen*
stereo, en	*Stereo, das*
storband, ett	*Bigband, die*
stråke, en	*Geigenbogen, der*
sträng, en	*Seite, die*
studio, en	*Studio, das*
stående ovationer	*stehender Applaus*
symfoni, en	*Symphonie, die*
symfonisk	*sinfonisch*
sång, en	*Gesang, der*
sångare, en	*Sänger, der*
säckpipa, en	*Dudelsack, der*
takt, en	*Takt, der*
taktpinne, en	*Taktstock, der*
tamburin, en	*Tamburin, das*
tangent, en	*Taste, die*
tenor, en	*Tenor, der*
tonart, en	*Tonart, die*
topplista, en	*Hitliste, die*
traditionell musik	*traditionelle Musik*
triangel, en	*Triangel, der*
trio, en	*Trio, das*
trombon, en	*Posaune, die*
trumma, en	*Trommel, die*
trumpet, en	*Trompete, die*

trumpetare, en	*Trompeter, der*
trumslagare, en	*Trommelschläger, der*
tuba, en	*Tuba, die*
uppträda	*auftreten*
uppträdande, ett	*Auftreten, das*
variation, en	*Variation, die*
vinylskiva	*Vinylplatte*
viola, en	*Bratsche, die*
violinist, en	*Geigenspieler, der*
virtuos, en	*Virtuose, der*
vokalist, en	*Vokalist, der*
åhörare, en	*Zuhörer, der*
öva	*üben*

5.7. Konst - Kunst

abstrakt konstnär, en	*Abstraktionist, der*
abstraktion, en	*Abstraktion, die*
affisch, ett; plakat, ett	*Plakat, das*
akt, en	*Akt, der*
akvarell, en	*Aquarell, das*
allegori, en	*Allegorie, die*
allegorisk	*allegorisch*
altare, ett	*Altar, der*
antiken	*Antike, die*
arabesk, en	*Arabeske, die*
arkitekt, en	*Architekt, der*
arkitektonisk	*architektonisch*
arkitektur, en	*Architektur, die*
ateljé, en	*Atelier, das*
attribut, ett	*Attribut, das*
avantgarde, ett	*Avantgarde, die*
avbilda; porträttera	*porträtieren*
avgjutning, en	*Abguss, der*
bakgrund, en	*Hintergrund, der*
barock	*barock*
barocken	*Barock, das/der*
basilika, en	*Basilika, die*
begeistra; hänföra	*begeistern*
berömd	*berühmt*
berömmelse, en	*Ruhm, der*
bild, en; tavla, en	*Bild, das*
bildhuggare, en; skulptör, en	*Bildhauer, der*
blindram, en	*Blendrahmen, der*
blyertspenna, en	*Bleistift, der*
brodera	*sticken*
broderi, ett	*Stickerei, die*
byst, en	*Büste, die*
båge, en; valv, ett	*Bogen, der*
dadaism, en	*Dadaismus, der*
dadaist, en	*Dadaist, der*
dadaistisk	*dadaistisch*
djup, ett	*Tiefe, die*
domkyrka, en	*Domkirche, die*
draperi, ett	*Draperie, die*
efterlikna; härma; imitera	*nachahmen*
engagemang, ett	*Engagement, das*
engagerad	*engagiert*
expressionism, en	*Expressionismus, der*
expressionist, en	*Expressionist, der*
expressionistisk	*expressionistisch*
fernissa, en	*Firnis, der*
filmduk, en; kanvas, en; tavelduk, en	*Leinwand, die*
fläck, en	*Fleck, der*
form, en	*Form, die*
forma	*formen*
forma; modellera	*modellieren*
framställa; föreställa	*darstellen*
fresk, en	*Freske, die; Fresko, das*
fris, en	*Fries, der*
färg, en; kulör, en	*Farbe, die*
färgkrita, en; färgpenna, en	*Buntstift, der*
förfalskning, en	*Fälschung, die*
förnya; renovera	*erneuern*
förtjusande	*reizend*
förtrolla	*bezaubern*
förtrolla; trollbinda	*verzaubern*
förvånande; häpnadsväckande	*erstaunlich*
förvåning, en; häpnad, en	*Erstaunen, das*
galleri, ett	*Galerie, die*
gestalt, en	*Gestalt, die*
gips, ett	*Gips, der*
gjuta av	*abgießen*
glasmålning, en	*Glasmalerei, die*
gobeläng, en	*Gobelin, der*
gotiken	*Gotik, die*
gotisk	*gotisch*
graffiti, en	*Graffiti pl*
grafik, en	*Graphik, die*
grafiker, en	*Graphiker, der*
gravera	*gravieren*
gravera	*stechen*
gravvalv, ett; krypta, en	*Gruft, die*
guldsmed, en	*Goldschmied, der*
halvmörker, ett	*Halbdunkel, das*
hantverk, ett	*Handwerk, das*

hantverkare, en — *Handwerker, der*
harmoni, en — *Harmonie, die*
hänförelse, en — *Begeisterung, die*
ikebana, en — *Ikebana, das*
ikon, en — *Ikone, die*
ikonografi, en — *Ikonographie, die*
illustration, en — *Illustration, die*
illustratör, en — *Illustrator, der*
illustrera — *illustrieren*
imitation, en — *Imitation, die*
imitation, en; kopia, en — *Nachahmung, die*
imitatör, en — *Imitator, der*
imitera — *imitieren*
impressionism, en — *Impressionismus, der*
impressionist, en — *Impressionist, der*
impressionistisk — *impressionistisch*
innovation, en — *Innovation, die*
innovativ — *innovativ*
installation, en — *Installation, die*
intressera — *interessieren*
intresserad — *interessiert*
karikatyr, en — *Karikatur, die*
keramik, en — *Keramik, die*
kitsch, en — *Kitsch, der*
klassicismen — *Klassizismus, der*
klassicistisk — *klassizistisch*
klassiker, en — *Klassiker, der*
klassisk — *klassisch*
klassisk period, en — *Klassik, die*
klippa ut; skära ut — *ausschneiden*
kludd, en; klotter, ett — *Schmiererei, die*
kollektion, en; samling, en — *Kollektion, die*
kolonn, en; pelare, en — *Säule, die*
kolpenna, en — *Kohlestift, der*
komposition — *Komposition, die*
konst, en — *Kunst, die*
konstnär, en — *Künstler, der*
konstnärlig — *künstlerisch*
kontrast, en — *Kontrast, der*
kontur, en — *Kontur, die*
kontur, en — *Umriss, der*
kopia, en — *Kopie, die*
kopparstick, ett — *Kupferstich, der*
kritik, en — *Kritik, die*
kritiker, en — *Kritiker, der*
kritisera — *kritisieren*
kritisk — *kritisch*
kubism, en — *Kubismus, der*
kubist, en — *Kubist, der*
kubistisk — *kubistisch*
kupol, en — *Kuppel, die*
känd — *bekannt*
lack, ett — *Lack, der*
landskap, ett — *Landschaft, die*
lera, en — *Lehm, der*
lera, en — *Ton, der*
linoleumsnitt, ett — *Linolschnitt, der*
litografi, en — *Lithographie, die*
manierism, en — *Manierismus, der*
manierist, en — *Manierist, der*
mecenat, en — *Mäzen, der*
medeltiden — *Mittelalter, das*
mejsel, en — *Meißel, der*
mejsla — *meißeln*
minnesmärke, ett; monument, ett — *Denkmal, das*
modell, en — *Modell, das*
modernism, en — *Modernismus, der*
modernist, en — *Modernist, der*
modernistisk — *modernistisch*
modernitet, en — *Moderne, die*
mosaik, en — *Mosaik, die*
motiv, ett — *Motiv, das*
mottagare, en — *Empfänger, der*
mottagning, en — *Empfang, der*
museal — *museal*
museum, ett — *Museum, das*
måla — *malen*
målare, en — *Maler, der*
målarkonst, en; måleri, ett — *Malerei, die*
mästerverk, ett — *Meisterstück, das*
mönster, ett — *Muster, das*
natur, en — *Natur, die*
naturalism, en — *Naturalismus, der*
naturalist, en — *Naturalist, der*
naturalistisk — *naturalistisch*
obelisk, en — *Obelisk, der*
original, ett — *Original, das*
palett, en — *Palette, die*
panorama, ett — *Panorama, das*
pastell, en — *Pastell, die*
pensel, ett — *Pinsel, der*
persisk — *persisch*
perspektiv, ett — *Perspektive, die*
popkonst, en — *Pop-Art, die; Pop-Art, die*
portal, en — *Portal, das*
porträtt, ett — *Porträt, das*
porträttmålare, en — *Porträtmaler, der*
postmodern — *postmodernistisch*
postmodernism, en — *Postmoderne, die*
postmodernist, en — *Postmodernist, der*

proportion, en	*Proportion, die*
pryda; smycka	*schmücken*
ram, en	*Rahmen, der*
realism, en	*Realismus, der*
realist, en	*Realist, der*
realistisk	*realistisch*
recensent, en; kritiker, en	*Rezensent, der*
recensera	*rezensieren*
recension, en	*Rezension, die*
relief, en	*Relief, das*
renovera	*renovieren*
renässans, en	*Renaissance, die*
reproduktion, en	*Reproduktion, die*
rokoko, en	*Rokoko, das*
romansk	*romanisch*
romantik, en	*Romantik, die*
romantisk	*romantisch*
rum, ett	*Raum, der*
självporträtt, ett	*Selbstbildnis, das*
skapa	*schaffen*
skapare, en	*Erschaffer, der*
skapelse, en	*Erschaffung, die*
skepp, ett	*Schiff, das*
skiss, en	*Skizze, die*
skiss, en; utkast, ett	*Entwurf, der*
skissa; skissera	*skizzieren*
skissblock, ett	*Zeichenbuch, das*
skugga, en	*Schatten, der*
skulptera	*skulptieren*
skulptur, en	*Bildhauerei, die*
skulptur, en	*Skulptur, die*
skulptural	*bildhauerisch*
skärpa, en	*Schärfe, die*
socialistisk realism, en	*Sozrealismus, der*
spets, en	*Spitze, die*
spray, en; sprej, en	*Spray, das/der*
staffli, ett	*Staffelei, die*
staty, en	*Statue, die*
stickning, en	*Stricken, das*
stil, en	*Stil, der*
stilfull	*stilvoll*
stå modell	*Modell stehen*
ställa ut	*ausstellen*
surrealism, en	*Surrealismus, der*
surrealist, en	*Surrealist, der*
surrealistisk	*surrealistisch*
sy	*nähen*
symbol, en	*Symbol, das*
symbolik, en	*Symbolik, die*
symbolisera	*symbolisieren*
symbolisk	*symbolisch*
symbolism, en	*Symbolismus, der*
ta emot	*empfangen*
teckna	*zeichnen*
tecknare, en	*Zeichner, der*
teckning, en	*Zeichnen, das*
teckning, en	*Zeichnung, die*
teknik, en	*Technik, die*
temperafärg, en	*Temperafarbe, die*
triptyk, en	*Triptichon, das*
trä, ett; virke, ett	*Holz, das*
träsnitt, ett	*Holzschnitt, der*
tusch, ett	*Tusche, die*
utställare, en	*Aussteller, der*
utställning, en	*Ausstellung, die*
verk, ett	*Werk, das*
vernissage, en	*Vernissage, die*
väcka intresse	*Interesse wecken*
väva	*weben*
väveri, ett; vävnad, en	*Weberei, die*
återge	*wiedergeben*

5.8 Camping, bil och redskap
Camping, Auto und Werkzeug

agn, ett; lockbete, ett	*Köder, der*
ankare, ett	*Anker, der*
avfall, ett	*Abfall, der*
avgasrör, ett	*Auspuff, der*
avgift, en	*Gebühr, die*
avspärrad	*gesperrt*
backe, en; berg, ett	*Berg, der*
bada	*baden*
badstrand, en	*Badestrand, der*
bagage, ett	*Gepäck, das*
bagageutrymme, ett; baklucka, en	*Kofferraum, der*
baklykta, en	*Rücklicht, das*
batteri, ett	*Batterie, die*
bensin, en	*Benzin, das*
bensinstation, en; (bensin)mack, en	*Tankstelle, die*
berg, ett; bergsland-skap, ett	*Gebirge, das*
bevakad	*bewacht*
bil, en	*Auto, das*
bilförsäkring, en	*Autoversicherung, die*
biljett, en	*Fahrkarte, die*
biljett, en	*Ticket, das*
bilmekaniker, en	*Automechaniker, der*
bilskada, en	*Autoschaden, die*
biluthyrning, en	*Autovermietung, die*

bilverkstad, en	*Autowerkstadt, die*
blinker, en	*Blinker, der*
blixthalka, en; glansis, en	*Glatteis, das*
bogsera; bogsera bort	*abschleppen*
bogserlina, en	*Abschleppseil, der*
borr, en	*Bohrer, der*
borrmaskin, en	*Bohrmaschine, der*
broms, en	*Bremse, die*
byta ut	*austauschen*
byta ut	*auswechseln*
båt, en	*Boot, das*
bärgningsbil, en	*Abschleppswagen, der*
campingplats, en	*Campingplatz, der*
cykel, en	*Fahrrad, das*
cykelpump, en; pump, en	*Luftpumpe, die*
cykeluthyrning, en	*Fahrradeverleih, der*
diesel, en	*Dieselkraftstoff, der*
domkraft, en	*Wagenheber, der*
dricksvatten, ett	*Trinkwasser, das*
drivrem, en	*Keilriemen, der*
dunk, en	*Kanister, der*
dusch, en	*Dusche, die*
däcktjänst, en	*Reifenservice, die*
ebb, en; lågvatten, ett	*Ebbe, die*
eldplats, en	*Feuerplatz, der*
ficklampa, en	*Taschenlampe, die*
fil, en	*Feile, die*
fiska	*angeln*
fiskekort, ett	*Angelkarte, die*
flod, en; högvatten, ett	*Flut, die*
flyga	*fliegen*
framlyse, ett; framlykta, en	*Vorderlicht, das*
fritidshus, ett; stuga, en	*Ferienhaus, das*
frostskyddsmedel, ett	*Frostschutzmittel, das*
fälg, en	*Felge, die*
färja, en	*Fähre, die*
fönsterruta, en	*Scheibe, die*
förgasare, en	*Vergaser, der*
försäkring, en	*Versicherung, die*
gata, en; landsväg, en	*Straße, die*
glödlampa, en	*Glühbirne, die*
gummibåt, en	*Schlauchboot, das*
gummistövel, en	*Gummistiefel, der*
hacka, en	*Hacke, die*
hammare, en	*Hammer, der*
hamn, en	*Hafen, der*
hav, ett	*Meer, das*
hink, en	*Eimer, der*
hjul, ett	*Rad, das*
hotell, ett	*Hotel, das*
husbil, en	*Wohnmobil, das*
husvagn, en	*Wohnwagen, der*
hyrbil, en	*Mietwagen, der*
hållplats, en	*Haltestelle, die*
id-kort, ett; legitimation, en	*Ausweis, der*
inträde, ett; inträdespris, ett	*Eintrittspreis, der*
jourläkare, en	*Notarzt, der*
kanot, en	*Kanu, das*
kokplats, en	*Kochstelle, die*
koppling, en	*Kupplung, die*
kort, ett; karta, en	*Karte, die*
krok, en	*Haken, der*
kylare, en	*Kühler, der*
kylarvätska, en	*Kühlflüssigkeit, die*
köra; åka	*fahren*
körkort, ett	*Führerschein, das*
lampa, en	*Lampe, die*
larmnummer, ett; nödnummer, ett	*Notruf, der*
lina, en	*Leine, die*
lina, en; rep, ett	*Seil, das*
ljus, ett	*Kerze, die*
luftfilter, ett	*Luftfilter, der*
lufttryck, ett	*Reifendruck, der*
låna ut	*ausleihen*
metkrok, en	*Angelhaken, der*
metrev, en	*Schnur, die (angeln)*
metspö, ett	*Angel, die*
mobiltelefon, en	*Handy, das*
motell, ett	*Motel, das*
motorbåt, en	*Motorboot, das*
motorcykel, en	*Motorrad, das*
motorfel, ett; motorstopp, ett	*Panne, die (Motor)*
motorhuv, en	*Motorhaube, die*
motorsåg, en	*Kettensäge, die*
motorväg, en	*Autobahn, die*
myggmedel, et	*Mückenmittel, das*
nationalpark, en	*Naturpark, der*
nyckel, en	*Schlüssel, der*
nödfall, ett	*Notfall, der*
obevakad	*unbewacht*
olja, en	*Öl, das*
oljebyte, ett	*Ölwechsel, der*
oljetryck, ett	*Öldruck, der*
olycka, en	*Unfall, der*
packning, en	*Dichtung, die*

papper på bilen; ägarbevis, ett	*Autopapiere pl*
papper på bilen; ägarbevis, ett	*Wagenpapiere pl*
papperskorg, en	*Müllbehälter, der*
parkeringsförbud, ett	*Parkverbot, das*
parkeringsplats, en	*Parkplatz, der*
polis, en	*Polizist, der; Polizistin, die*
polisen	*Polizei, die*
punktering, en	*Reifenpanne, die*
reparation, en	*Reparatur, die*
reparationssats, en	*Flickzeug, das*
reparera	*reparieren*
reservdel, en	*Ersatzteil, das*
reservera	*reservieren*
reservhjul, ett	*Ersatzrad, das*
roddbåt, en	*Ruderboot, das*
rondell, en	*Kreisverkehr, der*
räkning, en	*Rechnung, die*
segelbåt, en	*Segelboot, das*
segla	*segeln*
simma	*schwimmen*
sjukhus, ett	*Krankenhaus, das*
sjö, en	*See, der (Binnensee)*
skada, en	*Verletzung, die; Wunde, die*
skepp, ett	*Schiff, das*
skidspår, ett	*Loipe, die*
skruv, en	*Schraube, die*
skruvmejsel, en	*Schraubenzieher, der*
skräp, ett; sopor pl	*Müll, der*
släpvagn, en	*Anhänger, der (Auto)*
snökedja, en	*Schneekette, die*
snöre, ett	*Schnur, die*
soptunna, en	*Abfallbehälter, der*
spade, en	*Spaten, der*
spik, en	*Nagel, der*
stadskarta, en	*Stadtplan, der*
startmotor, en	*Anlasser, der*
stickkontakt, en	*Stecker, der*
strand, en	*Strand, der*
strålkastare, en	*Scheinwerfer, der*
ström, en	*Strom, der (elektro)*
strömkabel, en	*Stromkabel, das*
stuga, en	*Hütte, die*
stängd	*geschlossen*
stötdämpare, en	*Stoßdämpfer, der*
svänga	*abbiegen*
såg, en	*Säge, die*
säkring, en	*Sicherung, die*
telefon, en	*Telefon, das*
toalett, en	*Toilette, die*
▪ damtoalett	*Damentoilette*
▪ herrtoalett	*Herrentoilette*
trasig; förstörd	*kaputt*
tull, en	*Zoll, der*
tunnel, en	*Tunnel, der*
turistinformation, en	*Touristeninformation, die*
tvättstuga, en; tvättrum, ett	*Waschraum, der*
tång, en	*Zange, die*
tält, ett	*Zelt, das*
tältplats, en	*Zeltplatz, der*
tändare, en	*Feuerzeug, das*
tändsticka, en	*Streichholz, der*
tändstift, ett	*Kerze, die; Zündkerze, die*
tändstift, ett	*Zündkerze, die*
vandrarhem, ett	*Jugendherberge, die*
varningstriangel, en	*Warndreieck, das*
vatten, ett	*Wasser, das*
vattenkran, en	*Wasserhahn, der*
verkstad, en	*Werkstatt, di*
vindruta, en	*Frontscheibe, die*
vindrutetorkare, en	*Scheibenwischer, der*
vägguttag, ett	*Steckdose, die*
växel, en	*Gang, der*
yxa, en	*Axt, die; Beil, das*
öppen	*geöffnet; offen*
öppettider pl	*Öffnungszeiten pl*
övernatta	*übernachten*

Anteckningar - Notizen